［編著］ポール・クーグラー
［監訳］皆藤 章
［訳］岡村裕美子・高澤知子・桑本佳代子・仲倉高広

スーパーヴィジョンの実際問題

心理臨床とその教育を考える

福村出版

JUNGIAN PERSPECTIVES ON CLINICAL SUPERVISION
Edited by Paul Kugler

Japanese translation published by arrangement with Daimon Verlag
through The English Agency (Japan) Ltd.

目次

第Ⅵ部　スーパーヴィジョンと制度　237

凡例

1　原書本文中のクォーテーションマークで示された箇所は〈　〉で示した。イタリック体で示された箇所は〈　〉で示した。その他、監訳者の判断で読者が読み進めやすいことを第一に考え表記した箇所がある。同様の理由で原語はとくに必要と判断した箇所以外は記していない。

2　本文中の引用の取り扱いは執筆者によって異同がある。本書では一括して数字で註を示し、元文献は「原註」としてまとめた。

3　専門用語の訳語は慣例に従うこととした。その限りでない場合は訳註にて説明を付した。

4　ユング心理学の専門用語など、読者の便を考慮して適宜訳註にて説明を付した。

5　人名表記については慣例に従うこととした。慣例のない場合は監訳者の判断に拠った。

6　その他、読者の便宜をはかって監訳者が適宜レイアウトした箇所がある。

執筆者

ジェームス・アスター（Astor, James）　ロンドン分析心理学協会訓練分析家。児童・成人の分析訓練を受け、数年間、教育研究病院の児童・家族部門で活動。現在は個人分析に従事。分析心理学協会および英国心理療法家協会で教育とスーパーヴィジョンに従事。マイケル・フォーダムの仕事に関する著作が近刊予定（監訳者註『マイケル・フォーダム―分析心理学の革新』シリーズ・現代心理療法の創造者達〈Michael Fordham: *Innovation in Analytical Psychology*〉（Makers of Modern Psychotherapy〉と題してルートリッジ社から一九九五年九月に既刊）。

ジョン・ビービ（Beebe, John）M. D.　サンフランシスコ・ユング研究所候補生のコントロール（スーパーヴィジョン）分析家・研究所認定委員会委員長。『サンフランシスコ・ユング研究所図書館』誌創刊者。『分析心理学』誌米国共同編集者。著書に『こころの深層における統合』（*Integrity in Depth*）。

クリッテンデ・ブラック（Brookes, Crittenden E.）M. D., Ph. D.　サンフランシスコ在住の精神科医およびユング派分析家。サンフランシスコ・ユング研究所理事・カリキュラム委員会委員長を歴任。ユング派分析家地域間連携協会会員。米国精神医学会会員、米国精神分析アカデミー評議員（現会員）。

ジーン・カー（Carr, Jean）　ソーシャルワーカーとしての経歴に始まる。ロンドン・ガイ病院成人精神医学科を含む多様な職場で活動。その後、英国心理臨床学会認定ユング派心理臨床家の訓練を受ける。現在はオックスフォードシャー社会サービス部の上級マネージャーおよび開業心理臨床家。スーパーヴィジョンへの関心は、組織内での臨床活動およびスーパーヴィジョンとスーパーヴィジョンのペアに関する広域システムの影響に始まる。

ライオネル・コルベット（Corbett, Lionel）M. D.　一九六六年、英国マンチェスター大学医学部卒。精神科医訓練の後、一九七二年に米国に移住。多くの医学部で精神薬理学研究者として数年間研究に従事。ラッシュ医科大学およびシカゴ聖ルカ病院で十二年間、老年精神医学・一般精神医学部門の臨床指導員として勤務。シカゴ・ユング研究所修了生で、一九八九年からはニューメキシコ州サンタフェで新たな分析訓練プログラム開発の技術者として活動。

グスタフ・ドライフェス（Dreifuss, Gustav）Ph. D.　一九五九年、チューリッヒ・ユング研究所にてユング派分析家資格取得。イスラエル分析心理学協会前会長、現訓練分析家。前テルアビブ大学心理療法学部およびハイファ・ラムバム病院医学・心理療法部門講師・スーパーヴァイザー。一九六五年から論文を多数執筆。現在はハイファにて心理臨床家として開業。

マイケル・フォーダム（Fordham, Michael）M. D.　分析心理学会訓練分析家。『ユング全集』の共同編集者。『分析心理学』誌の創刊号編集者。専門科学雑誌ならびに多数の書物に数多くの論文を執筆。最新著書に『ユング派心理療法と自己への探求』（*Jungian Psychotherapy and Explorations into the Self*）と自伝『ある分析家の養成』（*The Making of an Analyst*）がある。

ジョセフ・ヘンダーソン（Henderson, Joseph Lewis）M. D.　サンフランシスコ在住。分析心理学個人開業。サンフランシスコ・ユング研究所創設メンバー。国際分析心理学会前会長。著書に『イニシエーションの入口』（*Threshold of Initiation*）、共編にユング著『人間と象徴』（*Man and his Symbols*）（監訳者註　邦訳は、河合隼雄監訳『人間と象徴——無意識の世界』（上・下）河出書房新社、一九七五年）、『蛇の叡智』（*The Wisdom of Serpent*）（モード・オークズと共編）、『心理学的観点およびシャドウと自己における文化的態度』（*Cultural Attitudes in Psychological Perspective and Shadow and Self*）。

ジュディス・ハバック（Hubback, Judith）M. A.（Cantab.）　ロンドン分析心理学会訓練分析家。個人および小集団のスーパーヴィジョンを手がける。一九七七年から八六年まで『分析心理学』誌編集委員および一九八六年から九四年まで編集相談役。『互いに事を為す人たち』(*People who do Things to Each Other*, Chiron 1988) に論文多数執筆。

エリ・アンバー (Humbert, Elie) Ph. D.　ユングから分析家としての個人訓練を受ける。世界的に著名な講演者であり、パリ大学精神分析学部で講義を担当。フランス分析心理学会共同創設者。フランス・ユング協会前会長。『ユング心理学ノート』編集主任。ユングの著作 (Chiron) および業績のフランス語訳者。

マリオ・ヤコービ (Jacoby, Mario) Ph. D.　チューリッヒ・ユング研究所の訓練分析家・講師・キュレーター (指導員)。個人開業分析家・心理臨床家。分析家になる十年前はコンサート・バイオリニスト。現在、ヨーロッパ、米国、環太平洋地域にて講演活動に従事。分析心理学関連の多数の論文、著書がある。英文著書は以下。『楽園願望』(*Longing for Paradise*, Sigo Press)、『分析的人間関係』(*The Analytic Encounter*, Inner City Books 1984) (監訳者註　邦訳は、氏原寛訳『分析的人間関係――転移と逆転移』創元社、一九八五年)、『個性化と自己愛』(*Individuation and Narcissism*, Routledge 1989)、『羞恥と自尊心――その起源から心理療法へ』(*Shame and the Origins of Self-esteem*, Routledge 1994) (監訳者註　邦訳は、高石浩一訳『恥と自尊心――その起源から心理療法へ』新曜社、二〇〇三年)。

ドナルド・カルシェッド (Kalsched, Donald) Ph. D.　臨床心理学者。ユング派分析家。ニューヨーク市およびニューヨーク州カトナで個人開業。ニューヨーク・ユング研究所およびユング派分析家地域間連携協会の教育・スーパーヴィジョン部門メンバー。ユング派の視点から見た『トラウマの内的世界』(*The Inner World of Trauma*, Routledge) が近刊 (監訳者註　一九九六年に既刊。邦訳は、豊田園子監訳、千野美知子・高田夏子訳『トラウマの内なる世界――セルフケア防衛のはたらきと臨床』新曜社、二〇〇五年)。

ポール・クーグラー (Kugler, Paul) Ph. D.　一九七九年、チューリッヒ・ユング研究所にてユング派分析家資格取得。ユング派分析家地域間連携協会の前訓練指導員、現会長。ニューヨーク州立大学にて教鞭を執る傍ら、現代精神分析（ラカン、コフート、ラングなど）と子ども時代の誘惑というテーマから、実験劇場とポストモダニズムへと範囲を拡大して多くの著作を執筆。代表作に、『言葉の錬金術』（*The Alchemy of Discourse*）（監訳者註　邦訳は、森岡正芳訳『言葉の錬金術――元型言語学の試み』動物社、一九九七年）『これからの臨床精神病理学』（*The Forthcoming Clinical Psychopathology*）。

メアリー・アン・マトゥーン（Mattoon, Mary Ann）Ph. D.　ユング派分析家。米国ミネソタ州ミネアポリスにて個人開業。一九五六年、チューリッヒ・ユング研究所にてユング派分析家資格取得。一九七〇年、ミネソタ大学心理学博士。現在、ミネソタ大学心理学臨床教授およびユング派分析家地域間連携協会上級訓練分析家。著作に『夢を理解する』（*Understanding Dreams*）、『ユング心理学展望、ユング以降のユング心理学』（*Jungian Psychology in Perspective, Jungian Psychology after Jung*）、『国際ユング心理学会の発展』（*Proceedings of the International Association for Jungian Psychology*）（編著）。

ノーラ・モーア（Moore, Norah）　ロンドン分析心理学会訓練分析家・スーパーヴァイザー。臨床場面と転移、元型に関する多数の論文があり、このふたつの方向性を統合することに関心を寄せる。分析心理学会前訓練指導員。訓練およびスーパーヴィジョンに特別な関心を寄せる。英国ロンドンとサリーで個人開業。

アルフレッド・プラウト（Plaut, Alfred）M. D.　ドイツ、デュッセルドルフ生まれ。一九一三年、南アフリカに移住。一九三三年、医学教育修了。第二次世界大戦に医官として従軍後、分析心理学者として一般精神医学、児童精神医学に特化した訓練を受ける。現在、王立精神科院会員。『分析心理学』誌前編集員。著作多数。最新刊は『分析された分析』（*Analysis Analyzed*, Routledge 1993）。一九八六年、ベルリンに戻り現在、個人開業。

ジョアン・リゾーリ（Reggiori, Joan）　精神医学ソーシャルワーカーとしての訓練を受けた後、英国心理臨床学会ユング部門で分析心理学者として訓練を受ける。英国心理臨床学会訓練臨床家・訓練スーパーヴァイザーとして予備課程の教育とスーパーヴィジョンを担当。集団分析協会予備課程スーパーヴァイザー。聖バーソロミュー病院の心理臨床家。個人開業の傍ら『国家健康サービスにおける心理療法』に寄稿。

マルガ・スパイカー（Speicher, Marga）M. S. W., Ph. D.　ニューヨーク・ユング研究所前所長（現会員）。学際的・複合理論の観点から専門職業組織に積極的関心を寄せる。国際精神分析学会発起人・会長で、学際カンファレンスではユング派の観点での発表がある。民話と文学における象徴理解、分析領域における教育過程の諸側面に関する講演および論文がある。

アン・ウラノフ（Ulanov, Ann Belford）M. Div., Ph. D., L. H. D.　ニューヨーク州ユニオン神学校、クリスチャン・ブルックス・ジョンソン精神医学・宗教教授。個人開業精神分析家。ニューヨーク市ユング研究所所員・スーパーヴィジョン分析家。夫のバリー・ウラノフとの共著に『宗教と無意識——その重要な語り』（*Religion and the Unconscious, Primary Speech*）、『祈祷、シンデレラそして姉妹たちの心理——羨まれることと羨むこと』（*A Psychology of Prayer, Cinderella and Her Sisters: The Envied and the Envying*）、単著に『キリスト教理論とユング心理学における女性性』（*The Feminine in Christian Theology and in Jungian Psychology*）、『受け容れる女性』（*Receiving Woman*）、『神を描く』（*Picturing God*）、『こころの叡智』（*The Wisdom of the Psyche*）、『超越機能』（*The Functioning Transcendent*）、『ウィザードの門』（*The Wizard's Gate*）。

ジョゼフ・ウェイクフィールド（Wakefield, Joseph）M. D.　スタンフォード大学医学部で医学を学びサンフランシスコ・ユング研究所で分析訓練修了。スーパーヴィジョンと倫理の心理学的諸相に関心を寄せる。最近の論文は「スーパーヴァイザー」（ハリー・ウィルマー編『個人的・専門的関係における親密性』（*Closeness in Personal and Professional Relationships*. Shambhala, 1992）、「僕は弟の子守なの？　癒しの職業における損傷」（レナ・ロス編『非難される前に非難せよ――分析治療における倫理』（*Cast the First Stone: Ethics in Analytic Therapy, Chiron Publications*）。

ハンス・ヨワーケン・ウィルキ（Wilke, Hans-Joachim）M. D.　ドイツ分析心理学会会員。ベルリン心理療法研究所訓練分析家・講師。『分析心理学』誌編集主幹。一九六七年より個人開業。

ルイス・ジンキン（Zinkin, Louis）M. D.　一九九三年三月急逝。ユング派分析家としてロンドンで個人開業。王立精神科院会員。分析心理学会・集団分析協会訓練分析家。ロンドン・セントジョージ病院の名誉相談役・心理臨床家・上級講師として一九八九年に退職するまで十年間勤務。個人分析作業、集団療法・夫婦療法を実践。論文多数。一九九四年にロンドンのルートリッジ社公刊の『こころと社会』（*The Psyche and the Social World*）をデニス・ブラウン博士と共同編集。

謝辞

本書成立と原稿作成の過程のなかでさまざまなかたちで以下の方々に支援をいただいたことに深く感謝申し上げる。ジョーン・ブラッシュ、パトリシア・コックス、ハリー・ハント、トーマス・カーパチンスカス、リチャード・メネン、ディヴィッド・ミラー、アンドリュー・サミュエルズ、ジョン・ターリィ、バーバラ・テドロック、デニス・テドロック、ジョー・ウェイクフィールド。そしてとりわけ、長年に亘る訓練という問題に対する継続的教育プログラム構成のための個人的取り組みをサポートしてくれたユング派分析家地域間連携協会のメンバーに感謝申し上げる。意味深いスーパーヴィジョン経験をともにしてくれた個人スーパーヴァイザーのディヴィッド・ハート、マリー＝ルイーズ・フォン・フランツ、アドルフ・グッゲンビュール・クレイグの各氏に深謝したい。旧友であり有能な出版者のロバート・ヒンショウには特別な感謝を捧げる。その力なしに本書は成らなかっただろう。編集作業を通して惜しみない努力と忍耐で関わってくれたすべての執筆者に感謝の気持ちを記したい。また、とりわけこのプロジェクトへのマルガ・スパイカーの惜しみない資金援助に感謝する。

わたしはまた、『分析心理学』（*The Journal of Analytical Psychology*）誌と以下の諸論文の再版を快く許諾してくれた各執筆者の厚情に感謝の念を示したい。「スーパーヴィジョン理論への提言」マイケル・フォーダム（一九六一）、「マイケル・フォーダムの理論とスーパーヴィジョンの実践」ノーラ・モーア（一九八六）、「シンポジウム――スーパーヴィジョンの進展状況の評価」アルフレッド・プラウト、グスタフ・ドライフェス、マイケル・フォーダム、ジョセフ・L・ヘンダーソン、エリー・アンバー、マリオ・ヤコービ、アン・B・ウラノフ（改訂版）、ハンス・ヨワーケン・ウィルキ（一九八二）、「スーパーヴィジョン、訓練、内的圧力としての研究所」ジェームス・アスター（一九七五）。これら諸論文掲載当時の『分析心理学』誌編集者のマイケル・フォーダム、アルフレッド・プラウト、ジュディス・ハバック、そしてローズマリー・ゴードンらにはとくに深く感謝の意を表したい。

一九九三年のＩＡＡＰ年鑑（国際分析心理学会International Association for Analytical Psychology 1993）からの以下の諸論文の転載は各執筆者の許可を得た。マリオ・ヤコービ「スーパーヴィジョンと相互作用的な領域」、ジュディス・ハバック「スーパーヴィジョンのスタイル」、ポール・クーグラー「訓練候補生からスーパーヴィジョン分析家への移行（改訂版）」。

また、以下の執筆者による論文再版許可に感謝する。ルイス・ジンキン「スーパーヴィジョン　その不可能な職業」、ジョアン・リゾーリ「臨床プロセスに関する論考」、ジーン・カー「臨床スーパーヴィジョンのモデル」。なお、本書所収のルイス・ジンキンの論文には大幅改訂が施されている。初出は、英国心理療法家協会（British Association of Psychotherapists）からの刊行書『臨床的スーパーヴィジョン――その問題と諸技法』（一九八九）である。

最後になったが、このプロジェクトの間ずっと、忍耐強く穏やかにわたしをサポートしてくれた妻のカレン・ウォルフに厚く感謝する。

編者註

・性別表記について

近年、人称代名詞の使用における性別表記の問題に深い理解が示されるようになってきた。ただ、刊行物における代名詞の使用を規定する慣例にとくに決まったものはない。現在も男性代名詞を専ら使用する場合もあれば性別に固有の代名詞を用いることもある。さらに、依然として「彼／彼女」の表記あるいは男性ないしは女性の代名詞を無作為に混在して用いる場合もある。このように、その表記の判断が個人に委ねられており唯一の慣例があるわけでもないので、本書においては、各執筆者にこの点での統一を求めることはせずに、執筆者個人の選択による表記を反映させることとした。

・スペリングに関する注意事項

再版された本書所収の多くの論文は、当初は英国で出版され特定の用語については英国スペリングが用いられていた。本書ではスペリングに関して一定の整合性をもたせるため米国スペリングを標準とすることにした。

第Ⅰ部　背景

第1章　イントロダクション

ポール・クーグラー

近年、臨床心理士や精神科医、ソーシャルワーカーや精神分析家の訓練において、スーパーヴィジョンが果たす役割はきわめて重要になってきている。心理臨床家にとって、そのトレーニング・プログラムは行動主義から深層心理学に至るまで幅広い。訓練過程の心理臨床家が個人分析を受ける必要性についてはさまざまな議論があるにせよ、あらゆるプログラムがスーパーヴィジョンを必要としているという点では一致している。けれども、スーパーヴィジョンが心理臨床家の訓練の本質である点で一致しているにもかかわらず、驚くべきことに十年前までこのテーマについて著されたものはほとんどなかったのである。この意味で、スーパーヴィジョンは実践を通して、緩やかにその理解が進展してきたと言える。付言すれば、今日ですらスーパーヴァイザーになるための正式な訓練は限られたものである。

本書の構想は、編者が「ユング派分析家地域間連携協会」[*1]の訓練委員会メンバーとして、いくつかのスーパーヴィジョン・プログラムを編成したことから発展したものである。スーパーヴァイザーや訓練分析家になるための教育プログラムを継続的に展開させていくにつれて明らかになったことは、ユング派分析家はスーパーヴィジョンに関する書物をほとんど出版していないということであった。本書は、ユング心理学における臨床実践や分析家候補生の訓練、さらには関連諸領域におけるスーパーヴィジョンのさまざまな側面の議論をより開かれたものにする必要性に応えるために編まれたものである。編集の第一の目的は、スーパーヴィジョンにおける多様な理論的・実践的側面を議論するための場を提供しようとすることにある。所収の諸論考は、既出のスーパーヴィジョンに関するユング派の文献に見られるほぼすべての素材から成っており、加えて〈多様な理論的見地〉を広く提供するために特別に寄稿された多くの書き下ろし論文がそれを補完している。論じられている主題は、臨床心理学、精神医学、ソーシャルワーク、精神科看護、宗教カウンセリング、スピリチュアル・フィールドといったさまざまな領域における分析およびスーパーヴィジョンであり、ユング派のアプローチを用いる専門家にはとりわけ価値あるものとなっている。

スーパーヴィジョンには、スーパーヴァイジーの作業を向上させようとする多様かつ重要な側面が含まれている。それらは、精緻な技術、転移と逆転移がもたらす問題の明確化、臨床的問いの方向性と焦点化の提示、分析過程についての力動的・元型的定式化の提案、さらには行動、思考およびファンタジーの反復パターンの探求である。

スーパーヴィジョンに関するいくつかの疑問

分析家《アナリスト》であれば分析家《アナリスト》としての諸々の技術が必要となるように、スーパーヴァイザーであれば分析家《アナリスト》と指導者双方の諸技術が必要となる。けれども、スーパーヴィジョンとはいったい何であり、いったいどうすればスーパーヴァイザーになれるのであろうか。著名なアメリカの哲学者であり教育者でもあったジョン・デューイがかつて指摘した次のことば、「適切に提示された問いには半ば答えが含まれている」は、ここにも当てはまる。そこで、これからスーパーヴィジョンの議論を始めるにあたって、この主題に関する一連の問いを提示しておくことにしたい。

1　分析的な実践を始めたばかりのスーパーヴァイジーに対するスーパーヴィジョンには、どのようなアプローチがあるのか。スーパーヴァイジーが分析過程の理解を組み立て、その輪郭を描き、心的素材の流れに合わせて作業を行い共感を涵養することに、スーパーヴァイザーはどのように役に立てるのか。分析のなかでコンプレックスが布置されているとき、話し合われていることが明確でないとき、分析的立場から問いを提示したり、被分析者《アナライザント》の語りを可視化したり、そしてさらには内省的な問いかけをしたりするやり方を、どのように教え伝えるのか。

2　スーパーヴィジョンにはさまざまなスタイルがある。たとえば、ほとんど口を挟むことなく沈黙して分析過程を抱え支持するスーパーヴァイザーがいる。教育的なスーパーヴァイザーであれば理論と技術を教え伝え、そして神話的イメージおよび異文化の類似性を媒介にして拡充法を行うであろう。さらには、分析家候補生の訓練の枠を拡げてスーパーヴィジョンに幅広くアプローチする臨床性のあるスーパーヴァイザーや、定式化から創造性へと飛躍する雰囲気を醸し出し、つねに候補生の無意識的仮説やファンタジーに疑問を投げかける禅の老師のようなスーパーヴァイザーもいる。そしてもちろん、スーパーヴィジョンのスタイルが数多くあるように、これらが混在している場合もある。いったいどうすれば、それぞれが独自のスーパーヴィジョン・アプローチに気づき、そのシャドウ[*2]の側面を意識し続けることができるようになるのであろうか。

3　タイプ論はスーパーヴァイザーにどのように影響するのか。感情タイプであればより共感に焦点づけ、思考タイプは洞察と意識化を強調するのだろうか。直観タイプのスーパーヴァイザーはイマジネーションの能力により深く注意を向け、他方、感覚タイプであればより現実との関わりに価値を置くのだろうか。そして候補生のタイプはスーパーヴィジョンにどのような影響を与えるのであろうか。

4　スーパーヴィジョンではいったい何が行われているのであろうか。スーパーヴァイザーは実際に他者（患者）の分析をしているのか。スーパーヴァイジーのように治療者として振る舞っているのか。スーパーヴァイザーとスーパーヴァイジーは別々に患者のファンタジーをイメージしているのか。スーパーヴィジョンという複雑な（写し絵のような）鏡の間に入るとき、実際に「被分析者《アナライザント》」について知り得ることには限りがあるのだが、その限界をどうしたら意識し続けられるのであろうか。

5　スーパーヴァイザーがスーパーヴァイジーを評価することは、候補生によるスーパーヴァイザーの選択と、スーパーヴィジョン・プロセスにおけるスーパーヴァイジーの開かれた態度に、どの程度影響を与えるのであろうか。制度上の評価と候補生の率直な自己開示というふたつの必要性はどのように葛藤するのであろうか。

6　スーパーヴィジョンにおいて、逆転移はどのような役割を演じるのであろうか。また、候補生のコンプレックスに起因する反応と患者あるいはスーパーヴァイザーのコンプレックスに起因する反応とを区別することは、スーパーヴァイザーにとってどれほど重要なことなのだろうか。スーパーヴァイザーは、これら三つのタイプの反応をすべて扱うのだろうか。そうでなければ、治療者（スーパーヴァイジー）に起因する反応は個人分析に委ねるのであろうか。

7　深層心理学のスーパーヴィジョンと他の治療的スーパーヴィジョンの形態とはどのように異なるのであろうか。

8　当該事例の最終的な責任は誰にあるのだろうか。スーパーヴァイジーなのかスーパーヴァイザーなのか。

以上の導入的な問いを提示したのは、深層心理学におけるスーパーヴィジョンに関わるいくつかの複雑な問題を議論する端緒になればと意図してのことである。

○本書の概要

本書は次の六部構成になっている。①背景、②個人スーパーヴィジョン、③ケースコロキアム、④スーパーヴィジョンの進展状況の評価、⑤スーパーヴァイザーのライフステージ、⑥スーパーヴィジョンと制度。

・第Ⅰ部　背景

わたし自身（ポール・クーグラー）の「イントロダクション」とメアリー・アン・マトゥーンによる「歴史的覚書」から構成されている。ユング心理学におけるスーパーヴィジョンの歴史を提示しながら、マトゥーンはチューリッヒで受けた個人的な訓練の経験を織り込んで、より広範な訓練史を紹介していく。分析心理学におけるスーパーヴィジョンの発展には、ユングの早期のセミナーとケース議論から、さまざまな訓練機関で採用されている公式な「コントロール分析[*3]」へと到る軌跡がある。それは貴重な系譜の提供であり歴史的文脈の設定でもある。

・第Ⅱ部　個人スーパーヴィジョン

ここには、あるスーパーヴィジョンのモデルに始まり、スーパーヴィジョンにおける二者関係を基盤とした元型的構造の分析、さらには対人関係におけるさまざまな力動や転移という投影の臨床的な取り扱いに関わる七論文が含まれている。まず、マイケル・フォーダムによる古典的なエッセイ「スーパーヴィジョン理論への提言」では、スーパーヴァイジーとの関係におけるスーパーヴァイザーの役割および機能と、個人分析家との関係におけるそれとの差違が丁寧に論じられている。分析家《アナリスト》になるために訓練候補生がスーパーヴィジョンを始めると、いくつかの問題が展開するようになる。それは、分析状況における転移の時期尚早な取り扱いからスーパーヴァイザーへの転移の理想化にまで及ぶ。スーパーヴィジョンに人間的な関係を求めるフォーダムは、スーパーヴァイザーがスーパーヴァイジーを最初から患者としてではなく後輩の同僚として位置づけることを提唱している。スーパーヴァイザーは、スーパーヴァイジーの逆転移をクライエントに起因する反応として理解するだけに留め、例外的な場合を除いて個人的な素材を分析的に解釈するのを避けるよう奨めている。

続くノーラ・モーアによる「マイケル・フォーダムの理論とスーパーヴィジョンの実践」では、フォーダムとモーアとの個人スーパーヴィジョンにおける貴重な回想が記されており、強くこころに響くものとなっている。モーアは、理論と臨床経験を織り交ぜながらフォーダムがスーパーヴィジョンで行った最大の貢献について、簡にして要を得た記述を行っている。それによって三十年以上に及ぶフォーダムの臨床的著述や指導の実践的在りようがある程度解き明かされている。

次いで、「スーパーヴィジョンとメンター・アーキタイプ」である。ライオネル・コルベットはこの章のなかで、スーパーヴィジョン・プロセスの根底にあるさまざまな元型的構造の分析を提案している。コルベットは、スーパーヴィジョン・プロセスにおけるセルフ[*4]とその元型的な構成要素を見極めることに焦点を当てて、ユング派のアプローチの発展をきわめて説得力をもって主張する。とりわけ、スーパーヴァイザーとスーパーヴァイジー双方が理論的バイアスに意識的であることの重要性を、熟慮しつつ取り上げている。そして、スーパーヴァイジーの理論的アプローチの理解が進むために自身の理論的アプローチと対立しない方法でどのようにスーパーヴィジョン作業を行うのかについて、実践的な説明を行っている。それを効果的に実践するためには、スーパーヴァイザーは両者の「個人差」と自身の理論的バイアスが臨床的に与える影響を熟慮しなければならない。

ヤコービによる「スーパーヴィジョンと相互作用的な領域」は、伝統的なユング派のアプローチをさまざまな力動的相互作用の場を含み込んで発展させたところにその貢献を見ることができる。無意識の象徴的「内容」に関する古典的焦点づけが、治療空間に表現される無意識の力動的相互作用にまで拡大して論じられる。そこでは、患者の愛情、攻撃性、価値の切り下げ、両価性などに対する逆転移反応を治療者がモニターすることの重要性と同時に、声の抑揚、身体言語、その他の非言語的コミュニケーションの相互作用的領域における細かな在りようが取り扱われている。

転移と逆転移という力動への焦点づけは、ウェイクフィールドによる「スーパーヴィジョンにおける転移性投影」と題した刺激的論考へと引き継がれる。そこでは、これら力動の取り扱いに対する有用な洞察が提示されつつ、スーパーヴァイザーとスーパーヴァイジーとの間で展開するさまざまな無意識的知覚と期待が検討されている。とりわけ有用なのは、治療者に同調的な、そして治療者によって引き起こされた逆転移反応に関する最新の臨床文献のレビューである。スーパーヴァイザーとスーパーヴァイジーとの間に布置されたさまざまな投影が、分析心理学、欲動論、対象関係論、そして自己心理学の視座から分析されている。

ジュディス・ハバックによる「スーパーヴィジョンのスタイル」は、寛容的なスーパーヴィジョンから教条的なものに到るまでさまざまなタイプのスーパーヴィジョンを取り扱っている。スーパーヴァイジーの分析アイデンティティの発展可能性は、スーパーヴァイジー独自のスタイルと分析能力を探求する過程に潜在する。この過程は、スーパーヴィジョンにおける不安を軽減し、専門家同士の議論を発展させる努力を通して、促進され改善されていくことになる。

第Ⅱ部は、「潜在的な分析家《アナリスト》の士気を維持すること」と題したジョン・ビービの挑発的な論考で幕を閉じる。本章は、スーパーヴァイジーの分析アイデンティティを発展させる上でスーパーヴァイザーが果たす役割をさらに深く探求するものであり、個人分析における失望を通して、その体験を含み込んで意味深い作業が行われるための治療空間という視座から論じたものである。スーパーヴァイザーは、ともに建設的に作業するために独自の位置どりをし、スーパーヴァイジーの個人分析のなかで生じてきた傷を代謝させる手助けをする。スーパーヴァイザーが果たし得る最重要の機能は、単純な分析の理想化にありがちな傷つきをワークスルーすることであるとして、その必要性が説得力をもって議論されている。

・第Ⅲ部　ケースコロキアム

第Ⅲ部は三章から成る。いずれも臨床ケースセミナーにおけるスーパーヴィジョンの研究である。まず、「ケースセミナー・スーパーヴィジョンの陶酔と苦悩」と題するドナルド・カルシェッドの論考では、ケースコロキアムにおける情緒的な恩恵と落とし穴に動揺させられる個人的体験が検討される。そこでは、いわゆるプロセスグループではなくワーキンググループとしてのセミナーの重要性が強調され、そのなかでふたつのもっとも基本的なセミナー課題が描出されている。第一には、その場にいる治療者が担当する患者をより深く理解していけるようになること、第二には、患者と治療者との相互関係が洞察できるようになることである。これらの目標を達成するためには「十分に守られた」雰囲気および判断や評価から自由である場が提供されなければならない。患者と治療者との間に無意識のやりとりが生まれるからである。それによってグループ・ダイナミクスのシャドウの側面すなわち分裂、アクティングアウト、兄弟葛藤、羨望、共謀同盟、相互依存などが分析されるのである。この章では潜在する有毒性という、ケースセミナーで遭遇する力動に対抗できる有効な手段が提示されている。

クリッテンデ・ブラックスによる「ユング派継続ケースセミナーのスーパーヴィジョン」では、ケースコロキアムのなかで、治療的相互作用における関与しながらの理解を深めるために、こころの外向領域が建設的に働く在りようが考察されている。このセミナーに潜在しているのは、提示された臨床素材にさまざまな視覚的・情動的反応を惹起させる力である。それらの反応は、分析過程に重要な側面をひとつひとつ露わにしていく。この潜在力を最大限に意識するために、グループリーダーは相互サポーティブでしかも自由にして開かれた環境を保ち、上下関係や判断から自由になるように関わることが求められると考察されている。

第Ⅲ部の最終章は「臨床プロセスに関する論考」である。ここでジョアン・リゾーリは、メンタルヘルス機構から訓練協会に至るまでの多様な専門機関における個人スーパーヴィジョンとグループ・スーパーヴィジョンの差異を検討している。そこでは、ケースコロキアムに現れるさまざまなグループ・ダイナミクスとそれらを取り扱うための実践的な技術が議論されている。個人およびグループのスーパーヴィジョンに共通して必要なことは、スーパーヴァイジーがそこで安全に振る舞うことができ、アイディアを試し可能なアプローチを探究し、そして既知のことがらについて未知のことがらと同様に意識的になることのできる空間を創造することである。本章はリゾーリ独自の素材の公開と、それを補完する既存の三つのスーパーヴィジョン・セミナーの要約から成っている。そしてまた、専門スキルをさらに発展させる価値ある手立てとして、スーパーヴィジョンにおけるピアグループの可能性という見識が提供されている。

・第Ⅳ部　スーパーヴィジョンの進展状況の評価

第Ⅳ部は訓練分析家による八論考から成っている。それらは、「スーパーヴィジョンの進展状況の評価」という厄介な課題に向き合い、個人的反応を系統立てようとしたものである。アルフレッド・プラウトは評価の基準として次の三つの質問から議論を始める。①その訓練生はスーパーヴィジョンを活用できているか。②何が障害となって、訓練生はわたしを十分に活用できないのか。③訓練生を準会員に推薦することができるという進展の基準が満たされたことを、わたしはどのようにして知ったり、そう信じるに足るようになったりするのか。これらの問いに答えつつ、スーパーヴァイジーを評価する際に出会う力動のなかから多くの貴重な洞察が提示されている。

グスタフ・ドライフェスは、スーパーヴィジョンの進展状況の評価にタイプ論の視点からアプローチしている。スーパーヴァイジーの評価には客観的な基準がある一方で相対的にも重要な部分がある。それはスーパーヴァイザーの人格機能に大きく依拠している。感情タイプのスーパーヴァイザーはスーパーヴァイジーの共感能力の重要性を強調するであろうし、直観タイプであればイマジネーションの能力を期待する。思考タイプは洞察（意識化）に価値を置き、感覚タイプは現実適応により重きを置くであろう。このような実践的臨床例が、それぞれのタイプを描写するなかで提示されている。

子どもの分析のスーパーヴィジョン事例からこのテーマにアプローチしているのはマイケル・フォーダムである。公式な設定と基礎的な技術は分析の相互過程の特徴をもっとも際立たせるために用いられる。それらが上首尾に運べば子どもがアクティングアウトと見なされる遊びに逃げ込まないようにできるとフォーダムは提案する。そのためにふたつの臨床的状況が吟味され、それによってスーパーヴァイジーの分析的態度と臨床的技術の進展を評価するために必要なことがらが細やかに実証されている。フォーダムが示唆するように、その進展の最善の評価は抽象的な基準よりも相対的な経験に拠るであろう。

ジョセフ・ヘンダーソンは、〈通過儀礼〉としてのスーパーヴィジョンを検討する。分析的訓練プログラムはイニシエーション元型を活性化させる傾向にある。それはイニシエーションの師であるスーパーヴァイザーとともに始まり、規模の大きいピアグループの資格条件に合致する進展の評価とともに終わることが観察されている。スーパーヴァイザーの役割として重要かつ繊細なことが、近親姦の禁忌に関する道徳的、倫理的、そして心理的次元から考察されている。

エリ・アンバーが考えるスーパーヴィジョンの進展を評価する際のいくつかの要因は次のようなものであ

る。スーパーヴァイジーの臨床力、一般的・文化適応的な在りようの発達、個人的病理と職業選択および実践との関係の理解、分析に有用な無意識のあり方である。また、無意識における変化を把握する能力もまた、認識論的態勢を柔軟に変えることができる能力と同様に重要な要因となることが考察されている。

スーパーヴァイザーにとって「わたしは何を期待されているのか」という拭いがたい懸念を乗り超える能力がきわめて重要であるとするのはマリオ・ヤコービである。「患者を好ましく思うべきだ」とか「患者の夢を理解すべきだ」、さらには「アニムスについてユングが述べたことを理解するべきだ」などとスーパーヴァイザーが決めてかかることは「優等生」特有の態度であって、そしてしばしばスーパーヴァイジーの個人的分析スタイルの進展と発達を妨げる。ヤコービは、スーパーヴァイザーは自身に形成される自己愛傾向と自身のイメージでスーパーヴァイジーを評価することに自覚的でなければならないと述べる。

スーパーヴァイジーの臨床的スキルが個人のアイデンティティと分析スタイルの深化に伴ってどのように発展してきたのかということが、アン・ウラノフにとって評価の重要な基準となっている。また、被分析者《アナライザント》に対する細やかな認識が豊かになっているのか、身体の姿勢、呼吸の速度、頭の向きを変えるといったような非言語的反応をスーパーヴァイジーがどのようにモニターし治療的に用いているのかというような無意識の素材の理解とそれを対人関係に関連させる能力も重要な基準となる。このスーパーヴァイジーは訓練するに足り得るのか、そのスタイルはペルソナから人格そのものに変わってきたのだろうか。このような問いに対するウラノフの学識ある論考は、進展の評価だけでなくスーパーヴィジョンの本質へと切り込む豊富な洞察を提示している。

評価を扱う第Ⅳ部は、援助としてのスーパーヴィジョン、二番手としてのスーパーヴィジョン、補助役としてのスーパーヴィジョンといったさまざまな観点からスーパーヴィジョンを議論するウィルキの論考で幕を閉じる。それによると、初心の治療者には以下の三領域におけるスーパーヴィジョンが必要だという。①

事例の力動の理解。②治療的方法論の使用。③治療者の役割および治療者自身のコンプレックスが患者の分析にどのように統合されているのかを見極める確実な推定。スーパーヴィジョンが有効であったかどうかは、後になってスーパーヴァイジーが規模の大きな専門家集団にうまく統合される程度によっても部分的に評価され得る。

・第V部　スーパーヴァイザーのライフステージ

第V部は「スーパーヴァイザーのライフステージ」である。ここでは専門家としての生活のさまざまな次元に焦点が当てられる。学生として学び始める初期に始まり、臨床的スキルと分析アイデンティティが大きく発達する時期を経て、訓練分析家やスーパーヴァイザーとなってその活動を続け、そして最終的には齢を重ねる過程での心理的・身体的現実と向き合うという諸段階である。スーパーヴィジョンを行う分析家《アナリスト》としての責任を負うことで分析家《アナリスト》になるための訓練の完成を見たそのすぐ後の段階については、最初の章「訓練候補生からスーパーヴィジョン分析家への移行」と題する拙論で論じている。そこで取り上げられるのは卒業間近の候補生が分析の実践を築き上げていくなかで情動的に大きくかき乱される可能性についてである。候補生は専門家のコミュニティのなかでカルチャーショックを味わいながら、スーパーヴィジョンを行う分析家《アナリスト》として必要な分析的・教訓的・そして臨床的スキルを発展させ始める。この時期における分析アイデンティティの統合は、外的な職業上の制度要件に直面するだけではなく、それら要件と切り離せないこころそのものに直面することをも含むのである。

分析家《アナリスト》というものは、どのようにスーパーヴァイザーになる準備をするのであろうか。この問いは専門家のコミュニティのなかでますます盛んに議論されているが、それはマルガ・スパイカーによる「スーパーヴァイザーの教育」と題した論考の中核となっている。そこでは、現在の分析の実践状況とユング派訓練プログラムにおけるスーパーヴィジョンの要件の展望に続いて、ユング派スーパーヴァイザーになるための事前プログラムがどのようにデザインされ実行されるのかについて思索に富んだ議論が提示されている。

第Ｖ部の最終章は「スーパーヴァイザーの老い」と題するもので、老齢になったスーパーヴァイザーが出会う諸問題について強く訴えかける論考である。ウィルキは、スーパーヴィジョンを行うために必要な能力は人生の後半に獲得されるが、その多くが齢を重ねることで衰えてゆき、そのことにスーパーヴァイザーは傷つきを深めるようになると指摘する。この論考では、スーパーヴァイザーが担う責任と高齢の分析家《アナリスト》にまつわる心理的な諸問題が非常に繊細に扱われている。

・第Ⅵ部　スーパーヴィジョンと制度

Ⅵ部は「スーパーヴィジョンと制度」である。ここでは、専門的訓練協会からメンタルヘルスの組織に至るまでのさまざまな範囲の設定のなかで実践されるスーパーヴィジョンが遭遇する力動や問題が扱われる。ジェームス・アスターは「スーパーヴィジョン、訓練、内的圧力としての研究所」と題する章のなかで、専門職としての発展を探究するスーパーヴィジョンと、訓練要件を満たす目的で行われるスーパーヴィジョンとを対比させる。スーパーヴィジョンと訓練とが一体になるとき、候補生は同時に、組織のコンプレックス、当該協会のメンタリティ、そして候補生自身の心的発達に直面する。協会の力動という脈絡のなかで分析過程に信念を抱き続けるときに遭遇する困難が緻密に言及され、そして〈内的慣行化〉という致命的な影響を中和するために、スーパーヴィジョンは遍く不可欠であると結論づけられている。

ジーン・カーは、「臨床スーパーヴィジョンのモデル」のなかで、システムズ・アプローチを用いつつ、そのモデルの発展過程が産む制度上の枠組みを探究する。システムのさまざまな構成要素（患者／クライエント、スーパーヴァイジー、スーパーヴァイザー、そして組織）が概説され、とくに有用な分析としてトータル・ネットワークを作る二者さらには三者の関係構造が提示されている。それぞれの関係はおのおの一連のコンプレックスの力動を含む。その力動とは、転移と逆転移、自我とシャドウ、儀式的行為であり、それらは欲求と同盟と同様に、陰にも陽にも働く。

最終章においてルイス・ジンキンは、職業上の立場を逆にして個人と協会がいかにしてスーパーヴァイザーの良し悪しを評価するのかを問うている。この問いと格闘することによってスーパーヴァイザーという仕事の不可能性がより理解されやすくなっている。この、スーパーヴィジョンの職業的不可能性とは何であろうか。たしかにスーパーヴァイザーは何かをスーパーヴィジョンしている。しかしその何かは患者の分析そのものではあり得ない。われわれが「スーパーヴィジョン」と呼ぶものは、ジンキンが示唆するように現実のなかで分有されたファンタジーなのである。実際は、患者が分析で何を行ってきたかをスーパーヴァイジーが想像しようとし、そしてスーパーヴァイザーが同じことをしようとする。これが分有されたファンタジーである。「ともにイメージしていることが真実ではないと気づき続けるのであれば、（スーパーヴィジョンは）最良に機能する」。

ここに収められた諸論考がユング派スーパーヴィジョンの理解の促進に貢献するならば幸いである。スーパーヴィジョンのなかで出会う専門的取り組みの課題を提供してくれる臨床実践の場面はほとんどない。スーパーヴィジョンという個人的な体験とその潜在的な恩恵の性質をことばで伝えることは困難である。本書は、読者にとってスーパーヴィジョンという過程がもつ生命力を、よりいっそう共感的に理解し発展させていく一助となることであろう。

第2章　歴史的覚書

メアリー・アン・マトゥーン

「コントロール」という呼称でも知られるスーパーヴィジョンは、現在ではユング派分析訓練において十分に確立されたものになっている。しかし、かならずしも以前からそうであったわけではない。わたしの最初のユング派分析家はニューヨークで実践していた女性で随分前に亡くなっているが、彼女を通してわたしが経験したのはこの欠落による影響であった。彼女はチューリッヒでユングに分析を受け、ニューヨークではその地の分析家《アナリスト》のパイオニアのひとりエレナー・バーティーンに分析を受けた経験があった。わたしの分析が始まったのは一九五〇年代の終わりだったが、当時わたしは三十二歳だった。当時のニューヨークには分析家《アナリスト》は一握りしかいなかったが、そのほとんどと同じように、わたしの分析家《アナリスト》も夢とくに元型夢に焦点づけ、覚醒時の生活のなかで生じるとりわけ情緒的な話題の議論を抑制する方法を採っていた。明らかにユングと同じ方法だった。

彼女のアプローチは一部を除いてさほど効果がなかった。というのも、わたしは彼女とは異なるタイプで、しかも彼女より四十歳も若かったからである。ただ、彼女の仕事はおそらくスーパーヴィジョンとしては役立っていた。ユングの場合もそうだったが、彼女のもとに分析を受けに来ていた典型的な被分析者《アナライザント》は中高年で内向直観タイプであった。しかし、そうではないタイプと彼女が関わるとき、その分析はおそらくスーパーヴィジョンとしては役に立っていたであろう。

一九二〇年から三〇年代にユングとともに学んだこうした草創期の分析家《アナリスト》が、実践を始める前にスーパーヴィジョンを受けていなかったと断言することはできない。皆、少なくとも部分的にでもユングに分析を受けていたのであり、そのつながりでスーパーヴィジョンがあった可能性は否定できない。たとえそれがユングの言及した方法や技術の価値を損なう脈絡のことであったとしても、である。

当時の訓練がユングの実践した個人分析とセミナーで構成されていたことは明らかである。ユングは、分析家《アナリスト》としての実践準備の整った時点でそれぞれの学生と話をしたようである。しかし、彼らの多くはスイス国外とくに英国とアメリカ合衆国からの留学生であり、そのうちの何人かはチューリッヒにわずか数ヶ月の滞在であった。したがって、学生の訓練は現在と比較すると限定的なものであったと言える。

分析家《アナリスト》になろうとするひとは個人分析を受ける必要がある。これを条件としたのはユングの大きな貢献である。ユングは精神分析全体の潮流のなかでこのような提案をはじめて行ったひととして知られる。フロイト派は公式には一九一八年にこの考えを採用している。[4] ユングが将来の分析家《アナリスト》を自身の多くの被分析者《アナライザント》のなかから選んでからというもの、ユング派の訓練においては当初から個人分析が不可欠なものとなったのである。

一九二五年、フロイト派は正式にスーパーヴィジョンを訓練の必要条件に加えた。ユングはスーパーヴィジョンという用語は用いていない。しかし、その講義とセミナーの課程を通して一種のスーパーヴィジョンを提供してきたと言うことはできる。

草創期のこうした経緯は、ひとりのアメリカ人、ファニー・ボウディッチの日記に記されている。[*1] それによると、彼女は一九〇九年、アメリカ合衆国を旅行中のユングに出会っていた。ウィリアム・マクガイァによれば、その経緯は一九一二および一三年のチューリッヒ大学における講義「精神分析入門」のなかでユングによって報告されている。そこには、理論的素材と連想実験に加えユングの分析実践からの事例素材が含まれていた。それらは参加者のために複写され謄写版で印刷された。一九一四年、そうした経緯とはまた別の内容をユングはプライベートに提示しているのだが、そのときはすでに大学職を辞していた。

マクガイァは次のように述べている。「終戦後、ユングはふたたび旅に出た。一九一九年に学会講演のためにロンドンに赴き、一九二〇年の終わりにも再度英国を訪れている。その旅はまず一九二〇年の春、アルジェリアとチュニスに始まり、一九二〇年の夏、はじめての海外セミナーのために英国南西端のコーンウォールに滞在するというものだった」。このセミナーは、メアリー・エスター・ハーディングとヘルトン・ゴッドウィン・ベイネスを加えてコンスタンス・ロングによって企画された。事例素材を扱ったことで知られるもので、一九一九から二〇年にかけての一連のセミナーのうちのひとつであった[6]。これは『ピーター・ブロブスとその親族の夢』と題して書籍化されている。

マクガイァによれば、「最初に〈記録された〉セミナーは、一九二三年七月にコーンウォールのポルツェスでも開催された。ベイネスとハーディングがそのセミナーを企画し、エンマ・ユングとトニー・ウルフを含む二十九人が出席した[6]」。その手書きの記録は「個性化過程に関わる人間関係」と題するものであった。

二年後、英国ユング派によって企画された別のセミナーが英国ドーセットのスワネージにおいて約百名の参加者を集めて開催された。そのときのハーディング博士の手書きの記録は「夢と象徴的意義」というタイトルで現存する[7]。この一九二三年と一九二五年の両セミナーに事例素材が含まれていたようである。

一九二五年の初頭、ユングはチューリッヒで「分析心理学セミナー」を行った。英語による一連のセミナーの冒頭に当たるものであった。チューリッヒの心理学クラブで開かれたこのセミナーは、その後十四年間続くことになった。そのなかでユングは自身の理論の発展をいくつか述べているが、それらは事例に基づいたものであった。その後に続くセミナーほどではないが、このセミナーは事例コンサルテーションの様相を呈していた。

夢分析におけるその次のセミナーは一九二八年の秋に始まった。[10] マクガイァの報告によれば、「毎週の会合は、一ヶ月ないしはそれ以上の季節休暇によって途切れつつも一九三〇年六月の終わりまで続いた」。

ユングの伝記を著したひとりであるバーバラ・ハナーは一九二九年一月にチューリッヒに到着してこのセミナーに参加し、一九三九年二月までの間、セミナーが開かれる限り参加を続けた。ハナーは次のように述べている。「一九三〇年の夏の終わりまでは、セミナーの主題はある男性が見た夢のシリーズだった。同年の秋から翌年の冬の終わりまでは、ユングはある女性の長い一連のヴィジョン（アクティヴ・イマジネーション）を取り扱った」。[5]

チューリッヒ工科大学におけるユングのセミナー（一九三〇～四一）のうち、「子どもの夢」（一九三六～四〇）だけが事例コンサルテーションないしはスーパーヴィジョンに近いものであった。

ユングがもっとも関心を寄せていたのは夢とヴィジョンにおける元型的内容であったが、それにもかかわらずセミナーは、自身の被分析者《アナライザント》による素材にどうアプローチするのかについて、いくつかの手掛かりを提示するものであった。実際のスーパーヴィジョンではないにせよ、それは事例コンサルテーションに向けてのひとつのステップとみなすことができるものであった。

一九四八年、チューリッヒにユング研究所が設立される。その頃までにはスーパーヴィジョンの概念は重要な要素になっていた。「最初の十二年間の記録　一九四八～六〇年」というプリントのリストのなかには、分析家《アナリスト》の修了証を得るためには「訓練分析家にスーパーヴィジョンを受け、少なくとも二百五十時間のコントロール分析を修得すること」と記載されている。その資格要件には、候補生が被分析者《アナライザント》として費やさなければならない時間数だけが特定されており、コントロール分析の時間数については言及されてはいなかった。

一九六二年、わたしがチューリッヒでコントロール分析を受け始めたときには、それぞれの事例について異なる分析家《アナリスト》にコントロール分析を受けることが通例であった。その結果、候補生はさまざまな意見を得ることになった。異なる意見間の矛盾を解決することは自分自身の分析家《アナリスト》としてのスタイルを高く価値づけるための一助となった。

コントロール段階の候補生は、継続事例をもち回りで発表するとともに毎週のケースコロキアムに参加した。これによって候補生は自身の事例へのフィードバックを得るとともに他の候補生の事例を聴き議論することになり、候補生にとっては大変価値のあるものとなった。資格取得の最終試験では、書き上げた事例とそれらの事例から臨床力が評価されるが、そこにスーパーヴィジョンとしての役割が加味されていた。

転移は概念としては強調されなかった。ただそれはコントロール分析を行うほとんどの分析家《アナリスト》とのコンサルテーションに含み込まれており、そのいくらかは明らかにされたりもした。逆転移について検討することは、コントロール分析と個人分析の混在を奨励しない研究所の考え方に問題提起するものであった。実際のところ、これはわたしの体験でもあり他の候補生の体験でもあったのだが、個人分析を行う分析家《アナリスト》だけが候補生の逆転移の問題について深い水準でそれを支援し得たのである。

コントロール分析のもっとも有用なガイドラインは、自分がそれを受けることを巡って明らかになった。チューリッヒのわたしの分析家《アナリスト》は次のように述べる。「あなたが何を行うかが重要なのではない。重要なのはあなたがどう在るかなのである」。わたしはずっと、この語りの含意を深く考えるのが怖かった。しかしこの語りは、分析家《アナリスト》になるために不可欠なわたし自身のこころの作業に焦点を当て続け、わたしが独自の分析家《アナリスト》としてのスタイルを発展させる道を開いたのである。ユングは通常の援助が失敗に終わったとき、援助するひとを支えるのは何なのかを見出すことが重要であると指摘しているが、コントロール分析を受けるというアプローチはその見解を明らかにするものである。

このように、スーパーヴィジョンは訓練の一部となりその比重も高まっていった。チューリッヒでのこうした状況は他の訓練センターでも同様であった。第一世代のひとりに数えられているアルフレッド・プラウトは次のように述べている。「ロンドン分析心理学会（SAP）の第一世代の訓練生たちは、ある構造化された訓練プログラムを受けるよう求められていた。当時、それを受けようとして気づいたことがある。訓練生たちがどう在るべきかを適切に訓練する訓練分析家が誰ひとりいなかったのである。わたしはそのときのことをとてもよく覚えている[12]」。

一九五八年に国際分析心理学会（IAAP）が設立されて以降、学会の資格要項に変化があるたびに、その変化は国際的にも反映されていった。[*2] 当初に定められた「会員に関する細則」（一九六二年）では、候補生はコントロール段階として一年から一年半の間にクライエントとの百八十時間の分析経験が求められた。一九七一年には訓練生のスーパーヴィジョンの時間数が必要要件としてはじめて特定され五十時間とされた。一九八三年には百時間に増えた。このように、分析家《アナリスト》の専門性が学会とその学界のなかで個人分析と学位を含む諸要件としてより明確に定義づけられるようになるにしたがって、スーパーヴィジョンの資格要件も整備されていった。

さて、ここまで「スーパーヴィジョン」という用語を用いてきたのだが、伝統的な語用は「コントロール」である。ドイツ語の音訳では「コントローレ」となるが、それは英語で「コントロール」と発音する意味内容と同じで「検査」ないしは「スーパーヴィジョン」を意味する（フロイト派も同様に「コントロール」の語を使う。ユングと同じくフロイトもドイツ語の語り手だった）。コントロールということばは権力と密接につながるニュアンスがある。そこでわたしは、ミネソタで同僚とともに訓練の最終段階を当初は「コンサルテーション」と呼んでいた。「コントロール」という言い方をするようになったのは地域間連携協会に加わるようになってからである。最近になって「スーパーヴィジョン」という用語がさかんに用いられるようになってきている。それを最初に用いたのはプラウトだが、遅くとも一九六一年までには他のロンドン学派にも用いられるようになっていった。

スーパーヴィジョンに関するユング派の出版物であるが、わたしの知る関連領域すべてに十分に言及できているわけではない。そうした著作の最早期のものは『訓練に関するシンポジウム』[12]に収められている。チューリッヒおよびロンドンの分析心理学会プログラムを調べてみると、アルフレッド・プラウトもマイケル・フォーダムもシンポジウムのなかで、スーパーヴィジョンと関連して、分析家《アナリスト》と被分析者《アナライザント》ないしは候補生との関係を複雑にする第三の存在すなわちスーパーヴァイザーによって産み出される問題に焦点を当てている（フォーダムの論考は第Ⅱ部第3章所収）。プラウトとフォーダムはスーパーヴィジョンの一部として技法の指導は論じていないものの、それを想定している。

同じシンポジウムのなかでキャスリーン・ニュートンはスーパーヴィジョンを三つの「訓練の道具」のひとつと位置づけている。だが、その詳論はなく訓練の他の側面が論じられたものとなっている。

さらに、シンポジウムに貢献したのはヒルマンであった。[8] 当時、チューリッヒ在住のヒルマンは訓練について次のように述べている。「訓練と分析は明確に分けられるものではない。このことは、訓練は分析〈であり〉両者を分けることはできないというわたしの姿勢を表わしている」。同時に言えるのは、個人分析はコントロール分析にまで拡げて用いられてこなかったということである。

またヒルマンは、ユング派の心理療法は教えられるものではないという信念を明確にしながら、それはまた「主に自発的な無意識の働きを通して」生まれるものであり、「……（加えて）繰り返し可能な技術に体系化することができない」「……それゆえユング研究所でとくに教えることができるのは治療状況に関連するような無意識の顕現についての知識である」と述べている。

さらにヒルマンは次のように説明する。「（候補生にとって）より重要なのは、技術を学ぶことよりも各自の在りようと体験から治療者としてのスタイルを発展させることである。技術というのはコントロール分析のセッションやグループコロキアム、事例の素材を扱ったセミナー、そしてもちろん候補生自身の訓練分析のなかで獲得される。教え込まれたものではなく、獲得された、各自で統合された技術だけが効果をもつのである。窮屈に縛られたスーパーヴィジョンの体験は候補生のスタイルの発展を妨げるかも知れない。そして、仮に心理療法の実践をひとつのアート（テクネー）とみなすのであれば、それを科学であるとみなすのと同様に、心理療法は破壊的に働くことになるやも知れない。窮屈でコントロール過剰であることは、候補生の不安定な状況を当面は和らげるだろうが、結果としてより深いコンステレーション[*3]の働きを妨げることになる。これはよくあることだが、候補生は、それぞれの個人分析のなかでそれぞれの不安定を和らげるものである。これは理に適っている。というのは、候補生の事例担当はその時点での各自の人生課題のもっとも重要な部分となり、事例における作業の体験は個人分析のなかにおのずと現れてくるからである」。

ヒルマンはさらに、できる限り技術を用いないようにと続ける。「主要な目的は、できる限り責任を候補生に委ねること、そして危険やダメージが起こりそうなところにのみ介入して修正することである。そうすればコントロール分析を行う分析家《アナリスト》の介入の問題は適切なものとなる」。

スーパーヴィジョンに関するその後の論考は、わたしの知る限りでは「スーパーヴィジョンの進展状況の評価」と題したシンポジウム[13]、その数年後のノーラ・モーアの論考「マイケル・フォーダムの理論とスーパーヴィジョンの実践」[11]であった。これらはいずれも本書に収められている。

もっとも最近のユング派の文献は、ジェームス・アスターの論文「スーパーヴィジョン、訓練、内的圧力としての研究所」[1]である。この論考はスーパーヴィジョンの初期に焦点を当てて、その作業に言及している。とりわけフォーダムの一九六一年の論文に応答している。アスターは次のように指摘する。「訓練中につねに身近にあるのは訓練機関の評価が存在することから生まれる内的圧力である。現在でも、スーパーヴァイジーが分析されるあり方とスーパーヴァイザーが示している……いかに分析するのかというあり方との間には適合と不適合が存在する……（さらには）スーパーヴァイザーの語りを書き留めることは……それについて考えることなくスーパーヴァイザーの知識を鵜呑みにするプロセスになり得る」。アスターが結論づけているのは、訓練生は若い同僚として扱われるべきであること、そして「スーパーヴィジョンは、もうひとりの分析家《アナリスト》（スーパーヴァイザー）がその素材を自分の事例であるかのように聴くという機会を（スーパーヴァイジーと）共にする場であり、そこにおいて相互作用が咀嚼、内省、吟味されるようになるのである」ということである。

ユング派によるスーパーヴィジョンのいくつかの研究はユング派以外の出版物にも掲載されている。そのなかで次の三研究は、国際精神分析連合に発表されそのニューズレターに掲載されたものである。まず、ジョン・ビービの発表は改訂され本書に収められている[2][*4]。マルガ・スパイカーは、スーパーヴィジョンにおいて焦点を当てるべきは候補生の実践作業なのであって偽りの分析に関わることではないと指摘する[14]。付言すれば、スーパーヴァイザーと候補生の両者はスーパーヴァイザーの指導的機能と同様に評価機能に意識的でなければならないのである。また、スーザン・ボストロム・ウォンは候補生の視点からスーパーヴィジョンを考察している[3]。すなわち、スーパーヴァイザーが候補生のこころに及ぼす影響とその評価機能は、疎遠な研究所の評価委員に向き合う候補生を援助し得ると強調している。

わたしのチューリッヒでの経験から明らかなように、スーパーヴィジョンという形態が始まる初期の頃から、少なくともいくつかの訓練センターにおいて個人スーパーヴィジョンとともにグループ・スーパーヴィジョンが設定されてきた。現在のチューリッヒでは、候補生には毎週一回以上このような「ケースコロキアム」への参加資格が与えられている。偶然だが、スーパーヴァイザーとして活動するわたし自身の経験は、個人よりもグループが多かった。そもそもこの状況は、最初の候補生がＩＡＡＰの個人会員の認定を取得する準備をしている時代に、わたしの地域では有資格の分析家《アナリスト》が足りないことから余儀なく起こったものである。われわれ会員は定期的な個人スーパーヴィジョンのために他の地域から分析家《アナリスト》を招いたりした。毎週のスーパーヴィジョンはグループの形態で行われ、必然的にわたしがそれを指導することになったのである(現在のミネソタのプログラムには、個人とグループの両スーパーヴィジョンが含まれている)。

わたしがグループ・スーパーヴィジョンを次善の策として理解しているわけではないことを急いで付け加えておきたい。実際、グループ・スーパーヴィジョンには、すべてのグループメンバーの視点を豊かにする上で高い価値がある。候補生はさまざまな洞察や受け入れがたい見方をも耳にすることになるからである。より検討の価値があるいまひとつの視点は、有資格の分析家《アナリスト》が継続的にスーパーヴィジョンを受けることである。分析家《アナリスト》の多くは、グループあるいはペアの形態でスーパーヴィジョンに関与する。わたしは、常日頃から同僚と事例を議論することはすべての分析家《アナリスト》の責務であると感じている。

スーパーヴィジョンに関する検討のなかでおそらくもっとも遅れている側面は、将来のスーパーヴァイザーを訓練することであろう。そのような訓練は、ユング派分析家のなかではほとんど検討されてこなかった。実際、メンタルヘルスの専門家の間ではそうであった(少数ではあるが、臨床心理学やソーシャルワーク・プログラムのなかでスーパーヴァイザーになるための訓練を受けている臨床家がいるように思われる)。サンフランシスコ在住の分析家《アナリスト》であり臨床心理学の教授であるクレア・トムソンは、一九七〇年代半ばに、ユング研究所はスーパーヴィジョンの訓練を提供すべきであると述べている(現在、トムソン博士は故人だが、一九七四~七六年の間、ミネソタの訓練プログラムにおいて、ほとんどの個人スーパーヴィジョンを担当していた)。そうした訓練には、おそらくスーパーヴァイザーを訓練するスーパーヴィジョンが含まれていたであろう。

スーパーヴィジョンにおける訓練では、分析の仕方やそれを他者に教える方法を知っているという思い込みを捨て去ることが求められる。アスターはこう指摘する。「準会員から正会員そして訓練分析家へと到る分析的階層の流れを通した分析家《アナリスト》の成長のなかで、訓練が〈満了〉するとき、それ以上に体系的な学習はない。スーパーヴィジョンを受ける学習はもうないのである。したがって、その地平には研究所によって涵養された「分析という作業を行う集団」というエートスは、個人の発展に必要なものとしては、どこにも存在しないのである[1]」。

訓練が満了した後もスーパーヴィジョンは継続するという前提が受け入れられるならば、スーパーヴィジョンは分析よりもさらに果てのないものであると予期することができるであろう。

第Ⅱ部　個人スーパーヴィジョン

第3章 スーパーヴィジョン理論への提言

マイケル・フォーダム

ロンドン分析心理学協会が候補生のための訓練プログラムの枠組み作りを始めたとき、ほどなく合意に到ったふたつの論点があった。ひとつは容易に合意に到ったのだが、ひとつは少しもめた。前者は、訓練は臨床研究に基づくべきであるという内容である。そのため候補生は二年間の予備分析の後、二例のコントロール分析を受けるよう定められた。それはユングが繰り返し主張した方向性に沿ったものであった。すなわちユングは、しばしば神話の観点から結論を提示することを選択したにもかかわらず、自分の研究は臨床経験に基づいていると主張して、われわれが神話の領域に入る必要はないとしたのである。

第二の論点はそれほど容易に合意されたものではなかった。それは、訓練分析家は候補生がコントロール分析を受ける事例を取り扱うスーパーヴァイザーの機能を担うこと、そして候補生との議論の素材から取り出されたことがらを指導すること、これらを明記することであった。

第二の決定が容易でなかったのは、ユングがいかなる分析においても分析家《アナリスト》のパーソナリティの関与は避けがたいとしてその重要性を強調したことに拠る。分析を実践する上でのユングの考えは、理論や技法といった教師的な指導はセミナー方式のグループで行うのが最適であり、その他は候補生の分析家《アナリスト》にのみ任せるということである。この点に本質的特徴があり、訓練分析家はこの結論に導かれることになったのである。

こうすることで次のことが考えられる。すなわち、候補生の分析スキルはたしかにそのパーソナリティから発展するだろうし、分析スキルの習得を候補生自身のパーソナリティの発展から切り離すことは少なくなるだろうということである。これに対する拒否反応は次の信念に基づいていた。それは分析家《アナリスト》の役割をいくつかの重要な点で変更することになる。訓練分析家は分析家《アナリスト》でありながらある種の説教師のように振る舞うことに魅せられ、あるいはそれを義務にすら感じ、候補生の内的な発展にひたすら注意と関心とを注げなくなるだろうというのである。このことは候補生の分析家《アナリスト》とは別に、スーパーヴァイザーを設ける必要があると主張する主たる理由だとわたしは思う。少なくとも何人かの訓練分析家はそう考えているし、とりわけわたし自身がそう考えている。

年月が証明するように、こうした初期のできごとはユングの論考に注意深く触れることがいかに価値あるものかを教える良い一例であった。おりにふれてこの問題は何度も提起され、実際に本書で述べられている多くの論考の土台となっている。スーパーヴァイザーの制度を創設しようとするいまひとつの考えは、さほどたしかな根拠があったわけではなかったが、臨床実践の経験によって正当化されたものである。すなわち、もし分析家《アナリスト》だけが候補生をよく知るのであれば、分析を行う候補生の適性を評価する過大な責任が分析家《アナリスト》ひとりの肩にかかってくるという危惧である。したがってスーパーヴァイザーには、不適切な根拠に基づいて協会への申請を支持しようとする分析家《アナリスト》と候補生との同一化をチェックする機能が期待されると信じられていた。現在ではこの考えが正当なのかどうかは定かではない。

ここで以下の問題を取り上げる必要がある。初期の頃には分析の成立根拠が理解されていると仮定されていた。しかしながら年月を経てみると、それは限定的な意味でのみ真実であった。実際のところ、臨床実践を批判的に検討してみると分析が何によって成り立っているのかは非常に不確かであって、分析ということば自体もかなり曖昧な仕方で用いられてきたのである。わたしは他所で分析ということばをより綿密に定義しようとしてきた。[2] したがって、ここでそれについてさらに述べる必要はないだろう。ただ唯一指摘しておきたいのは、分析は、これまでもそしてこれからも指導とは本質的に異なるものである、ということである。指導では転移を解釈することはない。

以下に提示するのは、訓練分析家の初期の頃の決定に基づいて自分自身の体験から出した結論であり、自身の訓練が始まってから一度も変更されていない事項である。それは、候補生と患者との関係および分析家《アナリスト》とスーパーヴァイザーとの関係に関する議論を含むものである。初期の頃から何年にも亘って発展しつつ提起されてきたスーパーヴィジョンに関する次のふたつの疑問からそれは始まっている。

(ⅰ) スーパーヴィジョンは指導という性質をもつべきなのか。
(ⅱ) スーパーヴィジョンは一種の例外的な分析とみなされるべきなのか。

(ⅰ) についてはすでに答えが出ている。しかし (ⅱ) の問いに余すところなく答えるのはそれほど容易ではない。この問いは規程制定の初期の頃に議論された問題を再現している。この問いを議論するには (ⅱ) を (ⅰ) とは区別して定式化する必要があるだろう。(ⅱ) が (ⅰ) の代替であるとみなされるのを避けるためである。(ⅰ) は独立した問いである。(ⅱ) は候補生の分析家《アナリスト》が訓練を開始するときの役割について議論する必要性をも含んでおり、議論の起点として適切であろう。

簡略化するためではないが、ここでは通常の分析がもつ本質的な特徴は訓練の枠組みによっても維持されると仮定しよう。そうすれば分析家《アナリスト》はその技術の本質を改める必要がなくなる。したがって、候補生が訓練を始めたときに特別な困難に遭遇するかどうかだけを、そしてその困難はスーパーヴァイザーという第二の分析家によるさらなる分析を必要とするのかどうかだけを考慮する必要が出てくるのである。

訓練が開始されると、候補生と分析家《アナリスト》との転移関係には明らかな変化が生じる。そこから生じる問題は転移の早急な希釈化という一般的テーマとして考察されることになる。候補生にとって無意識内容は未統合のままである。組織的に設定された訓練の結果生じる複雑な関係に候補生は不安を抱き、そのため分析における転移がかなり弱体化する。

1　分析家《アナリスト》はほどなく、候補生が以前にも増して自分について多くを知るようになると気づく。候補生は分析期間中に自分の分析家《アナリスト》について周囲が思っていることと自分の推論とを比較検討し、ある時点で、分析家《アナリスト》を望ましいと思う以上に分析家《アナリスト》について多くの情報を蓄積することになるであろう。これは好ましいことではない。周囲の意見が候補生の判断を妨げるからであり、分析家《アナリスト》の行動を直に知りその行動と投影を適合させることがいっそう困難になるからである。

2　転移はコントロール分析で扱われる事例に投影される。そしてスーパーヴィジョン状況は結果としてスーパーヴァイザーへの転移を発展させ、それによって分析における転移はさらに希釈される。スーパーヴィジョンが終了した後も継続される分析に容易に示されるように、これの取り扱いは明らかにもっとも重要となる。それは、訓練後分析と呼ばれるものの一般的な特徴である。訓練後分析の間はスーパーヴィジョン状況のなかで隠されてきた候補生の諸側面が分析されやすくなる。

3　セミナーグループは他の訓練生からなるグループメンバーと候補生との間に葛藤を生み転移やアクティング・アウトをもたらすであろう。

ここでひとつ提案したいのは、こうした複雑な様相を見せる訓練の取り扱いについてである。候補生は、分析状況における自身の過度に防衛的な転移の希釈化を避けるために、分析家《アナリスト》にしっかりとみてもらう必要がある。スーパーヴィジョンが実施された日か遅くともその翌日に分析を受けることが有効だと思われる。

そうすれば、スーパーヴァイザーは候補生の葛藤状況に遭遇しても、それは分析のなかで取り扱われてふたたび隠蔽されることはないという確信をもつことができる。

スーパーヴィジョンに戻ろう。すでに述べたことだが、そもそもスーパーヴィジョンというのは分析家《アナリスト》が教師になったり候補生の無意識内容の統合を妨げたりするのを避けるという考えから設定されたものである。スーパーヴァイザーのより詳細な位置づけが問われるのはずっと後のことであった。

ここでプラウトの定式化を発展させると次のようになる。スーパーヴァイザーは候補生が協会のメンバーになる際のもっとも重要な存在である。というのも、スーパーヴァイザーは主として候補生の意識的スキルの発展に与り、分析の一部や訓練によるストレスの結果として生じる退行のなかで、候補生のアクティングアウト傾向をチェックする機能を果たしているからである。スーパーヴィジョンにもち込まれる複雑な社会的因子はミンナ・エムチによって詳細に検討されている。[1] そこでは、訓練が引き起こす複雑な状況が説得力をもって提示される。彼女によると、七因子を含む系には、ひとつの情動バランスを仮定すると百二十六の可能な組み合わせがあるという。もし情動アンビヴァレンスを考慮するとそれは千百八十三に上る。彼女が検討した七因子は以下である。スーパーヴァイザー、生徒、コントロール分析を受けている事例、訓練分析家、かつてのあるいは現在のスーパーヴァイザー、訓練協会、セミナーリーダー。ここから考えられるのは、情動ストレスが要素間に非常に複雑に絡まり合っているために系全体が記述できないということである。したがって、七因子のなかから因子を単純化して、どんな分析訓練プログラムよりも重要であると判断される態度や役割を選択する必要がある。訓練期間中、情動ストレスは微細かつ過剰な相互変動を持続的にもたらす。ここで断っておきたいのは、単純化によってその激しい様相が歪曲されるように見えても、その複雑さを看過してよいということにはならないということである。

では、まず独断的だが、訓練の最初から候補生を患者としてではなく後輩の同僚として積極的に関わることがセミナー・リーダーの役割でありスーパーヴァイザーの役割であると提案したい。この提案によってわたしが意図するのは、候補生には自分の望むときにスーパーヴァイザーのあらゆる知識や経験を引き出す自由な権利があるということである。候補生はいずれ自分のパーソナリティの欠陥を明確に認識するようになるのだが、それはまた別の話である。とりわけ候補生がスーパーヴィジョンにもち込む諸体験はスーパーヴァイザーの経験を豊かにするであろう。またスーパーヴァイザーに自身の理論と技術を深め発展させる機会を提供するであろう。

スーパーヴァイザーは候補生が提示した事例を聴くことに専心し、同僚として事例を議論しようとする。そうなればスーパーヴィジョンによって転移が希釈化されることはなくなる。もしスーパーヴァイザーがこの問題をこころにはっきりと留め置くならば、スーパーヴィジョンにおける議論の中心は事例の一般的取り扱いに関わる諸問題にあると考えられる。スーパーヴァイザーは以降に検討されるようなやり方で候補生の分析を支援することができる。スーパーヴァイザーは事例素材に基づく指導のなかで、技術的・理論的諸問題の関連領域で事例の読みを提案する。そこには、たとえばコントロールを受けている事例の患者がもち込むすべての素材の解釈、とりわけその事例のなかで候補生が転移に向ける注意が含まれている。

提案された事例の読みは候補生からの逆転移を誘発するだろう。そして重要かつ困難な問いが導かれる。逆転移が働いているポイントやそれが事例への関与をどのように妨げたり促したりするのか、それを候補生に示すことが望ましいのかどうかという問いである。それはスーパーヴァイザーが候補生の初回分析の可能性を左右するという意味でとくに重要な問いとなる。わたしの見解では、スーパーヴァイザーは逆転移の顕れを指摘すべきであるが、指摘して直面させるに留め、候補生を分析すべきではない。それは次の理由に拠る。スーパーヴィジョンの時間は主として候補生がもち込んだ素材の提示と議論とに当てられる。候補生はスーパーヴィジョンを望んでいるのであって、その時間は主にスーパーヴィジョンによって占められ、候補生は自分の個人的生活の情報をもち出したいとは思っていない。したがって、スーパーヴァイザーが〈けっして何も引き出そうとしない〉ことがとくに重要となる。この手続きはさらに、候補生にとってそれがひとつの暗黙の前提であるという思慮深さに支えられてもいる。すなわち、スーパーヴァイザーというのは分析を控えるものであり個々のスーパーヴァイザーもそのことを理解し暗に同意しているのである。両者がこの暗黙の同意を意識的に変えようと思わない限り、この暗黙の同意は一貫して保たれ続けるのである。

スーパーヴィジョンに関するこうした考え方は一見するとスーパーヴィジョンから分析を完全に締め出すように見えるであろう。けれども、分析とスーパーヴィジョン双方が適切に行われるならば、候補生は自分がスーパーヴァイザーにいくらかの分析を求めているという明らかな兆候を見せるものである。スーパーヴァイザーがそれに応えるためには過度にならないよう十分にチェックする必要がある。「明らかな兆候」という表現でわたしが意味するのは、候補生が次のセッションの時間にスーパーヴィジョンではなく自分自身について、さらには分析家《アナリスト》への自身の転移について話したいと口にすることである。控えめに言っても、候補生は堂々とスーパーヴァイザーの同意を求めるだろう。協会という枠組みがもたらす現象として転移理論を見れば、なぜこうしたことが起こるのかを理解するのはたやすい。訓練が始まるとき、候補生はスーパーヴィジョンに関連する元型的様式を、協会や委員会、講師やさらにまたスーパーヴァイザーに投影しようとする。その結果、元型的様式は実在ではなく両価的イメージとなる。もし、これに使われるエネルギーを候補生の自我に関係づけたり組み込もうとしたりする気持ちがスーパーヴァイザーに生まれるならば、スーパーヴァイザーはイニシエーターという元型的役割を遂行していると理解することができる。そうして、スーパーヴァイザーは転移プロセスの議論に注意を向けなくなり、実際に転移に抵抗するようになるのである。転移プロセスの議論には、こうした無意識的両価的欲求とは対照的に、知識やスキルを手に入れようとする候補生の意図に見合うスーパーヴァイザーの役割遂行が含まれる。それが目的であるとすら言うことができる。ただ、これがいつも完璧に成功するとは限らない。それ故候補生は、そしてスーパーヴァイザーもまた、ふたりの間に生じた情緒的状況を明らかにすることにセッションを費やすことになる。通常スーパーヴァイザーはそうできると考えている。したがって、スーパーヴァイザーが候補生の無意識的動機の解釈を控える限りは、これ以上深入りする必要はないのである。ここに提案しているやり方が行われるとすれば、転移の解釈を避ける必要があるのは明らかである。

スーパーヴァイザーが分析家《アナリスト》のように振る舞い、スーパーヴァイザーとしての役割が長期間に亘って滞った場合に限って、スーパーヴァイザーはことの次第を検討しなければならなくなる。そこにはふたつの可能性がある。

1 スーパーヴィジョンが規定通りに正しく行われていたとすれば、候補生の分析家《アナリスト》への転移は厄介な状況になっている可能性がある。転移が分析家《アナリスト》によって取り上げられてこなかった可能性が考えられるのである。分析家《アナリスト》が転移を受け入れないために候補生はしばしば十分理解されない状況になるということである。あるいはまた、候補生の抵抗が非常に強力になった結果スーパーヴィジョンが防衛システムの一部として用いられている可能性もある。こうした状況を乗り越えるために考えられることは、スーパーヴィジョンを続けること、それだけである。それ以外にスーパーヴァイザーに必要なことがあるとは考えられない。しかし、スーパーヴァイザーの努力にもかかわらず候補生は最初の分析家《アナリスト》に代わってスーパーヴァイザーに分析を受けたいと望むようになる。候補生は「変化を望む」ものである。そのために、分析家《アナリスト》との作業が一段落した上で、スーパーヴァイザーに面倒をかけようとするのである。そうして、この変化は公になる。だがそれは、そうする必要性が候補生から明確に打ち出され、分析家《アナリスト》だけでなくスーパーヴァイザーもそれを認める限り、候補生に悪影響を及ぼすものではない。

2　スーパーヴィジョンが破綻する第二の可能性は、スーパーヴァイザーに対する転移神経症が誘発されることである。それは元型的転移が不可避であるのとは対照的である。そうなると訓練生は、神経症状態として分析家《アナリスト》の変更を求めるようになってしまう。こうしたことは、スーパーヴァイザーが候補生に逆転移を起こし、それにスーパーヴァイザーが気づかないときに生じる。分析がうまく進んでいるならば分析家《アナリスト》の変更希望はないだろう。だが、そうでないならばスーパーヴァイザーと分析家《アナリスト》との間に激しい葛藤が生まれることになる。候補生がスーパーヴァイザーに変更を望むのはもっともなことである。もしスーパーヴァイザーが神経症性の転移状況を引き起こしたとすれば、変更の要求は神経症的兆候として顕れる。これは実際、ロンドンの協会内で起こったことでもある。その場合は変更の必要性が理解され、候補生は引き続き協会員として登録されることになった。

このような困難が生じる原因の最たるものは、コントロールを受けている事例に候補生が逆転移を起こし、それがスーパーヴィジョンの一部として偏在するところにある。そのようなことが進行する過程において、候補生の盲点は実際にそれを曝こうとするスーパーヴァイザーによって明らかになっていく。その後、候補生は神経症症状を顕すようになる。結果としてスーパーヴァイザーは候補生のあらゆる未解決の神経症をほとんど造作もなく指摘することになる。そして、この状況を引き起こしたのは分析家《アナリスト》に落ち度があるからだとスーパーヴァイザーが誤解することになるのである。強調したいのは、こうした兆候はスーパーヴァイザーに分析を求める動きにはつながらないということである。というのは、すべてが適切に理解されるのであれば、候補生はそれらの兆候を分析家《アナリスト》との作業に引き戻そうとするからである。ということは、この公式化を唯一保つためには、スーパーヴァイザーはそれらの兆候を否定せずに抱え続けなければならないことになる。抱え続けるとは何もせずにそれを認めることを意味する。このことと関連するわたしの信念は次のようなことである。すなわち、仮にスーパーヴァイザーがスーパーヴィジョンで見出されたことを分析家《アナリスト》に明らかにするよう候補生に告げるとすれば、それは候補生の分析に干渉し分析を滞らせる巧みな操作として分類されなければならない。スーパーヴァイザーが下手にそんなことをすればスーパーヴィジョン関係は危機に瀕するのである。

これはわたしの考えだが、解釈にあたっての次のような基準はスーパーヴィジョンにおいて成り立つ。すなわち、候補生が解釈を望んでいるに足る個人情報が提供されない限り解釈はするべきではない。この種の情報はスーパーヴィジョンではほとんど有効でないため、分析の作業はほとんど行われない。それが良いスーパーヴィジョンの特徴なのである。

要約すると、スーパーヴァイザーはコントロールを受ける事例に対する候補生の逆転移を指摘・議論し候補生に直面化を促す。しかし、例外的な状況を除いて分析的な見解や解釈は避けるということである。

これらすべてに、分析家《アナリスト》とスーパーヴァイザーとの関係に関わる問題が含まれる。分析の方法というのは少なくとも訓練の初年ではおおむねこうあるべきであろう。相当な開きがあるときには深刻な事態を招く可能性がある。ましてやその深刻な事態は合理化されたり偽装されたりしやすいのである。

スーパーヴァイザーと分析家《アナリスト》の意見があまりに食い違っている場合や分析家《アナリスト》の分析が不適切だとスーパーヴァイザーが確信するときには、スーパーヴァイザーは相当な緊張感を抱くことになる。スーパーヴァイザーはコントロールを受けている事例の分析をどうするのか、みずからの見解に沿って候補生に示すことなしにはスーパーヴィジョンができなくなる。だがそうすることでスーパーヴァイザーは、候補生がそうして教えられたことと候補生自身が体験してきた分析とを比較するのは避けられないと知るのである。転移を希釈する危険性はかなり深刻である。このことはわたしにとってある時期非常に難しい問題であった。転移理論を発展させていたときだった。わたしの理論は他の訓練分析家には支持されていなかった。そのときはわたしが分析をしていた候補生がスーパーヴィジョンを受けることで分析に支障が生まれることになった。というのは、スーパーヴァイザーが分析的で巧操的な技術を組み合わせて、スーパーヴァイザーに向けた候補生の微細な転移を食い物にしたからである。スーパーヴァイザーはわたしの分析に大きな欠陥があると考えており、その欠陥を補おうとしているという明確な印象を、候補生を通してわたしは抱いた。スーパーヴァイザーがそんなことをすれば圧倒的で否定的な転移がスーパーヴァイザーに向けられ、そのまま投影が固着するだけに終わってしまう。つまり投影は固定化しこそすれ変化することはなくなるのである。スーパーヴィジョンが終了し分析が続けられるなかで、その当時のことを候補生がたとえかなり明確にできたとしても、その体験がどれほどダメージを与えてきたのかは一目瞭然であった。このように、わたしは協会内で分析の意義を見出すことに葛藤していた。だがその間、わたしのスーパーヴィジョンは分析を希望する候補生を増やしていった。スーパーヴィジョンで候補生に示し続けてきた方法と同列の分析を候補生が希望したのである。このような変化がすべての同伴者の意識的な同意とともに起こったのは、ここに述べたような方法でわたしがスーパーヴィジョンを行ってきたからであると、わたしは確信している。

分析家《アナリスト》として興味を抱いてきたのはスーパーヴァイザーの作業とは対照的なことであった。スーパーヴァイザーというのは事例のなかに既存の諸々を取り上げ分析しようとする役割に終始するだけであって、実際に分析し解決するわけではない。興味深いことに、スーパーヴィジョンは分析ではないという印象をスーパーヴァイザーはもっている。

このように思うと、そしてまた、スーパーヴァイザーが後遺症としての候補生の神経症に気づくのは、分析家《アナリスト》がしばしば適切な分析をしていないときであることを思うと明らかなのだが、分析家《アナリスト》とスーパーヴァイザーは、両者にそれほど考えの開きがなく、見解の異同を相互にコミュニケートしまとめることができる者から選択されることが望ましい。分析家《アナリスト》とスーパーヴァイザーが候補生について議論するために会う必要があると言っているのではない。そうではなくて分析実践についての考えを議論することに意味があるとわたしは思うのである。スーパーヴィジョンの際、ほとんど例外なくわたしは分析家《アナリスト》との議論を控えてきたし、立場が逆の場合も同じであった。経験から言えるのは、そうすることで最終的にはスーパーヴィジョンも分析も十分に機能してきたということである。それが議論すべき重要なポイントである。分析作業のなかで明らかになる三角関係状況にこの議論が光を当て続けるとしても、その議論が候補生に有益であるとはわたしは考えていない。三角関係状況のなかでもっとも際立つ特徴は分析家《アナリスト》とスーパーヴァイザーとの間に展開される対抗意識にあると考えられるからである。この点からすると、状況がうまく取り扱われれば良い訓練となるが、そうでなければ候補生にはふたりの相争う親の姿という葛藤の装置が作られることになるだろう。それは候補生に不利益となる。ここから生き残る候補生もいる一方で、好ましからざる背景のある候補生は災難に遭いやすくなる。もし葛藤が無意識であれば、家族の場合がそうであるように、この状況はとくに痛手となるのである。

最後に、これまで言及してこなかったスーパーヴァイザーの機能をさらにひとつ加えたい。それは協会員になるための訓練生の申請に与るという機能である。これは分析家《アナリスト》の機能ではない。スーパーヴァイザーが患者を分析する候補生の適性についての意見を候補生に明らかにするとすれば、それは候補生にとって有利となる。ただこのことは、候補生を同僚とみなすというスーパーヴァイザーの目的からは必然的に外れてしまうことになる。

結論であるが、はっきりしているのは、あらゆる訓練において次のことを自覚する必要があるということである。すなわち、候補生はどんなに訓練を受けた分析家《アナリスト》にも増して多大なストレス状況下に置かれていること、したがってそのストレスを和らげていく手立てを見出す必要があるということである。ひとつの方法として言えるのは、訓練の設定段階で分析家《アナリスト》とスーパーヴァイザーの役割を明確にすることである。

第4章
マイケル・フォーダムの理論とスーパーヴィジョンの実践

ノーラ・モーア

マイケル・フォーダムは三十年以上に亘って、スーパーヴィジョンに深く貢献してきている。フォーダムは、スーパーヴィジョンを分析家《アナリスト》の世界へと導かれる、統合へと向かう旅であると見なしていた。その間、スーパーヴァイザーは導き手という元型的役割を果たす。だが、そこでスーパーヴァイジーの無意識過程を分析したり解釈したりすることはない。そうではなくて、スーパーヴァイザーはスーパーヴァイジーの自我が有効に機能するためのエネルギーを蓄積していくのである。というのは、フォーダムの考えでは、スーパーヴィジョンは訓練分析と区分される別のものなのである。この区別は、転移の扱いがとりわけ重要になるにつれて必要になってきている。なぜなら、転移は訓練分析でも教育（スーパーヴィジョン）においても扱われるものであり、スーパーヴィジョンと訓練分析の区別が保たれていなければ転移の扱いに十分な注意を払うことができないからである。当然のこと、分析家《アナリスト》は被分析者《アナライザント》を教育すべきではないしスーパーヴァイザーはスーパーヴァイジーを分析すべきでない[12]。

スーパーヴィジョンを訓練分析と区別することは、訓練生の逆転移を取り扱う際の諸問題（フォーダムはこの点を指摘してはいるが検討はしていない）および、フォーダムの論考[2]にあるように、逆転移の活用を訓練生に教える際の諸問題を提起する。一九六九年、フォーダムはラッカーの逆転移に関する著作（『転移と逆転移』）の書評を著している。[5] この著作のなかでラッカーは、「逆転移という自らの無意識のメッセージを誇張して信じる危険性以上に、それを抑圧したりその客観的価値を否認したりすることの方がさらに危険である」と述べている。[15]

フォーダムも同様に考えている。書評には次のようにある。「ラッカーのこの著作は、スーパーヴィジョンにおいて逆転移を取り上げる重要性を改めて示したものであり、本書によって逆転移にアプローチする道に正当に光が当てられ、その道が開かれたと言える。逆転移の扱いは候補生自身の分析にとって最大の課題であるが、ひとたびそれが意識化できればスーパーヴィジョンのなかでもそれが有効に機能するようになる」[5]。

この書評は訓練生の幻想的逆転移の記述へとつながっていく。すなわちフォーダムは、分析における被分析者《アナライザント》としての訓練生自身の経験と、患者との治療実践における治療者としての経験とを統合することの重要性を強調するのである。[6] それはさらに、情報源としての訓練生の同調的逆転移の話題へと続くことになる。[8] そこでフォーダムが提案するのは、逆転移を十分に活用し患者に完璧に関与するオープン・システムによるアプローチをスーパーヴァイザーが訓練生に教えることである。[8] そうなると、必然的に分析家《アナリスト》と患者との関わりが生じる。

また、患者の臨床素材を統合する上での理論モデルが決定的に重要となる。ただしかし、そのモデルは、分析家《アナリスト》の人生や個人的な訓練分析、そしてまた患者との治療体験における分析家《アナリスト》自身の個人的体験と間違いなく関連する。また、理論を自分自身のものにするために、訓練生である分析家《アナリスト》は自分が何を知識として得てきたのか、分析において自分の個人的体験が取り上げられるなかで何を学んだのかを理解することが必要となる。分析家《アナリスト》はセッションを開かれたものにしておき、ひとつのモデルを押し付けることなくセッションの豊かな発展を許容する必要があるのである。[10]

スーパーヴァイザーと訓練分析との関係

フォーダムにとっては訓練の中心にはつねに分析がある。訓練を通して分析が深められさらなる変容へと向かうのであり、訓練は候補生を脅かすものではない。そうフォーダムは考えている。候補生の情緒的な反応はスーパーヴィジョンのなかに入り込んでくるものである。しかし、スーパーヴィジョンは訓練分析とは本質的に異なっているので、こうした逆転移反応は分析のなかで取り上げられるものとして、スーパーヴィジョンで取り組むことはない。フォーダムは次のように述べる。「候補生は事例によって喚起されたりスーパーヴィジョンによって指摘されたりする葛藤に直面し、それを明確化し、解釈し、そして対処する」[10]。

訓練生である分析家《アナリスト》とスーパーヴァイザーは、とくにはじめて取り扱われる事例では意見を一致させるべきである。意見が大きく隔たる場合、とりわけふたりのイメージが競合するような場合は訓練生とスーパーヴァイザー両者に緊張が生まれる。また、訓練生と分析家《アナリスト》は訓練に含まれる第三者としてスーパーヴァイザーを信頼することが重要になる。フォーダムは、訓練分析家とスーパーヴァイザーが分析の実践について話し合うことは望ましいが、訓練生について意見を出したり議論したりするのは望ましくないと考えている。スーパーヴィジョンを通して訓練生は、元型的様式や他の幼児期の在りようを社会や訓練グループさらにはセミナーや訓練の指導者に投影しようとする。そのためにきわめて複雑な社会的状況が喚起され、それがスーパーヴィジョンにもち込まれ表面化したりするからである[24]。

スーパーヴァイザーが訓練生である分析家《アナリスト》を教化・侵襲するのを避けることは難しい。その困難は訓練分析家の方法がスーパーヴァイザー自身のそれと大きく異なる場合に生まれやすい。そして、転移は分裂する。

たとえば、スーパーヴァイザーと分析家《アナリスト》が科学的な葛藤を巡って敵対しているとき、次のようなことが起こる。「訓練生が自身の実践で大失敗を繰り返したり標準的な分析から逸脱したり不適切な言動を繰り返すとき、スーパーヴァイザーは訓練生の分析家《アナリスト》に対して批判的になり、訓練生はそれに気づくようになる」[4 11]。

かつて、フォーダムがある訓練生のスーパーヴィジョンをしていたとき、協会のなかで転移を巡る論争が起った。そのときフォーダムは、このことを訓練分析家が理解していないと考えるようになった。訓練分析家をおおむね信頼していたフォーダムも、この点に同意できなかったのである。スーパーヴァイザーとしてフォーダムは、このようなことは非倫理的であるとして訓練生が分析を始めるのを認めなかった。そのため訓練生はフォーダムに怒りを見せるようになったのである。また別のスーパーヴァイザーは、当該の訓練生の分析家《アナリスト》としてファーダムの分析が不完全なのでそれを補完しようとしたことがある。その結果、訓練生はスーパーヴァイザーに陰性転移を発展させることになった。さらにこんなこともあった。ある訓練生が、自分が考えているほどにはスーパーヴァイザーは自分の分析家《アナリスト》に満足していないとする証拠を分析場面にもち込んできた（ここでフォーダムが分析家《アナリスト》として語っているのか、スーパーヴァイザーとして語っているのかは曖昧である）。このようなとき分析家《アナリスト》は競争心を刺激され、訓練生に同意させられてしまいがちになる。当該のスーパーヴァイザーがいくつかの点で有能ではないと知っているのであればなおさらである[2 10]。

逆転移の利用と問題

逆転移は避けられない。それどころか必要かつ価値あるものである。患者と情緒的な関わりがあるときには、訓練生は治療の誤りおよび情報の源泉として逆転移の性質と重要性とを理解する必要がある。訓練にはこのことが十分に考慮されていなければならない[10]。

スーパーヴァイザーが逆転移に気づいた場合にそれを分析すべきではないとフォーダムは考えている。スーパーヴァイザーは候補生を熟知しているわけではないからである。したがって個人情報を引き出すべきでもないし逆転移を訓練生の分析家《アナリスト》に打ち明けるような操作もするべきではないとフォーダムは考えている。フォーダムの見解によれば錯覚は避けられない。分析のなかで生まれるさまざまな着想は、訓練生が分析家《アナリスト》やスーパーヴァイザーに向ける転移との関連で形作られる。これらの転移は訓練生が患者に向ける逆転移を生む。そうして訓練生は不安になり、スムーズな分析過程は阻害されることになる。訓練生はひとりの患者として振る舞ったり患者の両親のように体験したりするのである[9, 10]。

スーパーヴァイザーが目指すことは、訓練生の解釈の誤り、不十分さ、錯覚を指摘することである。ただし、まだ無意識の段階なのでスーパーヴィジョンでは受け入れられないという場合はこの限りではない。錯覚することは訓練生の変化向上に資する。したがって、錯覚を引き起こしているのは訓練生であることをはっきりさせて、分析および自己分析を通して訓練生が自身の内的豊穣性に気づくようにすることが重要となる。訓練とは、それによって逆転移が生命力あるものとして見出される機会になるのである。ユングは次のように述べている。

> 治療とは、相互的な影響の産物である。そこでは、医師の存在のみならず患者の存在をもが関与する。非合理な要素である両者の間には出会いがある。それは固定化されたものでもないし、あらかじめ定められたものでもない。ふたりの間にもたらされるものなのである。それは、明確に定義された意識的な領域に加えて、未定義の、すなわち意識的ではない領域へと拡大されていく。ふたつのパーソナリティが出会うことは、ふたつの「異なった」科学物質が混ざり合うようなものである。結合が少しでも生じるならば、両者に変容が生まれる。影響を受けないので

あれば、影響を与えることもできないのである。[14]

訓練生が自分自身の分析から学んだことを自身の治療のなかで用いようとするとき、おそらく自分自身に幻滅することだろう。しかし、結果として、分析によって訓練生が柔軟になったのであれば、失望したときに関心を活性化させ、可能なことと不可能なことを見出し、独自のスタイルを発展させることができるであろう。訓練生は、個人的な在りようを独自の発見に統合するように、治療における正当な特徴を見出し個人的な体験に関連する技術の理解を発展させるようになるのである。[10]

分析家《アナリスト》は、普段の自分の語りのひとつひとつが自分のこころの状態の説明であると知るだろう。それがひとつの理解なのか、ある情動なのか、ひとつの知的洞察なのかを知るだろう。分析の仕方についてのあらゆる技術や学びはこの原則の上に成り立っている。したがってそれは、程度の差こそあれ、個々の患者から学ぼうとしていることやその結果分析家《アナリスト》自身が変化しようとしていることを認識するための分析家《アナリスト》の訓練体験の一部なのである。[7]

理論的モデルの場とオープン・システムという見方

ヒルマンが投げかけた問いに、治療者と患者の本質的な相互作用を錬金術過程への破壊的な干渉なしに教えることができるだろうか、というものがある。[13] フォーダムは、求めて得られる技術や必要不可欠な理論はスーパーヴィジョンではなくセミナーから得られるとする。フォーダムは訓練生の考え方に適した理論的枠組みを提供しているのではない。そうではなく、自分の経験を伝授し、訓練生自身の才能を引き出して、自らの考え方に洗脳される危険を避けて教義的でない経験的な出会いが可能になるようにしようとしているのである。

このフォーダムのスタイルの基本には、分析家《アナリスト》やスーパーヴァイザーへの訓練生の同一化がある。このスタイルを定義づければ次のようになる。すなわちフォーダムは、訓練生や学生がスーパーヴィジョンの場にもち込むさまざまなことと細かなことに耳を傾け、議論し、通常の事例の取り扱いや見方に助言をし、事例から喚起された疑問を明らかにする。すでに分析の手続きについて学んできたことを応用するための状況を作り出し、傾聴の仕方、状況に応じてどのように、いつ患者に直面化を促すのか、転移と逆転移に気づく在りよう、解釈の仕方、阻害的に働く技法の使用をどのように避けるのかを伝授し、訓練生や学生が分析技術のどこを改良すれば良いのかが明確になるように働きかけるのである[2,4,12]。

スーパーヴィジョンは、訓練生の内界を扱うのではない。事例を通して臨床の作業に関わるのである。けれども、患者と関わり合う技法は、自ら学んだ知識を個人的体験とうまく統合させ、伝授されたことと同等のものを自身の内に見出すことなしにはほとんど役に立たないのである。

精神病理学は教えることができない。それは、候補生自身の分析体験のなかに見出される必要がある。……わたしがこのように考えるのは、精神病理学はその形式的な面ですら静的ではなく動的であろうとするからである。……書籍や講義、臨床的観察、精神病院における体験や外来病棟で学んだことは、候補生が自分たち自身の病理を体験しワークスルーしてこそ役立つのである。そうしない限り、知的な理解は実際に障害となるだろう。学んだことはいつもすべて知的防衛になってしまい、柔軟であろうとしても防衛は強化されてしまう[10]。

フォーダムは次のように述べて、オープン・システムという見方は治療者が患者に全体性をもって関わるものだとしている。

このオープン・システムという見方は、解釈を適用しようとするときに、どんな相互交流であっても患者と同様に分析家《アナリスト》をも考慮に入れることを意味する。複雑化するのである。[9]

オープン・システムは意図的に体系づけられるものではなく、そこには患者に対する全体的な反応が含まれる。したがって、逆転移は情報の源泉となり患者に治療的な影響をもたらすのである。[8][10]

このような見方が意味するのは、訓練生にとってはいままさに生じていることをわからないままにし、まるで患者について何も知らないかのように個々の面接セッションを始めても良いということである。

ほとんどどんな面接においても分析家《アナリスト》はためらいや疑念を体験し暗中模索したり誤った手がかりに手をつけたりする。だが最後には、個々の面接のなかで患者が使ったひとつないしはそれ以上の解釈を好ましい結果へと導くのである。[11]

アセスメントと自己アセスメントの進展

スーパーヴァイジーの有効な資質や持ち味が進展するための援助のみならず、その進展がどのようにして起こるのかを判断するために、スーパーヴァイザーは共同作業の間は評価を避けるべきだとフォーダムは考えている。候補者を評価する際の標準化よりも訓練生との体験の相対化を好むのである。たとえば、表面的な防衛を理解することは得意だが抱え続けることは苦手な訓練生、あるいはその逆の場合のことをフォーダムは述べる。会員になる適切性を評価するときに、フォーダムは自分の考えを候補生に話してそのストレスを軽減しようとする。スーパーヴァイザーとして訓練生の入会申請をコントロールはするけれども、書類の諾否の操作はしない。フォーダムが目的としているのは、訓練生を自己評価に導くこと、自己概念の中心となる統合過程へと導くことにある。このことは、訓練生の人生すべての領域に浸透することである。指導者は想定される過失が明らかになることに過度な不安を抱くかも知れない。でなければ、自身を有能だと偽りながら入会申請に従うことになるであろう。[210]

フォーダムのスーパーヴァイジーとしての個人的な思い出

鮮やかに思い出すのは、フォーダムがわたしのいるべき場所を考えたのではなく、まさにわたしがいたその地平からスーパーヴィジョンを始め、進めていったことである。われわれの作業はひとつの発見だと感じさせてくれた。スーパーヴィジョンでは、患者にとってもわたしにとってもユニークな仮説が提示され検討された。フォーダムはわたしと同じくらいそれらに興味を抱き興奮した。わたしは価値あることをしていると実感できた。たしかに、個人分析には干渉しないよう苦慮していたけれども、逆転移が指摘された記憶はない。いつもさりげなく、同じ過ちに陥らないようわたしを支持してくれた。当時わたしはフォーダム自身が抱える困難に囚われていた。フォーダムはそれをほのめかしたりもしてくれた。こうしたことをわたしの成熟のためにしてくれていたのかどうかはわからない（おそらくそうだったろう。というのは、議論されなかったある話題についてフォーダムは、その話題はわたしの分析家《アナリスト》のために作り上げられた夢だと語ったことがあったからである）。フォーダムは、面接室、掲げる絵画、二重ガラス、料金などの実用的なことに配慮していたのはもちろん、穏やかな雰囲気を醸し出し弱点に寛容であることをこころがけていた。コメントすることはほとんどなく、分析するのはもっぱらわたしだった。ときおりわたしは、腹を立てたりそれを行動に表わしたりした。そんなときでもフォーダムはつねに、それらの責任はわれわれふたりが共有するものだとわたしに理解させてくれたのだった。

フォーダムは、わたしが患者の話をあまりに熱心に聴きすぎたり、たくさんの解釈をしたりすると、それは分析ではないしそれではうまくいかないと諭してくれた。それよりもむしろ、これはわたしがなかなかしようとしなかったことなのだが、自分の逆転移を見出しそれに耳を傾けさせようとしてくれたのである。幻想的逆転移と同調的逆転移について教えられたことは、現在のわたしの成長からみるとき、その当時のわたしにとってはもっとも必要なことであった。フォーダムは次のように話していた。逆転移についてまったく自分と同じように考えるひともいれば、具合の悪いことにそれを追い払いたいと考えるひともいる。しかしわれわれは皆、いつだって投影（あるときは投影、あるときは取り入れ）をしている。だが、逆転移を検討すればそれがつねに幼児的水準にあることがわかる。それに巻き込まれることもあれば、気づいて距離を置き自分自身のそれと患者のそれとを区別することだってある。あるときには、相対的に何かが起こっていることに気づいて、不確かさに耐え、解釈を避け、起こっていることが明確になるまで待つことだってあり得る。分析家《アナリスト》が無意識的投影を続けることを必要としている患者だっているだろう[3]。

フォーダムとのスーパーヴィジョンの設定はほとんど分析的だったと言える。また、多くの点でその境界は厳格だったとも言える。分析ではなく患者の素材を扱っていたにもかかわらず、スーパーヴィジョンは分析と相互に関連するものであった。毎回のセッションは何も知らないという態度から始まった。すなわち報告と議論は、意識的・無意識的情報を用いながら、オープン・システムという見方で始められたのであった。

第5章 スーパーヴィジョンとメンター・アーキタイプ

ライオネル・コルベット

序論

　スーパーヴィジョンはきわめて重要であるにもかかわらず、ユング研究所内ではこれまで十分な関心が払われてこなかった。この奇異なほどの無関心さは、内容分析に重点を置き心理療法過程を軽視する古典的ユング派の傾向に合致する。すなわち、古典的ユング派は伝統的に、個人間の力動以上に心的世界の素材の特徴に価値を置いてきたのである。かつてのこのような傾向がもつ危険性は、ユング派訓練プログラムが心理療法実践の全般ではなくもっぱらユング心理学に焦点づけられてきたという点にある。現代の感覚からすればこの状況はもはや弁解の余地がない。いずれも訓練およびスーパーヴィジョンの重要な側面だからである。けれども、内容だけではなくその過程に焦点づけようとすると新たな問題が生じる。その問題は、他の精神分析世界以上にユング派プログラムにいっそう顕著なものである。通常、訓練機関というのは比較的同質であろうとするものである。われわれの機関でも、中核にはユングの思想への哲学的支持がある。ただ、思い浮かぶだけでも、ヒルマン派、クライン派、フロイト派、コフート派、ラング派といったユング派内の学派が挙げられる。この事実は訓練過程を複雑にするので特別な注意が必要となる。候補生にとっては、さまざまな理論的信条をもつ分析家《アナリスト》がいる機関でスーパーヴァイザーや理論を選択することになるので、実に厄介な問題が起こる。肯定的には候補生に豊かな機会が提供できるという面がある。だが、その否定的な面を政治的力学の結果に見ることができるのである。たとえばスプリッティングや羨望というシャドウの問題のコンステレーションに言及することがなくなってしまう。[*1] 状況がほとんど取り扱われないということは、相当程度スーパーヴァイザーの責任であり、その結果、次のように、いくつかの要因に再考の余地を残すことになってしまう。

(1) スーパーヴィジョンにはピラミッド効果がある。候補生に与えるスーパーヴァイザーの影響は、良し悪しは別にして、自身の経験でもって治療を行うスーパーヴァイジーの多くに間接的に影響を与える。

(2) スーパーヴィジョンは治療と同義ではない。しかしいくつかの共通要素がある。スーパーヴィジョンは治療的ないしは反治療的効果を候補生にもたらす可能性がある。スーパーヴァイザーとの同一化が分析されないこと、スーパーヴァイザーへの転移、心的外傷を招きかねない状況を防衛する必要性、これらのためにスーパーヴィジョン・プロセスは、患者の治療過程と同様に候補生個人の健康や病理を増進させたり強固にしたりする可能性、また候補生の治療的な癖を補強したり解消させたりする可能性がある。

(3) 治療者が自身の弱点に意識的でなければならないように、スーパーヴァイザーは自分がそうしたいからといって不相応な理論的立場を押しつけて候補生を傷つけないよう十分に意識しなければならない。候補生が自分の気質や能力に合わない理論の取り入れや適応を強要されたりすれば、その痛手から回復するには何年もかかることになるであろう。

訓練モデルの選択必要性

スーパーヴィジョンに関する精神分析の文献に価値を認める一方で、ユング派特有の訓練アプローチを示すときがきている。そのためには、スーパーヴィジョン・プロセスにおけるセルフとその元型的諸成分の働きとの識別が求められる。それによって拓かれる可能性は広範囲に及ぶ。そこで、ここではスーパーヴィジョン・プロセスに伴い強化されたり、その過程に干渉したりする要因に焦点づけていきたい。とりわけ、一般的にスーパーヴィジョンや訓練に最適と思われるある特殊な元型様式を取り上げる。それがメンターシップである。この元型様式を選択したのは他の教育の可能性と対比させるためである。

言うまでもなく、訓練はさまざまな元型的態度に導かれて行われるが、メンターモデルは他の分析機関で見られる態度とは対照的な意味があるように思われる。他の分析機関ではメンターモデルは意識的にせよ無意識的にせよ、訓練生に対する他人行儀なアポロン的態度や、それとは正反対の自己愛的な親業とも言える親的態度を助長する。わたしは、訓練生の不必要な幼児化は指導者が不適切な教育モデルを利用するときに生じると信じている。しばしば耳にすることだが、スーパーヴァイザーや機関への転移は間違いなく親的な性質のものである。その本質要因は実際には訓練生の側にあるだろう。訓練生の転移はたんに内因性ファンタジーの結果であり環境からの影響を受けることはない。ただ、心的生活の間主観的基盤の進展を理解するという点を考慮するならば、この考え方は擁護できない。[4] 訓練生の体験を何であれ非難しようとする態度は、分析内容のすべては被分析者《アナライザント》の個人的素材に帰するという伝統的な分析的姿勢を肥大させる。それはまるで、分析家《アナリスト》や現実というものが訓練生にまったく何の影響も与えないと言っているようなものである。実際はそうではない。学生は訓練機関やスーパーヴァイザーのアプローチに深甚な影響を受けているのである。組織の雰囲気が破壊的であれば候補生の成熟欲求は妨害される。さらに言えば、候補生が侵害されたり抑うつ不安を抱いたりするのは、かならずしも組織や委員会が実際に被害的に機能しているという候補生のファンタジーが投影された結果ではないのである。スーパーヴァイザーが信頼関係の発展を認めないのであれば「学習同盟」の発展は阻止される。候補生を糾弾したり無意味な批判や軽蔑をしたりすることによって、候補生は、自分の恥となる素材を提示できなくなる。そして、スーパーヴァイザーが求めるままに、自分の真の潜在能力を否認し歪曲する仕方で素材を提示したり訓練を受けたりすることになるのである。

かなり安定した状況においてすら、訓練それ自体の前提となる親子モデルは、スーパーヴィジョン関係に導かれながらこの特有な元型のコンステレーションを生みやすくし、過度に強調されやすくする。両者の無意識はそれなりに反応し転移はかなり色づけされる。同じように、メンターモデルを意図的に選択することはスーパーヴィジョン・プロセスの行く末に影響を及ぼしたりする。したがって、どんな特別な訓練モデルであってもその採用は協会やスーパーヴァイザーが意識的に選択するべきである。成り行きなどに任せるべきではないと提案したい。心理療法のフェミニスト論に関心があればメンターモデルはヒエラルキーの問題を解決に導く。けれども、関係様式のなかでの作業を望むのであればそれは重大な問題を孕んでもいる。その場合はもちろん、訓練状況における何らかの権威への欲求について議論されることになるだろう。わたしは信じているのだが、権威をもっとも有用に適用できる形態はパターソンの言う「知恵」[3]という用語が意味するものである。それは、知識と助言を得る目的で尋ねる権利のことを言う。この権威は個人の内に在り、たんにヒエラルキーの構造的位置のために働くのではない。知恵という権威は、助言を与え教え導くものであり、他者に命令を下すものではないのである。

メンターモデルという訓練

オックスフォード英語大辞典によると、〈メンター mentor〉は語源的には助言者（advisor）を意味する。語源の men は、想起・思考・助言の意である。神話的には、その名はユリシーズの友人イタキ貴族のものである。女神アテナは、ユリシーズの息子テレマコスが父を探す旅の間、彼を導き助言しようと願いメントール（Mentor）の姿を借りたのである。この神話のなかに数多くのメンターシップの元型的要素を見ることができる。父なる特質を探し求める旅において、若者は、正確な父親ではなく父親に似た年配像に魅了される。その像は、叡智とくにアテナのような特質を具現化できるものである。アテナはとりわけ英雄の庇護者であり助言者だが、言うまでもなく、メンターとメンティー（mentee）の関係は、女性間や男女間でどちらかがメンター役割を担う姿に見ることができる。

バートンは心理療法のメンター的諸側面の重要性を明らかにしたが、それは転移／逆転移の側面とは別に治療者と患者の相互効果を強調したものであった[1]。バートンはメンターについて次のように述べている。「メンターは「通常とは異なるやり方で困難な人生という移ろう旅に救いの手を差し伸べることのできるカリスマ的存在であり……その当人を変容させる力溢れる存在であり、大いなる達成者として社会的によく知られている存在モデルである」。メンターは「われわれにとって特別で創造的な関係と言ってもよいひとつのパーソナリティモデルである。両親や友人や恋人としてではないけれども、仲間であり自分もそうなることができる可能性のあるモデルなのである」。そのような創造的関係のなかでバートンが引き合いに出すのは、フロイトとルー・アンドレアス・ザロメおよびユングとトニー・ウルフとの関係である。また、おそらくもっとも詳細にメンター機能を記述したのは、人生の中年期という移ろいについて記述したレヴィンソンであろう。[2] その語用によれば、メンターは教師、助言者、保証人であり、庇護の下にあるひとを世界に迎え入れる導師であり、相談に乗り道徳的支持をする手本となる存在である。メンターにとってもっとも重要なことは、若者の夢や将来のヴィジョンや生きたいと願う人生を若者自身が実現できるよう促すことである。メンターは「ほどよい親」のようなものである。メンティーの成長を信頼しその夢を祝福する。ただし、重要なことであるが、メンターは親ではなく、未熟なメンティーが大人集団の仲間入りを果たすようになるまでの移行像なのである。そうなるとメンターは親であって仲間でもある。「メンターが完全に仲間だとすれば、若者が渇望し努力する要求水準に到ることはない。一方、まったく親的だとすれば、完璧な実現などあり得ない。どちらも関係の究極の目標としての仲間へと移行することは難しい。実在の両親はある種のメンター機能を果たし得るが、親子の心情として子孫継承のための絆が密であり過ぎるために、第一義的なメンター像であるわけにはいかない」[*2]。メンター関係は、「より熟練し上達した権威ある」存在と見習いとの関係に似ている。ときを経て、メンティーは、「自身の権威や自分で責任の取れる行動力がみなぎる感覚」を手にする。関係は少しずつではあるがいっそう相互的になり、供給と受容のバランスが取れるようになる。これによって、メンティーは親子の区別を超越することができる。ただ、レヴィンソンが警告しているように、この関係をそのままの在りようで終わらせることは難しい。友人関係に終始したり嫌な気持ちや失望で終わったりすることもあるだろう。けれども、この関係が産み出した内在化プロセスは発達上重要な意義がある。

ここでさらにふたつの指摘が必要となる。第一には、訓練生とスーパーヴァイザーとの関係が結果として技術的な知識と治療哲学をもたらすということである。それは、スーパーヴァイザー自身が個性的な仕方で訓練生に専門家としての適性を涵養させようとするからである。だからこそ訓練生はスーパーヴァイザーに過度に同一化することなく自分の個性を活かした治療者になるのである。第二に、メンターであるスーパーヴァイザーが自身でコントロールできる程度の失望感を体験すること、それは訓練生の成長にとって本質的だということである。コントロールの程度がほどよいものであれば、訓練生はこれまでメンターから提供されてきたスーパーヴァイザーの諸機能を引き継いでいくであろう。メンターが認めなければならないことは、この失望感は訓練生に避けがたく備わる弱点からもたらされるということである。メンターは自己愛の傷つきに苦しむのではなく、それが訓練生の成長に重要なのだと知るべきなのである。実際に、スーパーヴァイザーが訓練生にこの領域の探求を奨励するならば、スーパーヴァイザーの弱点は、訓練生にとって、さらなる知識を習得するための跳躍板になるであろう。

あらゆる重要な関係がそうであるように、幼児期転移の諸要素がこの関係に含まれることは明らかである。たしかに、親に対する候補生の行動の一部は実際にスーパーヴァイザーへの転移によるものであって、患者に対する候補生の逆転移として単純に結論づけられるものではない。理想化や鏡映や双子という機能は関与者相互の自己対象欲求によって決定される。それらは明らかにスーパーヴィジョンの成功に必須なのである。親子関係の側面を完全に回避することはできない。けれども、スーパーヴァイザーに助けられてその側面をよい意味で大きく伸ばすことはできる。また、同性愛・異性愛を問わず、性愛的要素も一役買っているであろう。しかし、メンターとメンティーの関係はあまりにも豊穣かつ複雑であるため、そうしたことを転移現象の完全な重なり合いと片づけることはできない。それ自体が還元不可能な元型的形態であるように思われる。レヴィンソンはこの関係を本質的には愛情関係と捉えている。すなわちそれは神話的イメージに基づいており、破壊的にも向かうけれども信じるに値するものでもあると言うのである。愛情関係によって、より正確に、メンターシップの目的は叡智の継承であると特徴づけられる。それが還元不可能な元型的意味ということなのである。スーパーヴァイザーがこのモデルに導かれて作業をするならば、自分自身と訓練生との間に働く転移の諸要素に確実に気がつくし、特定の状況でその諸要素に時間を費やしたくもなるであろう。

それは次のような状況のときである。

（1）スーパーヴァイザーへの転移が明らかに陰性であるとき。これが実際に困難な状況を招くとき、転移は、巧妙に指摘され細やかに作業されるために訓練生の個人療法のなかにもち込まれる。ただしそれは、スーパーヴァイザーが可能なあり方に開かれており、そうしたなかで自身の行動が候補生の陰性感情の一因となっている場合に限られる。

（2）スーパーヴィジョンとスーパーヴィジョンを受けている事例とがパラレルな経過を辿るとき。このときさわめて重要になるのは、スーパーヴィジョンにおける転移に詳細な注意が払われることである。もし転移が起こっていることに両者が同意しそれが意味あるものだとするならば、パラレルな経過は取り上げられなくてもよい。

メンターモデルの適用に対する抵抗

メンターモデルの顕著な特徴は、気質からしても精神性という点においても当人に最適な治療理論に基づいた実践スタイルを発展させ、当人がそうなるべく定められた治療者になるよう訓練生に促すというものである。しかしそれは困難の引き金にもなり得る。もし理に適っているのであればメンターがそうするのは理想的であり、スーパーヴァイザー自身の治療モデルが訓練生に押しつけられることはない。これは教育と似ている。つまり、心理療法がうまく運んだ後に、総じて治療者に同一化した患者は治療者のクローンになるのではなく、患者自身の自己構造を発展させるために治療関係を用いるのである。たとえばわたしは実行可能なスーパーヴィジョンの代替モデルがあることを知っている。それについては、「採用するかしないかはわれわれがこの協会で教えることである」と言える。ただ、メンターモデルに対する妥当な理論的ないしは技術的反論が、たとえその根源にスーパーヴァイザーの防衛的欲求を同定できたとしても、それはわたしの関心事ではない。気づいてきたのだが、そうした抵抗の根源にあるのは、たいていの場合、訓練生がスーパーヴァイザーの治療哲学を完全に遵守しようとしなかったり、あるいはそれに屈服したりするときに生じる問題なのである。

ちょうど両親が自分たちの自己愛欲求を満たそうと子どもを利用できるように、スーパーヴァイザーの無意識は、訓練生が自身のモデルを見出すよりもスーパーヴァイザーを抵抗なく理想化しスーパーヴァイザー個人の治療モデルに敬意を払ってそれを身に着けることを望むのである。スーパーヴァイザーが自分特有の治療モデルを防衛的に使っている場合にこの前提がよりいっそう現実化しやすい。それは自然なことである。たとえば、スーパーヴァイザー自身が受けた治療やスーパーヴィジョンが不適切で役に立たない仕方であったのならば、そうであろう。そのような状況では、スーパーヴァイザーは特定の理論そのものに頼るようになる。そして、それを信奉するコミュニティができる。コミュニティは当該のスーパーヴァイザーを安心させ助けてくれる自己対象として機能し、スーパーヴァイザーの自尊心や職業的立場を維持し続けることになる。ただ、次のような最悪の事態がある。スーパーヴァイザーが実際に治療を受けていたときに虐待されたりトラウマを再体験していたりすると、今度は自分が攻撃する側になって、被分析者《アナライザント》やスーパーヴァイジーを自分が受けた治療と同じ仕方で扱うという場合である。訓練生にとってみれば、スーパーヴァイザーと同じ仕方で作業しないということは、スーパーヴァイザーの防衛的なあり方にとって脅威となり、自己愛的傷つきの源泉となる。スーパーヴァイザーにとって重要なのは、自身の自尊心の問題を取り扱おうと弟子を訓練したり博識を披露したりして候補生を利用しないことである。分析家と同様に、スーパーヴァイザーも自身の情動欲求を自覚的にわきまえなければならない。たとえば、スーパーヴァイジーを自分と同じ分析家《アナリスト》にしたいという強い欲求があるとする。それは「自分のような人間」に囲まれることである。その欲求が協会の年長分析家にとってもつ意味は、候補生がスーパーヴァイザーの要求に従うために自分自身を曲げなければならないということである。年長の分析家《アナリスト》たちは候補生が自らに誠実であろうとする欲求を無視しながら、理論的ではないとか政治的解釈だ、などと言って候補生を責めることができる。このことは、訓練する者すなわちスーパーヴァイザーの理論的関与を擁護するために候補生にトラウマを再体験させることなのである。候補生はその理論的関与を完璧に理解するかも知れない。しかし候補生は、単純に同意するわけではない。

訓練される治療モデルを訓練生が有効に用いるときにも、潜在的には困難な状況が生まれる。訓練生がそうしている状況をスーパーヴァイザーが簡単には理解しない場合がそうである。さらにおかしなことになると、理解していると考えているスーパーヴァイザーが、それにもかかわらず、現実には理解しようとしないということが起こる。理想的に言えば、そのときスーパーヴァイザーは訓練生から学ぶことができるのである。それは、とくに上級の候補生との作業のときに起こるメンターモデルという相互機能の一部である。しかし、スーパーヴァイザーが自分の作業の仕方に気持ちを入れ込んでいたり、訓練分析家であるという自己愛的欲求にのめり込んでいたりすると、このような機能による結果は排除されることになる。そうしてふたたび、スーパーヴァイザーが「理想的分析家」という自分のモデルを候補生に投影する危険が生じる。そのモデルは、スーパーヴァイザー自身の長所と弱点に基づいているものであって、過去に受けてきた教育をスーパーヴァイザーが願望するものに他ならないのである。両親の立場になってみると、子どもの適性などに関わりなく、自分たち自身が生きることのできなかった人生を子どもたちが生きることを願う姿なのである。協会は候補生にたったひとつの仕方でのみ成長することを主張する。そのことで治療的な偽りの自己を発展させる必要性が生まれる。そしてトラウマ体験が繰り返されるのである。候補生の実際の治療的自己が立ち現れ機能することを許さないのである。

さて、以下にいくつかの項目に分けて、スーパーヴィジョンの実践におけるメンターモデルの応用を概観したいと思う。

スーパーヴィジョンで関心を払われる素材の選択

スーパーヴィジョンでは、とくに注意を払って、治療のなかの多くの要素が選択され取り上げられる。ただし、必要に応じて訓練生の作業の一部を取り扱うことしかできない。そのため素材の選択が必要になる。この選択のプロセスはもっとも暴露的なものとなる。ちょうど、治療において何を重要と考えるのかによって人間関係のある面に関心を向けたり無視したりするのと同じようなことがスーパーヴィジョンでも起こるのである。スーパーヴァイザーや訓練生は、夢、元型的象徴的次元、転移と逆転移、治療構造などに焦点を当てようとするだろう。そうなると、通常ならば重要であってかつ無意識的なものは無視される。治療でもスーパーヴィジョンでも、必然的に特別な方向にバイアスがかかり、その方向でいくつかの一連の要因に関心が向けられるのである。バイアスを誘発させる要因のいくつかは次のような領域である。実際に理解している理論と実践の領域、比較的無視していることがよく分かっている領域、防衛が働いている自身の無意識の情動欲求や個人的素材および完璧に意識から閉め出さなければならない個人的素材という未知の領域。あとのふたつの防衛の在りようによって、訓練生はそれをスーパーヴィジョンにもち込めなくなったり、訓練生の報告がスーパーヴァイザーによって微妙に抑制されたり、訓練生や患者にその問題が投影されたりする。こうしたときにはスーパーヴァイザーの操作が働いている。

スーパーヴァイザーは、スーパーヴィジョンのための素材を訓練生が選択してもち込むと考えがちである。しかし、訓練生の素材の選択は、スーパーヴァイザーが気に入るかどうかとか、協会に自分を推薦するためにスーパーヴァイザーに必要なことは何なのかという見方によってなされる。そうした見方で訓練生は素材内容の型作りをする。そのように影響を及ぼすのである。スーパーヴァイザーは、素材選択プロセスで訓練生自身がこのような特徴を考えるのは重要であるという姿勢をとる。この姿勢はスーパーヴィジョンというモデルが活用されるための良い指針となる。ここで、スーパーヴァイザーの姿勢にはひとつの傾向があるのだが、それは、何の疑いもたずに「親が知る最高の」訓練学派があると信じるというものである。つまりスーパーヴァイザーが訓練生へのアプローチを何の疑いもなく正しいと想定することである。このような場合、実際に、ある特定の治療モデルが恣意的に訓練生に課され、スーパーヴィジョンの素材内容をスーパーヴァイザーが決定し、何を無視して何を聴きどう解釈するのかを訓練生に話すことになる。例を挙げよう。訓練生は夢について尋ねることや、プロセスノートを持参すること、関連して起こることに耳を傾けること、陰性転移にとりわけ関心を寄せること、患者が怒らないようにすること、治療構造がぐらつくことに気を配ること、自分と相手との絆が断たれることに注意することなどの行為を奨められるであろう。結果として、訓練生は、自然に振る舞うことなく、スーパーヴァイザーの処方に従って、報告している治療状況を有機的に関連づけようと意識的無意識的に素材を引き出してきたり、少なくとも報告したりすることになるのである。こうなるとしばしば、実際に治療のなかで起こっていることの真実が歪められたり治療がスーパーヴァイザーという厄介な暗黙の存在に苦しめられたりする。このようになると候補生は欲求不満や羞恥心を体験するため、治療構造の厳密な維持というような候補生に課せられる実践の絶対原則は、候補生自身を幼児的怒りや痛みに直面させることになる。訓練生自身の事例の治療には実りある地平を提供するかも知れない。けれども、そのような絶対主義は幼児的かつ退行的な服従やことばにならない恨みを抱えた見かけの解決にもなっていくのである。原則を守っているように見えて、実際には候補生の真の訓練欲求は無視され本来の自尊心は汚されているのである。このように、協会や個人スーパーヴァイザーとの葛藤の偽装解決を、家族生活が困難ななかで生き残ったサバイバーとしての経験のある訓練生に見出すことは難しい。候補生はそれほど無垢ではない。幼少期のトラウマの反復であると正確に認識されている、そのことに同意しない候補生は、完全に訓練から背中を向けるかも知れないし、分析のコミュティから姿を消すこともあるだろう。

スーパーヴィジョンのメンターモデルにおいては、報告する事例の選択や報告の仕方を訓練生に指示することはしない。それはちょうど、患者にこちらから話題を伝えないことと同じである。重要なことは報告されない。それはおそらく公理と言ってよい。ただ、そうして省かれたものは触れられるべきときがくれば細心の注意を払って検討がなされる。スーパーヴィジョンでは、心理療法が少しずつ深い段階に進んでいく作業のなかで解釈のときを見計らうのと同一の原理を用いる。スーパーヴィジョンの目標は治療者と患者との間で実際に起こっていることを理解することである。真実の理解は間違いのない治療行動を導くと仮定されているからである。この理解の仕方が理論によってさまざまな在りようになることは避けられない。スーパーヴァイザーは治療のなかで起こっていることについて、自身の信じるところを指摘することになるだろう。ただ、他の仕方でも治療の力動を体現できるよう十分に教育されていなければならない。それが訓練生の専門家としての発達に必要なことなのである。治療者はまだ患者がどう話していいのかもわからないのに、患者について実際に多くを知っているのが当然と見られている。だからスーパーヴァイザーは、治療のなかで生起していることを表現することばを治療者が見出せるように、安定した治療構造が感じられるようにこころを傾け、ここでの理解がさまざまな理論的見方によって体現されるのだということを説明するのである。だからこそ、ある程度は避けられないにしても、訓練生に対して、治療への干渉と自身の理論的立場からの理解の強制を最小限に留めるのである。スーパーヴァイザーが自分のバイアスを認識しているのならば、必要に応じて理由を説明しながら、そうすることもできる。

メンターとしてのスーパーヴァイザーは、スーパーヴィジョンにおける個人的スタイルと自分が重要と感じていることが普遍的に適用できるわけではないことを覚えているだろう。そういうものは、治療のなかで重要と考えたこと、自分の治療やスーパーヴィジョンにおいてもたらされたこと、そして個人的な憎悪や情熱によって影響を受けているからである。訓練生に価値のあることは、スーパーヴァイザーがこうした領域における自分の欲求と訓練生のそれとを区別し、訓練生が何者であって何になろうとしているのかを見分けようとすることである。どんな治療者でもある程度の技能は重要だが、それ以外は個人的スタイルの問題なのである。たとえば、一般的技能で言えば、治療者が患者に注意を向ける訓練はつねに強調されてしかるべきである。注意それ自体は、他のどんな治療的手立てを用いなくても驚くべき変化をもたらし得る。治療者自身の想像力と身体反応に注意を向けることと同様に、注意は患者の素材と感情の状態を細やかに跡づけることができる。自分はどうするべきかと初心者が問うならば、治療への「助産的」アプローチをわたしは勧める。簡単に言えば、それは顕れ出ようとするものを産み出そうとすることである。何かの後を追いかけるのではなく、その瞬間に患者が語っていることに寄り添い続けようとすることである。個人的スタイルに関して言えば、ある種の治療者は気質的に「ハンター」であることを覚えておくのは役に立つ。ハンターというのは比較的積極的に患者を追いかける傾向にあるか、そうでなければ患者が待っていればいるほどに「ハンティング」を好むのである。いずれも一長一短である。ここで指摘したいことは、メンターは、個々の候補生がどのように最善を尽くしているのかを見分けようとし、自分の考え方を候補生に押しつけようとしないということである。このために、スーパーヴァイザーは、個人的バイアスと同様に自らの理論的な効果に感受性を豊かにしなければならない。次に、この問題に対する私見を示したい。

スーパーヴァイザーと候補生の理論的偏り

わたしには次のような理論的偏りがあると意識している。すなわち、もたらされた特殊な臨床状況を概念化するためにはさまざまな方法があるが、わたしはそれらを候補生に伝えることにしている。ただしそれは、候補生が聴いてもさほど重荷にならないと感じる場合に限る。また、候補生に理論的偏りがあると気づいたときにはそれを話すことにしているが、その場合、是非ではなく、候補生の発言がコフート的だとかクライン的だとか、何であれ基本的な態度が現れていることを指摘するに留めている。多くの候補生は、患者に話したことが何がしかの理論に基づいたコメントになっていることに気づかないし、自分たちの語りに理論の下地があるなどとは気づかないだろう。ここでわたしが関心を抱いているのは、理論と実践の永遠の隔たりにできる限り架橋しようとすることである。というのも、候補生は自分が語ったことがどのように受け取られているのかに怖れを感じていることがあるので、自分の語りの意味を知るべきだと思うからである。治療者が自分のアプローチの波及効果を知らなければ、それはただの「型にはまったアプローチ」でしかない[*3]。

ある臨床状況でさまざまなアプローチが可能であり、候補生がそれらを知りたいと思い、アプローチの可能性を十分に理解できるのであれば、わたしは次のように話すだろう。「ここでは、フロイトならこのように言うしクラインだったらこんなふうに、コフートだったらこんな感じで、間主観性の臨床家だったらこの点を指摘すると思うよ。ユング派はこんなふうに見るだろう。そう、ここではわたしはそんなふうに思う。で、これがあなたの依拠する立場だね」。どんな場合でも、候補生がそうだと思っている立場を選べるように基本仮説を明らかにしようとする。候補生が自分なりに判断して選択していてけっして思いつきのことでないならば、わたしはその選択を支持する。経験から言うと、選択の自由があることは、通常、安心感を抱かせる。候補生は作業の仕方の選択範囲を示して欲しいと望んでいる。そうたしかに思えるので、自分に一番相応しい仕方を決めることができるとわたしは話す。なぜそうするのかというと、すべての治療者は、次のような一連の根本的な問いに対処するためにこうした選択を行うという事実からである。人間の根源にある動機は何か。人間発達における主要な要因は何か。自分というものが発達する上で何が関係の座になるのか。治療における癒しの源泉とは何か。治療プロセスのなかで患者はどのように治療者を「利用する」のか。治療において何がトランスパーソナルなセルフの座になるのか。このような問いである。これらの問いへの候補生自身の応答はその作業に影響を与えるであろう。これはわたしが信じていることだが、もしすべての実践家にとっていまだ未解決の問題があるのであれば、少なくともこれらの問いには意識的であるべきである。わたしは折衷主義には反対の立場である。ひとつには、いかなる治療的選択も相互排除的だからであり、いまひとつには治療者という役割における態度が絶えず変化し続けるのは患者を混乱させ見当識を失わせるからである。

治療を決定づける典型的なポイントについて、その概要をいくつか指摘してみよう。いずれも議論の的になるものである。それらは、実践から見ると大きな差違を産むものだと思われるし、とくにすべての実践家にとって解決済みの問題であるかのように候補生に示すべきではないと考えられる。たとえ、それらがスーパーヴァイザーにとっては解決済みであったとしても、である。指摘したいのは、これらの問題が教科書的ではなく治療の臨床的文脈として生じるということである。

（1）欲動は、主要な行動要因あるいは統合されない断片化された自己の産物とみなし得る。この姿勢は患者の性的欲求や怒りの解釈を徹底的に多様にする。またこれは、人間の性質に関するさまざまな理論の基盤となる。

（2）治療はふたつの異なる現実状況とみなし得る。そこでは、患者の転移によって相互作用という「真実の」性質が歪曲される。もちろん治療者だけの関与で行われることだが、両者の行動と患者の妥当なものの見方とがどのように相互作用し影響し合うのかを熟慮するために、両者は立ち止まることができる（治療者に向ける否定的な見方が転移ではなく治療者が傷ついてきた結果であるという場合がときにある）。

（3）「度を過ぎた生来の攻撃性」ということばで子どもや患者に責を負わす理論や「共感の失敗」ということばで親や治療者を責める理論があること、そしてこれらを複合させるアプローチがあることを候補生は理解する必要がある。

（4）内容に方向づける分析家《アナリスト》にとってはただ内的心的素材のみが重要であることを候補生は知らねばならない。そうした分析家《アナリスト》にとって「治療同盟」は、夢とファンタジーを取り扱う際の触媒として有用なだけである。他の分析家《アナリスト》にとっては、関係それ自体が決定的に重要な自己対象領域となる。その領域は関与する両者によって創出される。自然にそうなるのではない。関係のなかで、自己対象欲求という形をとって、セルフを構築する要素がつながろうとするのである。自己対象領域がセルフのもつ抱える力を構築するのである。

議論の余地のある重要な問題は他にもある。たとえば、満足と欲求不満という問題、洞察あるいは無意識であることの実際的な価値、エディプス段階の多様な理解の仕方、いわゆる投影同一化の本質、カウチの利用、無意識的空想概念の扱いなど、枚挙にいとまがない。現状では、これらすべてに議論の余地が残されている。少なくとも、候補生を訓練する責任としては、これら聖域のどれひとつとして当然とみなすことはできないと意識すべきである。

この多種多様な可能性に直面して、まさにそこからひとつの選択が生まれる。スーパーヴィジョンでそうした可能性に出会ったとき、候補生の混乱を支えることはできる。あるいは、禅の公案のように幾分混乱したままにしておくこともできる。そこには、「何をしているのかわからないことがわかればどうするのか?」という問いの効果がある。禅にあるように、ここで望まれるのは、日常のこころの在りようを超越して意識の開かれが起こるということである。それはときに創造性と言われる。ただ、十分に注意を促しておきたいが、候補生の体験や不安がどの程度なのか、自己愛の脆弱性はどうなのかといったことを考慮に入れておかねばならない。しかしながら、候補生が成長すれば、治療モデルに対する混乱は、研究所内で広まる程度であれば、通常は当人の個人的好みを明確にすることに役立つ。けれども、候補生は教員たちがどんな理論に固執しているのかを知っているので、教員には理論の分裂という問題が生まれる。教員はそれを創造的に扱えることに気づいていなければならない。

そうは言っても、このような混乱には可能性がつきものである。たんなる洗脳者、あるいは候補生が、使えるかどうかも理解できずに持論に精力を注ぎ込むスーパーヴァイザーにスーパーヴィジョンを受けるよりも、いつもつねに可能性がある。候補生が急に自分に合わないアプローチを適用しようとし始めた場合には、候補生の訓練と患者の治療がともに悪化するかも知れないと気づくべきである。その一方で、たとえば「逆転移」によって生じるあらゆることが実際にはたんに治療過程に無知な結果に過ぎないのであれば、治療の技法的諸側面を教えなければならないことになる。権威にさほどたじろぐことのない、または父親コンプレックスにあまり取り憑かれていない成熟した候補生は、理論的な立場がはっきり表明されると生理的レベルでそれに共感したり嫌悪したりする。あるいは、いくつかのアプローチが提案されると、態度でそれに賛否を表明したりする。したがってもちろん、スーパーヴァイザーが候補生の選択に中立のふりをすることは無駄であり行き過ぎである。けれども、知的にも感情的にも両者がその差違に誠実だという確信があれば、互いは著しく成長するのである。

候補生の個人分析家とスーパーヴァイザーとの間に大きな意見の隔たりがあるときには、潜在していた重要な問題が浮上してくる。この場合、ともに互いのアプローチにきちんと理解を示し、両者が意志を交流することが必要となる。候補生にとって必要な同一化や治療同盟に疑義を差し挟んだりすることは候補生の将来を考えたときに有害となる。あるいは、「いつかは真の分析家《アナリスト》にならなくてはいけないよ」などと言って、候補生の現時点での弱点を暗示することは、どんなやり方であっても他の分析家《アナリスト》との間で現在進行中の作業に支障を来すので同様に有害となる。「〈わたしが〉することが分析なのであってX博士のすることはそうじゃない」といった立場に固執することはたんなる政治的言明に過ぎないと認めることもきわめて重要である。ここに反論の余地はない。原初的破壊性といった問題にはさまざまな理論的基盤からのアプローチがあり、知り得る限りでは複数の効果的な方法で取り扱われることが可能である。

治療とスーパーヴィジョンとのつながりという脈絡で面白いことをふと想い出したのだが、それはブダペスト在のバリントとウィーン在のビブリングの長年に亘る論争である。一九三〇年代、ブダペストグループは、スーパーヴィジョンは個人分析の拡張であって個人分析家によって行われるべきだと信じていた。このグループは分析における転移とスーパーヴィジョンにおける逆転移を強調したのだが、ウィーングループは、このふたつは分離して扱うべきだと主張し、スーパーヴィジョンは教条的であり、そこでいったん同一化が起これば逆転移は個人分析にもち込まれるべきだという意見をもっていた。結局、ウィーングループがこの論争に勝ったのだが、わたしはこうした区別はあまりに厳密過ぎると考えている。被分析者《アナライザント》は自身の治療に両親との問題をもち込んで有効に対処でき、個人分析家は候補生の知識を増やすことで転移／逆転移の困難を解明する役に立てるということを知っているからである。同じように、はっきりわかることは、スーパーヴァイジーは分析では十分に出会えなかった自己対象欲求に出会うようにスーパーヴァイザーと関わることがあり、個人分析家への転移に直面するようにスーパーヴァイザーに巧みに働きかけられることすらあり得るということである。とくに、その転移が両親への転移と似ている場合にはそうである。

スーパーヴァイザーの無知という問題

スーパーヴァイザーにとってもっとも厄介なのは知らない領域があるということである。その無知が否認されたり無意識裡に抑圧されたりするときにはとりわけ候補生を悩ませる。この問題は次のような高慢な態度に如実に表われている。「わたしの分析や訓練は申し分ないから何でも答えられるし、ちょうどいまも原則を伝えているところだ」。自分自身を疑ってかかる方がはるかに望ましい態度と言えるのではないか。わたしはかつて自身の分析や訓練が不完全だという事実を嘆いたものだったが、いまはこの事実がわたしの個性化の本質だとわかっている。この不完全さによってわたしは、知的怠慢さにあぐらをかくのではなくて探究を自身に強いることができるのであり、自分の被分析者《アナライザント》はわたしがそうするよりもより良い治療を受けることも理解できるのである。きちんと分析されていないと考えたり、訓練が耐えられないなどというのであれば、あらゆることを知っていなければならないという考えに取り憑かれてしまっている。分析や訓練で得られなかったことの埋め合わせを要求するような防衛的な態度になっているのである。理論への信棒は、われわれ自身や候補生たちのなかに、自尊心の強調と疑念の封圧をもたらすことになる。そのようなスーパーヴァイザーは相互探究の姿勢ではなく、候補生や同僚に権威的に対処するものである。T・S・エリオットが言うように、何かを発見したければ、既知ではなく未知のやり方でそこにアプローチしなければならない。

防衛的ないしは自己愛的に動機づけられた理論への信棒は被分析者《アナライザント》にとっても訓練生にとってもたまらない仕打ちである。むしろ直面すべきなのは、教義の多くが実践においては不適切だという事実である。経験豊かな実践家であれば、苦労して習得しなければならなかったものは実用において変幻自在な効果を発揮することを知っている。習得通りにならなかった結果に幻滅すれば、われわれは、患者を責めるか、治療に対して虚無的になるか、そうでなければ教義に逃避してしまうことになる。この機制のどれひとつとして創造的に有益なものはない。訓練生はできるだけ早く、同じような危機を乗り超えるよう安定したメンターの援助を受けるほうがよい。

スーパーヴァイザーの技法の長所と弱点は、候補生が知っていること、知りたいと思うこと、あるいは恐れていることと一致するかも知れないし、そうでないかも知れない。したがって、スーパーヴィジョンのなかで生じることに意味ある関与をするためには、治療の場合と同様に、スーパーヴァイザーの自己認識と臨床的判断が重要なのである。加えて、スーパーヴァイザーと候補生がこのように同一の地平にいるからこそ、治療実践の場合と同様に、スーパーヴィジョンはスーパーヴァイザーにとってさらなる実践知を得るための重要な源泉になり得るのである。

ユング派の貢献

スーパーヴィジョンに関する広範な精神分析の文献を目にすると、ユング派にとくに何かを付け加えることはあるのだろうか。[*4] それはもちろんある。すなわち、ユング派の理論は、治療におけるセルフのコンステレーションの重要性といった、ユング派特有の貢献を強調するのに役立つのである。このことは他所では見出せない、候補生に伝えるべききわめて重要な概念である。純粋に転移の個としての側面に限定して焦点づけるのではなく、ユング派はその元型的側面もしくは治療の場にいかにしてセルフそれ自体が顕現するのかに関心を抱いている。しかしまた、セルフと普遍的こころとの関係に患者が気づけるようにもならなければならない。治療に対するユング派の姿勢はこの点で独特である。訓練がたしかに候補生とスーパーヴァイザーの個性化の一翼を担うのであれば、セルフが訓練に関心を抱く可能性を忘れてはならない。たとえば、ある晩わたしが読んだ論文のテーマが翌日に候補生がスーパーヴィジョンにもち込む素材に出てくるというようなことが共時的に起こる。あるいはまた、訓練についてのコメントが夢に出てくることがある。このように、治療の場合と同様に、スーパーヴィジョンにおいてもセルフの働きに開かれていることが必要なのである。

何がセルフの顕現なのかに気づくことができるように、セルフの顕現のすべてを伝えることが重要となる。ヌミノース[*5]はその明らかな基準なのだが、それが何なのかに気づくことはないであろう。ちょうど初心者がスーパーヴァイザーから指摘されなければそれが転移現象だと気づかないのと同じようなことである。元型的顕現に気づけなかったということが生じるのは、患者の情緒を見守ることを犠牲にしてスーパーヴァイザーがイメージに注意するよう強調するときである。実際には、それはスーパーヴィジョンなり教育なりの失敗と言える。また、コンプレックスを介して現れてくる情緒はイメージと同様に元型の効果である。ただそれは、つねに十分に認識され強調されるとは限らない。ユングが概念化した元型は、身体面から内的心的ないしは精神性の面までをもスペクトラムとしている。こころのなかの「イメージに固執する」ことや身体内の情緒を無視することは元型の半面のみを見せかけたに過ぎない。患者や訓練生が強烈な情緒の虜になっているとき、セルフはたしかに、その情緒が畏敬の念を抱かせる夢イメージに生きているように顕現している。この情緒は意味あるものかも知れない。有害かも知れない。ただ、その重要な特質は意識的見地から見たときに自律的だということである。われわれは、ちょうど転移／逆転移の微妙な兆候と同じように、元型がもたらす微妙な効果を指摘しなければならない。そうしたことは入門課程の試験が終わると忘れ去られてしまうように、実践においてもないがしろにされる傾向にある。候補生がトランスパーソナルな本質を把握したり〈融即 *coniunctio*〉体験を経て転移の内にセルフを体験したりするならば、自分だけが患者の改善や個性化に責任があるのではないとこころするであろう（その候補生はあまりに長い期間『心理療法の実践』（全集十六巻）[*6]に取り組んでいたので、〈融即〉についてはおそらく完全に忘れてしまったのだろう）。候補生は、もしそれが自分の気質に適っているのであれば、治療に対する本質的に宗教的なアプローチの可能性をこころに留めておく必要があるだろう。セルフがいかに最良のコンステレーションをもたらすかは意見の分かれるところである。わたし個人は次のように信じている。すなわち、自己対象転移の構築は個人的自己の形成に作用しているのだが、それは実際にはセルフの構成要素が治療に関わってくることを意味しており、それに対してまた別のアプローチもあるということである。かけがえのないことは、自律的なこころの重要性を伝えるスーパーヴァイザーの能力である。まさに個々の訓練生が自身の治療的作業のなかでセルフの体験にいかにして到達するかが、その成長にとって何物にも代えがたいのである。

わたしは、スーパーヴィジョンにおける共時的なことがらの重要性を示唆してきた。深い治療的な出会いの場合はつねに、ふたりの関与者の一方として、このように結びつけられたコンプレックスの一翼を担うことになる。ここにおいて、われわれはいったい誰なのかというユングの思想、あるいはまた無意識それ自体は外界からの顕現であるという思想を、われわれは人生上のイベントとして真摯に受け取ることになる。だからこそ、われわれの面接室への道をまなざし足を向けるひとたちは、われわれ自身のさまざまな側面を運んでくるのである。ユング派分析家になろうとする候補生がこの事実を体験することは重要であるとわたしは信じている。そうして候補生は自分を、そしてもちろんセルフを知るようになり、自己完結に終わるのではなくわれわれが他者を含む関係に運命づけられていることを知るのである。この意味でスーパーヴィジョンは複雑である。患者は候補生のひとつの心理的側面であり、スーパーヴァイザーから心理的に順送りに分離していくのではない。付言するが、ある種の精神病的な一体化を勧めているのではない。むしろ、このように複雑であることを認識することによって治療関係を深めようとする試みなのである。それはまた、尊大な過信の危険性をも和らげる。こうした水準の自覚を候補生が求めてくることに公正であるために、スーパーヴァイザーは、この候補生が、いまなぜこの患者をオフィスにもち込んでいるのか、そのわけを自問しなければならないのである。

スーパーヴィジョンの元型モデルの選択

治療においては、どんな元型が姿を現すのか、いかに振る舞うのか、ほとんど選択することができない。われわれは畏敬の念をもった関与しながらの観察者である。けれども、スーパーヴィジョンにおいては意識的影響を及ぼすことができるとわたしは信じている。それによって、最初の段階で、スーパーヴァイザーと候補生との間で元型的顕現への注意が強調されたり、コンステレーションまでもが生まれたりするのである。それができるのは、候補生に対してわれわれがひとつの態度機能をもっているからであり、それができることが協会の哲学でもあるからである。言うまでもなく、スーパーヴァイザーへの転移は父親コンプレックスのようなものに依拠しており、出会う以前から存在するであろう。しかし、治療における状況とは異なり、スーパーヴィジョンにおいて生じてくるすべてに注意が払われなければならない。このスーパーヴィジョンという場では、どのような関係を構築したいと望むのかに応じて選択的注意が払われ、状況のさまざまな様相が意識的に強化されたり消去されたりする。われわれは父性的な存在でも母性的な存在でもあり得る。さらには慈愛溢れる存在ですらあり得る。けれども、候補生が最良のこととして望んでいるのは、われわれが初学者の候補生のメンターとして存在することである。わたしはそう提案したい。候補生は学ぶためにそこに存在するのであって、ある程度は避けようもなく存在するこの元型は、いかんともしがたくわれわれの態度にもっとも影響を与えるのである。

最大の問題は多くのスーパーヴァイザーが実際に教えていることを実践していないことであろう。伝統的には、先輩の分析家《アナリスト》がオーソドックスな類のことを教えるのは一般的とされてきているし、公式見解を原則的に繰り返すことを期待されてきている。それは飽き飽きする役割である。実際に実践していることを明確にすることもできない。才能豊かな臨床家のほとんどは臨床実践の仕方で成功を収めているのであって、教育的状況に政治的色調で発言することによって成功してきたのではない。才能豊かなスーパーヴァイザーは候補生に手を貸すことができるのである。必要なときはあらゆる理論を脇に置いて実際に起こったことを報告できるよう候補生を励ますことができるのである。

第６章　スーパーヴィジョンと相互作用的な領域

マリオ・ヤコービ

スーパーヴィジョンは、すべての深層心理学派にとって、分析というアート（テクネー）あるいは分析的心理療法を行いたいと望む候補生の訓練に不可欠なものとみなされている。訓練生は、被分析者《アナライザント》と共にした経験と分析の進展を、定められたスーパーヴァイザーに明らかにするよう求められる。そのような出会いから訓練生は、スーパーヴァイザーの分析に対する姿勢と考え方に大きく左右されて「学ぶ」のである。古典的ユング派が伝統的に共有していたのは、あらゆる種類の「技法」にユング自身が懐疑的であったということである。重要なのは分析家《アナリスト》が何を「言う」のかではなくひとりの人格として分析家《アナリスト》が生きて産み出してきたものなのである。だからこそ、分析家《アナリスト》のパーソナリティと個性化過程の成熟に主要な力点が置かれたわけである。ユングが何よりも主張したのは次のことである。分析家《アナリスト》は能力の限りを尽くして無意識が語ることばを理解しようとしなければならない。このため分析家《アナリスト》は人類史と広範な文化領域に及ぶ象徴的意義を学び、被分析者《アナライザント》が提示する無意識の素材に象徴的アプローチを用いる能力を訓練するのである。訓練のなかでとりわけ重要なことは分析家《アナリスト》の個人分析であり拡充法の研究である。この意味で、スーパーヴィジョンは現実に必要とされてはいたものの、実のところそれほど重要とはみなされていなかったように思われる。おそらくスーパーヴァイザーの仕事は、ほとんどの場合、候補生が担当する被分析者《アナライザント》の夢を解釈すること、そして被分析者（アナリザント）の意識的状況にこれらの考え（解釈）をどのように関連づけるのかについて、何らかの助言をすることであった。候補生がどの程度スーパーヴァイザーを必要とするかという問題は訓練生自身の判断に任されていた。

現在ではスーパーヴィジョンの時間数は定められ、訓練過程はセッション数によって調整されている。「時間はかければかけるほどよい」という表現がある。いまだに議論され続けているのは、スーパーヴィジョンに時間をかければそれだけ訓練の質が上がるのか、ということである。訓練生はスーパーヴァイザーにあまりに長期間に亘り過剰に依存することになりはしないかとか、候補生がただたんに要求される時間数をこなすためだけにスーパーヴィジョンを受けるのは不毛だとかいう議論をする同僚もいる。プロセスで行き詰ったときに限ってスーパーヴィジョンを受けるべきだとの意見も耳にする。

個人的にはセッション数を増やすことには賛成である。ただ、量から質への転換に必要なことは時間数を生産的に使う仕方をよく考えることである。分析的技術を必要とするすべての分析学派にとって、さまざまな動勢と相互交流の詳細な議論が必要であることは言うまでもない。しかし、十分な自由および個としての開かれに寛容な分析心理学派においてもまた、良きスーパーヴァイザーとの出会いは本質的な目的を提供するのである。

このことはとくに重要である。多くの分析家《アナリスト》の強調点がシフトするようになってきたからである。どういうことかというと、無意識の「内容」に焦点づけるあり方の幅が拡がってきたのである。つまり、「治療的空間」あるいはネイサン・シュワルツの適切な言い回しでは「相互作用の領域」のいまここにおいて無意識の内容を表現するときに、その力動によりいっそう繊細な気づきが含まれるようになってきたのである。個人的にわたしは、夢の内容に焦点づけるのか転移／逆転移に焦点づけるのか、あるいは象徴的アプローチなのか臨床的アプローチなのか、いずれかであるなどとは考えていない。周知のことだが、夢の解釈の有効性は、解釈する個人と同程度に解釈された内容に拠る。一方、転移の観点からすべてを解釈することは無意識からもたらされる内容を正当に取り扱うことにはならない。分析的出会いにおける相互影響（相互の無意識に基づく関係）をはじめて見出したのはユングだが、それにもかかわらず、全般的にこの領域はロンドン学派のようないくつかの訓練センターを除いては、長い間まったく顧みられず分化されないままであったのである。

患者と候補生との間に相互作用的領域の微妙な在りようが含み込まれてくると、たちまちにして、スーパーヴィジョン・セッションのなかでの事態はよりいっそう複雑になってくる。それらは次のような問いとしても焦点づけられる。被分析者《アナライザント》の非言語的コミュニケーション、身体言語、声の抑揚やそこに含まれる語り手の意図などを訓練生はどのように認識するのか。候補生の内界につねに惹起している患者の存在に、候補生はいかに気づいてそれらを分化させるのか。候補生は患者の愛情、攻撃性、価値切り下げ、両価性などにどのように反応するのか。意識的ではない微妙なやり方で患者に仕返しをするのは、自分たちの感情が個人的すぎるからなのか。それとも感情的な反応は抑圧されて気づかれることはないのか。また、ひとたび自身の内界で起こることに開かれるならば、患者への無意識的投影と患者の無意識からもたらされるものの認知とを候補生は効果的に区別できるのか。つまりフォーダムが「幻影的」逆転移に対して「同調的」逆転移と呼んだものを見分ける能力が候補生にあるのか。それらを区別することはときにきわめて困難だと、わたしは思う。もっとも困難な作業は、共感というあり方によって、自分自身と関係をもちながら同時に距離をとるという能力を分化させること、そして患者の眼を通して自身をも見つめようとすることである。スーパーヴァイザーがそれらを指摘しようとすれば、訓練生はこうした微妙な問題をしっかりと理解できるのだろうか。そしていったん訓練生が細やかに気づくようになれば、それによって生まれる洞察の一端を言語化することを通して、被分析者《アナライザント》にとって十分に意味ある効果的なあり方で、訓練生は治療的な才能と本能とを発展させることができるのだろうか。個々の治療状況における必要性に応じて、象徴的なアプローチおよび拠って立つ理論が何であれ、訓練生はその知識をある程度は十分に統合することができるのだろうか。これらすべては、スーパーヴィジョン・プロセスのなかで扱われる重要な問いなのである。

わたしがこれまで述べてきたのは、相互作用的な領域の力動について、その立場とさまざまな役割に十分気づく能力のある候補生を想定してのことであった。スーパーヴァイザーとしての経験からすると、この点での気づきに非常に乏しい訓練生がいることを認めねばなるまい。そうした訓練生は、この本質的な問題に直面したとき非常に混乱し抵抗を示すように思われる。その結果、分析のアート（テクネー）に何らかの「感性」が欠落していることにわたしは失望感を抱くだろう。分析家《アナリスト》という専門職に必要な天性を疑うだろうし、将来に亘ってそれを学ぶ可能性をも疑うだろう。もちろん、自分自身に対しても彼らの潜在能力を引き出す資質を問い始めるだろう。わたしは、スーパーヴィジョン・セッションの間、彼らが終始コンプレックスに囚われていることにときおり気づく。どんな場合でも、対話が互いに混乱することはある。しかし、他の訓練生とのセッションでは活発なギブアンドテイクがあるし、新たな洞察に向けて互いに着想を交わし合うことがあるのだ。

こんなことも経験した。まったく鈍感としか思えなかった候補生が、後になってみると最良の分析家《アナリスト》のひとりになっていたということがあった。何年も経って、われわれが同僚となり友人となったとき、初期の頃にふたりの間に活性化していた防衛、それは烈しい父親権威コンプレックスのコンステレーションを産んだのだが、それが話し合えたのである。このことがわたしに教えたのは、たとえ一片の個人分析に過ぎなくとも、おりにふれて候補生とスーパーヴァイザーとの間に生じる転移に焦点づける必要性である。訓練生とスーパーヴァイザーとの間に間違いなく相互作用的領域というコンステレーションを産むからである。分析とスーパーヴィジョンとは区別して考えることが重要であると同程度に、このことは柔軟に取り扱われなければならない。スーパーヴァイザーはまた、ほとんどすべての候補生たちが、相互作用的領域のなかで起こっていることを共有し、それによる影響を受けている可能性をつねに考慮しなければならないのである。

そうなると、スーパーヴァイザーは被分析者《アナライザント》や候補生とのセッションで真に生じていることをどのように把握できるのだろうか。最善の策はビデオテープを使用することだろう。けれども、そうは言っても、セッションでそれを用いることはカメラによる影響つまり「観察する眼」としての影響がセッションの自由な流れを妨げる可能性がある。したがって、通常スーパーヴァイザーは候補生の説明に頼らざるを得ない。一個人としてわたしはまさに、候補生がそのセッションで起こっていることについて〈語っている〉のを聴く。それと同時にわたしが気をつけているのは、語りのイントネーションや表情、身体言語、さらには生き生きと語るのか荒々しくか、柔らかで温かみをもって語るのか感情を込めずにか、その他どんなことでも、それによってある程度は明らかになる候補生の〈一個人としての現前性〉に自分がどのように影響されるのかということである。わたしはときどき、彼らのあり方に当惑することがある。そんなときは、候補生の語る患者はわたしの「内的な眼」にほとんど現前しない。ただ候補生自身はわたしの配慮に満ちた空間の目の前にいる。だからわたしは、候補生の語る患者がそれぞれの在りようでわたしの内に活性化する可能性に望みを託すことになる。束の間わたしは、ファンタジーのなかで説明を受けた患者の身になってみる。患者にとっては尊敬に値する候補生が、患者に現前する在りようを患者はどのように感じているのか、少しでもいいから受け取ろうとするだろう。候補生と一緒に、わたしにとっては未見の患者と席を共にしているその間、わたし自身が体験する感情の投影可能性を計算しておけば、こうしたことはすべてとてもうまく運ぶ。このようにして、両者の相互作用にとって本質的な要素に気がつくこともあるだろう。

候補生にとっての、いわゆる患者・分析家《アナリスト》領域をスーパーヴァイザーとの相互作用領域に移すことは容易ではない。理由はさまざまだ。首尾よくそれができるひとたちもいる。患者の夢や、程度の差こそあれ、対話の内容をわたしに語ることは比較的たやすい。けれどもたとえば、微妙な情緒的相互交流と関連して起こっていること、あるいは候補生の何らかの性格が患者との相互作用に与える影響を把握することはかなり難しい。それらが含意することに候補生がまったく気づかないこともあるだろう。

わたしはしばしば、候補生の存在に影響される自分自身の感じ方に沿ってこの問題を言語化しようとしてきた。たとえばある事例でのことだが、候補生が求めるすべての領域においてわたしの感覚は候補生の気質に侵襲されたと伝えたことがある。それからわたしは、その侵襲力がクライエントに影響を及ぼすあり方と、候補生がこの点を視野に入れていたかどうかを尋ねてみた。もちろんわたしよりもクライエントといるときの方がもっと受動的だったと候補生は言った。実のところわたしは、患者といるときに候補生自身がどの程度自分を抑制できていたのか疑念を抱いたのだが、わたしがスーパーヴィジョンをしていた事例のクライエントはふたりともとてもよくやっていた。ふたりは候補生の余剰エネルギーをいくらか取り入れることができていたのであろう。

概してわたしは、目の前にいる候補生に感じたことを口にする。そうすることで、候補生のパーソナリティ特徴や姿勢なり反応なりがどのように患者との相互作用を形作るのかを候補生に敏感に気づかせようとするのである。これはスーパーヴィジョンの重要な部分であると考えている。だがしかし、候補生にとってこれは弱点でもある。そのため、抑うつ的な不安が生じたり治療に有害なことが起こってきたり、傷口に触れて逆効果にもなったりすることがあり得る。さらに言えば、過剰に防衛的になったり、わたしの話の意図を把握するアンテナをもたない候補生もいるであろう。

分析あるいは分析的心理療法の本質的な目的は、意識化および自己と世界との理解を促進させることにある。心理的な結びつきからより分化した理解、そしてこのことを患者に伝える能力を候補生はどのように習得するのだろうか。技法は言うに及ばず理論的概念や何らかの方法論がなくてもできるのだろうか。実行可能なのだろうか。わたしは、理論や概念や方法論をもたずにそれができると思うのは幻想だと考えている。こころはそれらなくしては機能し得ないからである。それどころか多種多様な理論的考えを学ばなければならない。それは、どんな考えを適用したいのかを多少なりとも意識するためである。そうすることでこそ、目的に向かって進む道に相応しい考え方のモデルを十分に感じて、考え方を柔軟かつ個別に扱うことができるようになるのである。

分析家《アナリスト》が分析とは何かについてそれぞれの考えをもつのは必要である。スーパーヴィジョンで出会ったある女性のことを想い出すのだが、この女性は自分の望みが何なのかを確信しているような、まったく強い個性の持ち主だった。自分の被分析者《アナライザント》の問題を非常に指示的な方法で取り扱い、たくさんの助言を与え、強い主導権を握っていた。これが正しい振る舞いだと確信していたこの女性は、クライエントが少しずつでも良くなっていくのをわたしに語るのが常だった。わたしはと言うと、分析的事態におけるこの女性の無感覚さにひどく苛ついたものだった。ただ、クライエントが良くなっていくことについて何か言えることがあったのだろうかとも思うのである。もちろん、すべての道はローマに通じる。患者のなかにはより直接的なアプローチを求めることもあるだろう。それを分析と呼ぶかどうかはわたしには真に重要なことではない。この特異な事例に接してわたしがこれほどまでに苛ついたのは、この女性が与えた印象、すなわち自分の無意識的な権威の問題に過剰に防衛的で柔軟性がなく、そしてわたしの意図を理解するアンテナすらもち合わせていなかったからであった。

まるで正反対の訓練生もいた。この訓練生は自らの面接過程をユング、コフート、ウィニコットなどの観点から熟考することによって最善を尽くそうとしていた。だが、すべてはあまりに理論的過ぎた。この訓練生の「真の」感情からおのずと湧き上がってきたものではないとわたしには思えた。わたしの期待に応えるという空想の実現のためにそうしたのだと考えもした。けれども、被分析者《アナライザント》とともにいる状況でもこの訓練生は理論にこころ奪われる傾向にあったことが、同様に明らかになった。このことは、基本的に、この訓練生が自分自身の主観的反応に信頼を置かず、代わりに権威的な人物の指導に同一化することと関連していたのであった。

ときどきわたしは、われわれスーパーヴァイザーは候補生にあまりに多くを求めすぎではないかと考えたりする。自分自身に気づいていくこと、主観的反応に信を置きかつ同時に批判的にもなれること、さらに患者のファンタジーのなかの人物像をそのままにしておきつつ同時に患者に直接に関わること、こうしたプロセスはそのすべてにおいて、多くの時間と経験とを必要とする。けれども、しばしば驚くべきことに、自分自身のスタイルを向上させる方法の発展のために、スーパーヴィジョンから得たごく僅かな着想を用いることのできる優れた訓練生もいるのである。言語化の技術および介入の正確な時期と適切な口調までをも掴む感受性に加え、象徴的理解の才能を発展させることができるのである。もちろん、スーパーヴァイザーに同一化してそのスタイルを取り入れようとする時期なのであろう。だからこそわたしは、訓練生にはひとり以上のスーパーヴァイザーとの作業が望ましいと感じるのである。

わたし個人は、生産的な協力ができるのであればスーパーヴァイザーの仕事を楽しんでいる。分析は基本的にアート（テクネー）であるから教えることは困難である。スーパーヴァイザーは、天与の才能の分化に向けて支援や援助をするのを制限されることがしばしばである。言い忘れていた大切なことがある。それは、スーパーヴィジョンが訓練生の学びのプロセスの一部であることでスーパーヴァイザーにも学ぶべきことがあるということである。そうわたしは感じる。これはわれわれの作業がいかに微妙であるかの反映と言える。ただ、スーパーヴィジョンは他者について考える必要不可欠な機会を与えてくれている。もし誰かと考えを分かち合うことができれば健康的な自己愛的満足も得られる。訓練生がときおり驚くほど効果的な方法、しばしばわたしのそれよりもよりよい方法で、困難な状況に対処することを告白しなければならない。わたしは、分析家《アナリスト》もまた分析の内にあるというユングの語りの真意を想うとき、スーパーヴァイザーもまたおりにふれその作業から良いスーパーヴィジョンの一部を体験すると述べることは適切であろうと感じるのである。

第7章 スーパーヴィジョンにおける転移性投影

ジョゼフ・ウェイクフィールド

本章ではユング派分析家地域間連携協会で行われたスーパーヴィジョンに関するこれまでの仕事を振り返ることにする。一九八九年、テキサス州サラードで「個人的・専門的関係における親密性」というテーマで地域間連携協会主催のカンファレンスが開かれた。それ以来、協会では講演、スモールグループ、パネル・ディスカッションを通して、親密性の倫理的・心理的諸様相の検討を続けている。

スーパーヴィジョンを行う分析家《アナリスト》と候補生との間に生まれる親密性は、訓練期間中には学習の刺激になり得るが、それがスーパーヴィジョンに干渉してくるときには問題を孕んだりもする。[9] スーパーヴァイザーとスーパーヴァイジーにスーパーヴィジョン以外の関係がある場合は二重役割関係ということになる。二重役割関係はスーパーヴィジョンと他の関係それぞれの目的間に利害対立をもたらしかねない。したがって、スーパーヴィジョンに関与する者とその作業を守るために倫理的かつ組織的制約としての「ルール」がある。スーパーヴァイザーと候補生が行っていることに意識的であるならば状況を理解することは困難ではない。ただ、無意識であるならばどうであろう。本章では、この無意識の知覚や期待すなわち転移性投影に焦点を当てることにする。それは、スーパーヴィジョンを行う分析家《アナリスト》と候補生との間に生まれ発展する可能性のあるものである。

この機会に、訓練中の候補生のスーパーヴィジョンに関わる分析心理学者や精神分析家によるさまざまな論考を見直してみたところ、理論的な立場に拠らずいくつかのテーマが繰り返されていることに気づいた。

そのひとつは、スーパーヴィジョンを行う分析家《アナリスト》に向ける候補生の転移の取り扱いである。転移が個人分析家とスーパーヴァイザーとの間で「分裂」するのを避けるために、候補生はスーパーヴィジョンを始める前に個人分析を終えるべきなのだろうか。それとも、個人的問題は分析で取り扱う方がよいとスーパーヴァイザーが候補生に勧めるように、候補生は個人分析を受けているべきなのだろうか。フレジュリング・シュルーダーは、スーパーヴィジョンは退行を促さないので分析ではないと強調する[1]。スーパーヴィジョンは治療者－患者関係というよりも仲間同士のコンサルテーションだと言うのである。

いまひとつは逆転移の取り扱いである。この問題に言及する際の用語はひとによってさまざまである。候補生の逆転移が未解決の個人的問題から生じるときには、スーパーヴァイザーはそれに反応するのではなく個人分析にそれを委ねようとする。投影性ないしは同調性の逆転移として患者がもち込んだのであれば、スーパーヴァイザーは候補生とともにその素材を検討しようとする。グリンバーグは、スーパーヴァイザーと候補生との間に生じるさまざまな問題を検討しているが、それらは、スーパーヴァイザーの焦点は治療者にあるのか患者にあるのか、スーパーヴァイザーと候補生は理論的立場を同じくするべきなのか、面接は録音するべきなのか、候補生は個人分析を受けているべきなのかといった問題である[4]。さらにまた、スーパーヴィジョンを受ける事例の選択や、候補生とスーパーヴァイザーのパーソナリティが異なることから生じる問題についても検討されている。スーパーヴィジョンは治療的体験というよりもむしろ教育であるべきだと主張するグリンバーグにわたしは同意する。候補生はスーパーヴィジョンとは別に個人分析を受けているべきである。スーパーヴィジョンによって、スーパーヴァイザーを理想的な分析家《アナリスト》とみなしたり訓練分析家に迫害的なイメージを投影したり、またその逆も同じなのだが、そのような類の分裂を促すべきではない。

「候補生は患者としてではなく仲間として扱われるべきである」。

別の論文でグリンバーグは、スーパーヴィジョンの設定が破綻することから生じる諸問題について次のように述べている。

分析家《アナリスト》は一日の大半を面接室のなかで独りで過ごすため、外界とのコミュニケーションはほとんどない。そのうえ、分析で生じる退行は患者だけでなく分析家《アナリスト》自身にもある程度影響を与える。さらに分析家《アナリスト》は患者が提供する素材のみを解釈するよう自己規制しなければならない。このように、孤独であり、退行が生まれ、外界とのコミュニケーションがないことによって、ときに分析家《アナリスト》は外界からの強い刺激を渇望することになりかねない。このことは、スーパーヴィジョンでスーパーヴァイザーが候補生に対して体験する特殊な反応を説明する。すなわち、スーパーヴァイザーにとって候補生は一種の回避弁となり、そこからスーパーヴァイザーは渇望した接触や自由な対話の提供を受けるのである。このとき重要なのは、このような開かれた親密な態度が限界域を超えてスーパーヴィジョン設定を破綻させる危険性をスーパーヴァイザーがこころに留めておくことである。[3]

グリンバーグはスーパーヴァイザーの基本的ガイドラインを明確にしている。それによると、スーパーヴィジョンが始まった当初に転移性投影が意識されることは残念ながらない。つまり候補生も分析家《アナリスト》もそのときには転移性投影に気づくことはないのである。ただし、両者からの転移性投影はスーパーヴィジョン状況を作り上げていく。そこで必要なことは、無意識のそうした投影が正当なスーパーヴィジョンの作業を妨げることのないように、その作業を理解し、それに意識的になることである。

スーパーヴィジョンには訓練、アセスメント、ロールプレイ実習が含まれる。したがって、そうした側面がときに対立し葛藤を生むことがある。スーパーヴァイザーは、これは訓練だから自分の間違いを隠さないようにと候補生に促す。しかし候補生はスーパーヴァイザーが自分の能力を評価するのを知っている。したがってわたしは、そのような状況に「妄想的」とか「自分がどう見られているのかに自己愛的に夢中になる」といった表現をもち込み候補生の態度を病的とみなすことに、はたしてどれほどの意味があるのだろうかと疑問に思う。

評価が関与する場合、スーパーヴァイザーと候補生がこころを開いて共同作業をしていくことはとても難しい。無意識的投影に巻き込まれるときはなおさら難しい。スーパーヴィジョンには、分析のなかで転移が生じる要因と同一のものが多く含まれている。長期間に亘る個人的関わり、患者への逆転移反応を含む重要な個人情報の開示などがそれである。候補生はスーパーヴァイザーを喜ばせたいと思う。つまりスーパーヴァイザーはひとつの権威像なのである。加えて、スーパーヴァイザーは間違いなく候補生に個人的な親密性を感じる。分析とは対照的に、スーパーヴァイザーはひとりの治療者として感じたことや疑問に思ったことを頻繁に候補生に語る。分析というのは孤独な仕事であるから、スーパーヴァイザーは「分析がどういうものか」を同僚として候補生に打ち明けるようになるかも知れない。その結果、転移と逆転移が相互に交錯する事態を招いてしまう。

スーパーヴァイザーと候補生との間にはどんな投影が生まれるのであろうか。それを「陰性母親コンプレックス」なり「老賢者」といった分析心理学の用語で表現することは可能である。ただわたしには、ユング派が過度に孤立し偏狭なあまり、他の学派のことばや概念にそれらを翻訳できないのではないかと懸念する（このような壁を超える努力については、レドファームを参照[8]）。そこでわたしは、分析心理学を外から照射するために、現代精神分析におけるメタ心理学の三大潮流から見て分析心理学がどのように映るのかを提示していきたい。三大潮流とは、欲動論、対象関係論、ハインツ・コフートの自己心理学である。[2]

欲　動

いわゆる一次本能とはエロスとタナトスであり性欲と権力である。欲動論の文脈ではスーパーヴァイザーと候補生は相手をそれぞれ本能的な願望充足の源泉として体験することになる。その世界は充足の可能性に溢れている。ではなぜ、まさに禁忌であるものが選択されるのだろう。性欲は権力となり逆もまたしかりである。候補生と性的関係にあるスーパーヴァイザーは候補生にあえて否定的な評価を与えたりはしないだろうし、訓練の遂行を求める候補生はあえてスーパーヴァイザーの性交渉の申し出を拒みはしないだろう。「二重役割関係」が孕む問題は権力の不均衡にある。スーパーヴァイザーは候補生の成長に権力で介入できる。だから候補生にとってみれば危険を冒してまでスーパーヴァイザーからの交際申し込みを拒むことはできないのである。スーパーヴァイザーと候補生が性的関係をもってしまうと、他の候補生たちはその「特別な」候補生が特権扱いされるのではないかと、自分たちもそういう関係を求められるのではないかと怖れるようになる。その結果、訓練協会内に秘密や密通、分裂や不信が生まれる。こうして訓練過程は破壊される。

どんなに気をつけていても、二重役割関係は無意識裡に発展し得る。妻とわたしは訓練セミナーの候補生を社交の夜会に招待することを習慣にしてきたのだが、わたしは、そうした交流が訓練をより個人的で柔軟なものにするし実習支援にもなると考えていた。この考えとは別に、社交的な提案がもたらす問題を指摘する候補生も何人かいた。だが、社交の夜会は必修セミナーなので候補生たちには断る自由がなかった。その一方、「社交的な行事」に参加した候補生は自分の振る舞いが評価につながることを怖れていた。わたしの意図したことではなかったが、訓練の妨げになるような二重役割関係が作り出されていたのだった。

権力は性欲に関わりない形をとることがある。スーパーヴァイザーが候補生を支配しコントロールしたいと思う場合を想定してみると、候補生にとってはスーパーヴァイザーの理論的考え方を身に着けたいと思うだろう。そうなると、資格を取得する必要がある候補生は、事例のスーパーヴィジョンを受けたり論文を執筆し口頭試問を受けたりするときに、スーパーヴァイザーの考え方に従わなければならないと感じるだろう。狡猾と思えるやり方だが、候補生は権力欲求のある分析家《アナリスト》をスーパーヴァイザーに選んで媚びへつらうことで、結果としてその分析家《アナリスト》の権力欲求をまさに無効化するのである。候補生が分析家《アナリスト》の無意識的な欲求を十分に意識していたとしても、報復を怖れて分析家《アナリスト》にはあえて何も言わないであろう。

二重役割関係は、スーパーヴァイザーが協会の役員とくに訓練委員会や評価委員会の役員であるとき、微妙な現れ方をする。地域間連携協会の評価・審査委員会の役員だったとき、わたしにスーパーヴィジョンを希望する候補生の数が急激に増えたことがある。以前は半数以下だった。そこで生じた疑問は次のようなことである。すなわち、この希望はスーパーヴィジョンを受けたいということなのか、委員会決定の際にわたしの一票を得たいためなのか。役員は正会員よりも目立つ。だから候補生は安易にわたしのスーパーヴィジョンを希望しようとする。これは複雑な問題である。わたしにスーパーヴィジョンを受ける候補生は、委員会決定に影響を与えたいという意識的な意図があるのではないか。そうわたしは疑っている。まさに、スーパーヴィジョン過程の一貫性を堅守することは微妙で複雑な問題だと考えることができる。だからスーパーヴァイザーと候補生両者による意識的な努力が求められるのだと考えられる。

対象関係

次に対象関係だが、そこでは、焦点は本能的充足から発達早期の段階における関係の重要性に移っている。問題となるのは、性的ないしは攻撃的欲動の排出ではなく関係の質である。精神分析の理論家たちはそれを述べるために個々に多彩な語用を発展させていった。分析心理学から見ればそれはコンプレックスであり、両親間のコンプレックスなり同胞関係をも含んでいる。これら人生早期の関係の在りようはスーパーヴァイザーと候補生との間に転移性投影を産むことになるであろう。候補生にとってみればスーパーヴァイザーはこれまで出会ったことのない、ケアや人生の道案内をしてくれる両親を表象するであろう、あるいは残酷で搾取する両親を、さらにはお気に入りの子ども、それもひそかな寵愛を受ければなおのこと目のなかに入れても痛くないほど気に入られる子どもになり、そうして最後にはエディプス状況に勝利するという可能性を表象するであろう。スーパーヴァイザーにとって候補生は、亡くした子ども、けっして出会えなかった子ども、こんなふうに育てて欲しかったところに宿している子どもの自分を表象するのである。

気づくのがもっとも難しいのは社会的な鎧をまとったコンプレックスである。斧でひとを殺したいという神経症的欲求があるひとには、社会はすぐさまそれは問題だと指摘するだろう。貧しいひとのために自分を犠牲にしようとする神経症的欲求があるひとには社会は聖人と賛美しコンプレックスに向き合うようになどとは働きかけないだろう。スーパーヴァイザーと候補生との間の転移性投影は非難されたり社会的に強化されたりするのである。先に挙げたように、スーパーヴァイザーと候補生との情事や富や名声を求める権力操作は、気づかれることになれば通常は非難される。対照的に、スーパーヴァイザーと候補生との対象関係的な転移は社会的に強化され得るのである。スーパーヴァイザーが候補生の成長に特別な関心を抱くことを想像してみるとよい。たとえば課外読書の機会を与えたり分析家《アナリスト》としての個人的な経験を候補生と共有したり、候補生への理解を助けるために訓練委員会に介入したりすることになるであろう。候補生がスーパーヴァイザーの同僚グループの一員となることに特別な重きを置くことを想像してみるとよい。候補生はスーパーヴァイザーから与えられた仕事に懸命に取り組むことになるであろう。ただ、ここに挙げた例はかならずしも間違っているとか非倫理的なことがらというわけではない。教育的関係の肯定的側面を表象するかも知れないし親子間の転移の無意識的投影をも表象するかも知れない。投影の無意識的な性質はそこに関わる者の判断を誤らせスーパーヴィジョンを妨害し得るのである。

自己心理学

近年、自己愛的な傷つきを症候学的に捉えることや、それが転移や逆転移にどのように影響するのかということに焦点が当てられるようになってきている。ハインツ・コフートは、このような臨床的現象を探求しながら、自らの考えを発展させている。なかでも自己愛転移の三タイプはスーパーヴィジョンの設定を考えるのにとくに役に立つ。

まず、自分の理想を相手に投影し相手がその投影を生きることを期待する理想化転移が挙げられる。分析心理学の観点からは、おそらくセルフのある側面が英雄なり老賢者、女性として投影されていると言うことができる。[*1] 相手がその投影を生きようとしないときは(われわれは皆「ただの人間」に過ぎないので、いずれ起こることではあるのだが)、理想化はたちまち中傷や怒りに姿を変える。スーパーヴァイザーと候補生はお互いに理想化転移を向け合う。投影の受け手は賢明で、善良で、そして英雄のように見られる。心地よさを感じるためにそれに何の疑問も抱かない。候補生は理想化転移によってスーパーヴァイザーを過大評価し、その弱点や短所に気づく能力を失い、自分と違う視点をもつ分析家《アナリスト》を攻撃する一方で、スーパーヴァイザーに盲目的に理想化し自分が隷属してしまっていることに気づくことができなくなる。献身的な弟子たちに囲まれた偉大な創設者を基盤に精神分析の「学派」が発展したのは、このように分析されていない転移がもたらした結果であるとわたしは考えている。おそらく若いエネルギーの具現化、創造的な可能性、あるいはスーパーヴァイザーが出会うことを願うまた別の理想なのだと思うのだが、スーパーヴァイザーが候補生を理想化するならばスーパーヴァイザーは候補生の成長のために欠点を見つけ正すことができなくなってしまうであろう。

次に、投影する側が投影の受け手になる、すなわち自分が見て欲しい自分の姿を映し返すことを期待する鏡映転移（あるいは自己対象転移）が挙げられる。投影する側は理想化されることを求め、そうでないときには怒りを表わす。スーパーヴァイザーと候補生はそのような転移を投影し合うのである。スーパーヴァイザーは自分の華麗さや技能を黙って受けとめることを候補生に期待する。それに対して候補生は自らの素晴らしい発表を口を挟まずにかしこまって聞くスーパーヴァイザーを期待する。周知のように、不十分な点を正そうとすると候補生の怒りを買うだろう。これはよくスーパーヴァイザーの間で議論されることだが、「聞く耳をもたない」と、スーパーヴァイザーの意見や助言に取り合おうとしない候補生がいる。議論の的にはあまりならないが、類似の問題として逆の現象がある。すなわち、「聞く耳をもたない」スーパーヴァイザーは、称賛されるあまり候補生の現実に注意を払うことができなくなっているという問題である。鏡映転移は、こうした問題がいかにして生じるのかを説明する一助となる。

最後に双子転移（別人格転移）だが、この転移では、投影する側は相手が自分の生き写しになることを願う。まるで「われわれは皆同じ」であり権力の差異も管理機能も存在しないかのように振る舞う、そんなスーパーヴァイザーがいたと考えてみよう。そのようなスーパーヴァイザーは候補生を同僚、友人あるいは親友とみなすだろう。候補生もスーパーヴァイザーに対して同じように振る舞うだろう。人間として基本的にわれわれは皆同じである。それは真実だが、スーパーヴァイザーと候補生との関係にそのような信念を抱くのは幻想である。役割関係には不平等と差異があって当然なのである。それを無視することはお互いが相手に求められている現実に背くことになる。双子転移ではお互いをためらうことなく共有するために互いの境界が曖昧になる。その一方で、このことは候補生を脅かすことになる。結局のところ、候補生が求めているのはスーパーヴィジョン関係なのであって友情ではないのである。仮にスーパーヴァイザーが候補生との間に同僚や友人、親友といった関係を主張するのであれば、スーパーヴィジョン関係は歪められ、しばしば候補生に不利益を招くことにもなるだろう。

スーパーヴァイザーと候補生との間に存在する転移性投影が無意識裡に留まり続ける間は、親密性が問題となってくる。そのような投影による親密性は幻想である。投影する側は投影の受け手に愛情や怒り、欲望や畏怖を感じる。悲しいことに、現実に目の前の他者は未知である。イーライ・ハンバートが述べているように、投影する側は「自らの欲望を追い求めている」。このような投影が不変であれば現実に他者への共感は起こりようがない。他者は分離した唯一無二の存在というよりも投影する側の欲求の先に存在すると理解されるのである。

転移性投影が分析のなかで生じるときは、それは分析作業の焦点となる。分析家《アナリスト》の仕事は投影の情動的な意味を被分析者《アナライザント》が意識化できるように援助しワークスルーすることである。分析家《アナリスト》もまた、ひとりないしは同僚との協議を通して自分自身の逆転移をモニターしなければならない。では、スーパーヴィジョンのなかで生じる転移性投影とは何なのだろうか。スーパーヴィジョンは分析ではない。スーパーヴァイザーないしは候補生はお互いの投影を解釈してよいと同意したわけではない。ここで提案したいことがある。スーパーヴァイザーとスーパーヴァイジーは、それぞれの役割から逸脱して引き起こされる感情を、字義通りにも具体的にも、お互いの役割のなかでエナクトメントしない。[*2] 両者はこのことに同意すべきであり、個人分析家や同僚と転移性投影について議論することによって、それがもつ感情の意味を意識化しようとすべきなのである。

スーパーヴァイザーと候補生との間にどんな関係があればスーパーヴィジョンは可能なのだろうか。可能になるためには投影という無意識のエナクトメントを避ける必要がある。また、真の自己を隠すという不毛なことを避ける必要がある。この点で、ダグラス・イングラムの「分析治療における適切な親密性」と題した講演会は役に立った。[5] イングラムの講演は分析治療に焦点づけるものだったが、その多くはスーパーヴィジョン関係にも適用が可能である。イングラムは親密性を社会的な役割理論のなかで理解していた。すなわち役割は、社会的文脈における人間同士の目的志向的な構造だと述べるのである。役割は、他者の自己と自らのそれとの相互作用を仲介する。役割に限界と境界があるのと同様に、親密性にもまた役割システムのなかで定義づけられる限界と境界がある。役割による限界定義が正当に評価されてこそ親密性そのものも強化される。対人関係における親密性の特徴は役割関係が変化するに連れて変わるのである。

病理というのは、人生早期の関係における親密性の欠陥を克服しようとして現在の関係に負荷がかかるときに生まれる。一方ないしは双方が社会的役割を曖昧にしようとしたり限界を超えようとしたりすれば、親密性は失われるだろう。イングラムはこの役割の曖昧さを馴れ合いと表現する。たとえば治療において、投影する側が「限度をわきまえない」密着のなかで関係の溶解や融合を求めるとするならば、そこに性愛転移が展開することになるだろう。その投影がエナクトメントされるならば、治療者と患者という役割は曖昧になってしまう。こうした境界の曖昧さが治療者と患者という役割の親密性を失わせるのである。

共感は、親密性に価値を置く関係がなければ生じない。共感には相手の自己に関与する当人の自己も含まれる。そのような関与は、役割構造に敬意を抱くことが親密性を発展させる場においてのみ生まれ得るのである。

ふたりの「存在そのもの」の間に生まれる「真実の」関係、それが親密性の意であるが、それが発展するのはお互いが社会的役割という文脈のなかで信頼し合って関わるときである。たとえば、被分析者《アナライザント》は分析という器が完全なままであってはじめて、分析家《アナリスト》を真実の自己そのものとして体験することができるのである。

イングラムの観点からスーパーヴィジョン関係の問題を考えてみよう。馴れ合いという密着のあり方はスーパーヴァイザーと候補生に求められる社会的役割を弱体化させる。したがって、実際には親密性を破壊してしまう。他のあり方での密着が親密性を強化することもある。その場合はそこに関わるひとたちの間にたしかな自己の結びつきが生まれる。スーパーヴァイザーと候補性が長い時間をかけて信頼できる態度でそれぞれの役割を果たすときには、両者の間に親密性が発展する。この親密性は関係の表現として、関わるすべての自己の間に生まれるものである。

ユングは、グノーシス派のトマスによる福音書を好んで引用した。イエスは言われた。「もし、自分が何をしているかを知っているなら、あなたは幸いです。しかし、自分が何をしているのかを知っていないなら、あなたは呪われています[*3]」。権力、性的満足、心的密着、自尊心。これらはすべて人間の通常の欲求である。問題が生じるのは、スーパーヴァイザーないしは候補生がこれらの欲求を訓練やアセスメントそして訓練制度を妨害するやり方で満たそうとする場合である。

転移性投影のエナクトメントはスーパーヴァイザーと候補生の役割を曖昧にし、スーパーヴィジョンを妨げる。どのような転移性投影が生じているのかに意識的になれるかどうかによって、その投影をエナクトメントするか否かが左右されるのである。スーパーヴァイザーと候補生が互いに尊重し合いながらそれぞれの役割を果たすことで真実の関係が生まれる。こうした関係の力動を互いに探求していくことがスーパーヴィジョンという作業の本質なのである。

本稿は、一九九二年四月にニューメキシコ州サンタフェで開催されたユング派分析家地域間連携協会のカンファレンスにおけるパネル・ディスカッション「スーパーヴィジョンの力動について」において発表したものである。

第8章
スーパーヴィジョンのスタイル

ジュディス・ハバック

まず用語について簡単にコメントすることから始めたいと思う。個人的なことだが、候補生のスーパーヴァイザーを意味する「訓練分析家」という用語は、わたしは好きではない。分析家《アナリスト》とスーパーヴァイザーの区別が混乱するからである。ロンドン分析心理学協会では、「訓練分析家」ではなく、「スーパーヴァイザー」という表現を使う。ただ、「スーパーヴァイザー」という用語にも、さほどではないが問題はある。「スーパーヴァイザー」という用語から、訓練生の肩を見下ろす年長の分析家《アナリスト》の姿が迫害的な在りようで伝わるからである。だが、そうは言っても「スーパーヴァイザー」という呼称は、訓練などと言うよりはより多くの援助の特質を伝えているように思われる。

次に、臨床事例を提示する訓練生の能力を考慮する必要がある。訓練生による記述では患者との分析作業のなかで起こっていることを理解することがしばしば難しい。もちろん、他の訓練生以上に分析のプロセスや患者の象徴化能力の発達、そして転移と逆転移を明らかにし納得のいく説明をする訓練生もいる。スーパーヴァイザーへの転移は純粋な個人的関係がそうであるように、この作業の重要な側面でもある。転移関係を築くことが難しい訓練生もいる一方で、とてもうまくいく場合もある。したがって、スーパーヴァイザーと訓練生との間の転移・逆転移はつねに配慮すべき重要な要素になるのである。

スタイルの幅

スーパーヴィジョンのスタイルには許容的なものから教訓的なものまである。スーパーヴァイザーには個々それぞれのスタイルがあるが、こうした個性は候補生も同じである。また、個性に加えて文化差もスーパーヴィジョンのさまざまなスタイルに影響を与えている。

一方の極にあるスタイルに許容的スーパーヴィジョンがある。そこではスーパーヴァイザーのコメントはほとんどなく介入も少ない。このアプローチは天与の才に恵まれた訓練生には適しているかも知れないが、言いようのない不安を引き起こす可能性もある。もっと指導して欲しい、励まして欲しい、さらには他のアプローチはどうなのか助言が欲しいと不平を言う候補生がいる。そんなときでもスーパーヴァイザーのできることは、自分のペースを見つけるように、そして患者が進めることのできるペースを感じるようにと訓練生に助言をすることである。このようにして訓練生は、貴重な経験を提供できる経験豊富なスーパーヴァイザーの恩恵に浴することができる。けれども、それらが正解と認められているわけでもない。年長の同僚などは長年に亘る専門的な経験を後輩に提供したりもする。

さて、もう一方の極には教訓的スーパーヴィジョンがある。長い歴史をもつ協会では、スーパーヴァイザーは少なくとも有資格者として十年間の経験を積んだ分析家《アナリスト》である。スーパーヴィジョンの教育的側面は訓練生の学習を可能にするスタイルで行われる。スーパーヴァイザーにできることは、初期段階の役割を厭わない訓練生に、提供できるものがあると伝え、ほどよい謙虚さをもって指導することである。とくに、協働作業の初期の頃は謙虚さが必要である。というのは、スーパーヴァイザーは訓練生を十分に知っているわけでもないし、患者を知ることができるのは唯一訓練生の報告に限られているからである。また、スーパーヴァイザーと訓練生の双方が医師による患者のアセスメント報告の影響を受けている可能性もある。状況をさらに複雑にしているのは、アセスメント面接中の患者の転移がアクティヴであって、分析やスーパーヴィジョンのなかで瞬時にないしは徐々に現れる転移とは大きく異なっているということである。初期段階では、スーパーヴァイザーは次の四者の心理的要因を考慮しなければならない。すなわち、アセスメント担当者、訓練生、患者、そして自分自身である。

訓練生は自分の分析家《アナリスト》のスタイルや人格、こころを取り扱う技術モデルにほぼ間違いなく強い影響を受けている。このことを覚えておくのも必要である。ただ、明らかなのは、訓練生の分析は尊重されなければならないということである。分析とスーパーヴィジョンの境界は、スーパーヴァイザーによって注意深く保たれなければならないのである。

初期の頃は、患者への質問というテーマを巡って訓練生との間に摩擦が起こり得る。わたしの個人分析の技術では、分析家《アナリスト》が患者に質問する余地などほとんどない。質問は指示的であって治療的ではないと考えるからである。たとえば、何かを背負っているようだとか、それではちょっと難しいと思うとかいった、治療者が感じる事実をコメントするのはより分析的だと考えている。こうした治療的コメントは質問から生まれるものよりもはるかに治療的である。それらが患者の注意を引いて、否定されたり、防衛が生じたり、深刻な抵抗をもたらしたりするからである。このときの介入に見られるスタイルは、両者の相互作用に焦点づける。質問が内容に焦点づけるのとは対照的である。ただわたしは、うまくいかない介入をした理由を説明するために、訓練生に順を追って質問することも良質なスーパーヴィジョンであると考えている。スーパーヴァイザーの指摘は、患者の役に立つためにある。その指摘から、スーパーヴァイザーが他の治療的要素を見つけようとすることがある。このアプローチは、通常、同僚同士のディスカッションになっていく。また、スーパーヴィジョンのなかで、訓練生の学びになると思われる論文を提示することもある。ただ、訓練生がそれを受け入れて論文を読むことがわたしの個人分析の考えにかならずしも一致しているわけではない。

要約

スーパーヴィジョンにおけるスタイルというテーマについては、考えられるふたつのキーワードがある。〈権利付与〉と〈促進〉である。[*1] スーパーヴァイザーに必要なことは個性と分析アイデンティティで関わり続けるということである。

〈権利付与〉は、訓練生が分析家《アナリスト》になっていくために訓練生にある程度の権利を与えること、力づけること、個々の分析能力を向上させるよう手助けしていくことを言う。

〈促進〉とは、アート（テクネー）および分析の技術と方法の理解が向上するに伴って生じる不安を和らげることを通して、訓練生が徐々に作業しやすくなるよう援助することである。そうしたことの発展は、スーパーヴィジョンの設定や必要不可欠な体験さらにはその積み重ねの結果として漸進的にのみ進むのであって、けっして自動的に進むわけではない。

第９章　潜在的な分析家《アナリスト》の士気を維持すること

ジョン・ビービ

はじめに

　個人分析は分析家《アナリスト》と被分析者《アナライザント》との関係以外のどんな束縛でも汚されてはならない。同じく自明なことだが、スーパーヴィジョンは治療になってはならない。ただ、研究所内部では、実際に、被分析者《アナライザント》も分析家《アナリスト》として活動できるように継続的に訓練を受ける。このことは、被分析者《アナライザント》と分析家《アナリスト》の両者が同僚であるという現実を生む。また、厄介なことに、おそらくそれは分析における転移に反映される。この厄介な問題に対処するのは、しばしばコントロール分析家つまり候補生の分析作業を直接スーパーヴィジョンする分析家《アナリスト》ということになる。[*1] すると必然的に、コントロール分析家は候補生の個人分析について何かしら耳にするようになる。そうなると、しばしばコントロール分析家は「第二の分析家《アナリスト》」さながら、候補生とともに分析に対する避けがたい失望をワークスルーする立場になる。このことはスーパーヴィジョンの役割と関連する。というのは、失望する結果を産んだ作業の脈絡のなかで仕事を請け負う人物に、内心では誰しもいっそう幻滅するからである。これから、このような含みのある転移状況を整理しなければならない訓練分析家ないしはコントロール分析家の心理的役割を概説していく。

覚書

1

（1）分析研究所の候補生は、訓練期間を通して自己愛的に傷つきやすい状態にある。この傷つきは、実際には精神分析の訓練全体に対する自己愛転移である。このことは、特定の訓練機関とその構成員や候補生に当てはまる。

（2）コントロール分析家はこうして生じた転移の情動領域に入り込むことになる。候補生はコントロール分析家を転移を請け負える存在だと感じる。たとえば、転移を引き受けそれを個性的に候補生の基本的な分析に役立て伸ばすことのできる存在だと感じる。コフートの用語を使えば、コントロール分析家は候補生にとってひとつの自己対象であり、候補生が分析的自己を形成するプロセスを通して、鏡映され、理想化され、もうひとりの自我として機能するのである。

2

（1）このような状況の〈テロス〉[*2]、すなわちユング派分析家が転移を含む無意識の兆候に見出そうとする究極の目的は、研究所がコントロール分析家という存在を通して分析作業を解明する機会を得ることである。

（2）訓練中の分析家《アナリスト》の多くは分析に対する信頼を失っている。少なくとも分析プロセスに対する信頼は危険に晒されている。こうした士気喪失の根底には、心理療法作業のための真の分析的容器を創りそれを用いるスキルが自らに欠如しているという認識が芽生えている。けれども、その認識によってしばしば強調されるのは、たんに訓練のために分析の患者になるだけではなく、分析を受けることは分析家《アナリスト》を志すときに予期される宿命とも言える体験である。そのような体験は、まったくもって耐えがたいほどの傷つきである。それは、ひとつないしはそれ以上の分析の経過のなかで生じる。その傷つきは、多くの場合、この領域の開拓者が最初に考案した外傷分析のモデルとなっている。そのモデルとは、シャーマンのイニシエーションのように、見当識を失った病いから癒しへと導かれる、というものである。つまり、その傷つきは、訓練生や候補生の分析がコントロール段階に入り分析家《アナリスト》になるための直接指導を受けるときに特徴的に体験されるきわめて重篤な混乱なのである。

(3) この時点で、訓練中の分析家《アナリスト》が士気の回復を体験するのは、分析過程がその傷つきのワークスルーに役立ち、それが純粋な〈分析の理想化〉や分析という職業に従事する際の自己肯定感に必要不可欠な体験となることを、コントロール分析家が訓練生や候補生（訓練中の分析家《アナリスト》）に実証できるときである。

(4) 士気の回復が体験されるのは、コントロール分析家によって候補生の分析的自己の根底で途方に暮れる欲求が充たされ、コントロール分析家が候補生の支持的な自己対象となったときだけである。候補生の自己対象となることの意味にコントロール分析家が理解を示すならば、候補生はコントロール分析家が伝えねばならない客観的知識に喜んで耳を傾けるであろう。

(5) コントロール分析家に体現してきた未熟な分析アイデンティティに訓練生や候補生が直面するとき、まさに適切な訓練が始まる。アイデンティティが未熟だと認識することは難しくはない。通常それが明らかになるのは、主要な分析的スキルが欠如しているところがあるからである。ここで本質的に重要になるのは、この欠如をコントロール分析家が指摘する際の客観性と誠実さである。たとえば、患者の抱え込みへの欲求に訓練生や候補生の注意が欠如していることがよくある。その欠如はしばしば、いつの時点で、あるいはどのように解釈するのか、その一方ないしは両方に技術的に限界があるために可視化される。そうした解釈の重要性が適切に理解されないと、分析自体が備えるべき具体的で介入的な「治療」スタイルの象徴的・持続的な態度への移行という能力が欠如するようになるのである。

3

(1) ウィニコット流に言うと、訓練中の分析家《アナリスト》の前向きな姿勢を実際に代謝させるということになるが、コントロール分析家が的を射たフィードバックを通して提供すべきなのは、訓練中の分析家《アナリスト》自身の自己体験がどの程度意味あるものとして受け容れ解釈されたのかを感じ取る機能なのである。分析という純朴な期待がひどく失望させられた後であってもなお、その苦痛が代謝される体験はたぐいまれなるものである。そしてその体験が、訓練中の分析家《アナリスト》が、分析プロセスを永久に有効な癒しの現実として信じるようになる在りようなのである。

(2) そうなると、この時点で候補生は、かつての分析アイデンティティの士気喪失に与った失敗と同様に、個人分析とスーパーヴィジョンにおける過去の失望についても直接的に話すことができるようになる。あるいは、分析モデルへの抵抗はたしかな仕方で現れてくるようになる。それによって明らかに、そのモデルは後に続く作業の素材になる。たとえこれらの抵抗が強力であったとしても、コントロール分析家が候補生の信頼を得ているのであれば、スーパーヴィジョンのなかでそれらをワークスルーすることは比較的容易である。むしろ、そのような抵抗が顕れてくることは、そうした素材を分析的に作業するコントロール分析家の能力を試すものとして認識すべきである。それを道徳的ないしは教義的な糾弾で退けるべきではない。

(3) 分析家《アナリスト》養成のプロセスで生じる抵抗がワークスルーされるにつれ、候補生とコントロール分析家双方に明らかになるのは、候補生の苦悩を分析的な仕方で溶解するコントロール分析家の力量、分析領域で分析家《アナリスト》としての訓練途上にある候補生が生き残っていくことを信じ続けるコントロール分析家の力量であり、それが訓練に中心的に反映されるのである。

コメント

本章での概説の視点のその背景には、分析家《アナリスト》になるための訓練プロセスを理解することは難しいという認識がある。ここで問うてみたいのは、訓練中の分析家《アナリスト》の苦悩という激しい情動体験はいったい何を目的としているのかということである。個人分析におけるそうした悪しき体験は、分析が機能し得る状況にある訓練中の分析家《アナリスト》ならばその体験をコントロール分析家に直接説明するひとつの機会になるなどと主張することで足りる問題ではないのである。コントロール分析家ですら訓練生や候補生を見捨てる可能性がある。それにもかかわらず、分析家《アナリスト》になるプロセスを首尾よく進むことのできる訓練生や候補生がいることもたしかである。分析訓練が進んでいくためには、本章で述べたこのような苦痛がさらに少し伴うのである。

同性ないしは異性の個人分析家との間で訓練中の分析家《アナリスト》が傷つく体験は不幸なできごとなどではない。わたしは確信するが、それは必然的に生じる心的外傷(トラウマ)である。そのような傷つきは分析家《アナリスト》になる途上にはつきものである。なぜならそれは、分析的プロセスに関連して生じる、ほぼ永続的な傷つきやすさの感覚へと訓練生がイニシエーション体験することを目的としているからである。どんな患者も自身の傷つきやすさを引き受けるようにならなければならない。そして、分析家《アナリスト》の傷つきやすさはそれよりもいっそう深いものでなければならない。患者はすべて分析的プロセスに苦悩している。そのことを分析家《アナリスト》がいち早く自覚するのはよいことである。そうは言っても、分析家《アナリスト》の傷つきやすさは、医師であれば傷つきと癒しの神秘という体験を通してかならず抱く謙虚さをもはるかに凌ぐ。それは疑いない。分析家《アナリスト》だからこそ、無意識に直面したときにたしかな手応えをもって寄る辺なさを体験することができるのである。それは、患者と医師のイニシエーションを凌駕するのである。

ただ無意識によって体験された寄る辺なさの時間だけが、無意識それ自体が解決する在りように開かれる。それこそが分析家《アナリスト》の仕事なのである。そうした根源的に開かれた在りようは、けっして穏やかな衝撃の積み重ねによってもたらされるものではない。むしろそれは、ほとんどつねにジェームス・ヒルマンが「裏切り」と呼んだ、突発的にもたらされる予期せぬ傷つきの作用なのである。秀逸なエッセイ[1]のなかでヒルマンはそれを「アニマの発達」と指摘しているが、それはわたしが「無意識への開かれ」と呼ぶ根源的な感受性の発達と同義である。それは「裏切り」という現実に対する肯定的な結果としてのみ生じるのではない。無意識を信頼するようになればなるほど、訓練中の分析家《アナリスト》のある面を軽視するシニシズムが発達するのである。コントロール分析家の仕事は、無意識に開かれた在りようが訓練中の分析家《アナリスト》の衝撃の結果であると理解することである。それはシニシズムではない。分析そのものによって傷つけられた結果、開かれた在りようなのである。だがしかし、傷ついて抱えられずにいる無意識の素材は、前提条件として、後々それを代謝させる方途を知るための動機づけとなる。これは分析的訓練の不文律である。そのなかでコントロール分析家は作業しなければならない。分析アイデンティティは初学段階の訓練中の分析家《アナリスト》にとっては強固なものだが、間違いでなければ、それは悪しき分析体験に対する心的外傷後反応に端を発している。これはフロイトがフリースから学んだことであり、ユングがフロイトから学んだことである。そしてわれわれすべてが、自分自身の傷ついた癒し手から一貫して学び続けていることなのである。

次世代の分析家《アナリスト》に耐えるよう求められている傷つきとはいったいどのようなものであろう。分析はひとつの癒しであり、癒しの元型について知れば知るほど、さまざまなトリックスター元型の関わりが明らかになってくる。分析に錬金術のアナロジーを取り入れるユング派は、錬金術の作業を統括する狡猾な神メルクリウスの像からこのことを理解する。情動体験をすることでこの元型イメージの理解を豊かにしようとするひとたちにとっては、自身の訓練体験にこころを傾けることが必要となる。こうした体験こそが明らかにするのは、癒しのアイデンティティを身に着ける一般原則がダブルバインドに委ねられているということである。しかも、ダブルバインドはトリックスター元型の顕著な特徴なのである。[2]

訓練中の分析家《アナリスト》の個人分析に見られるダブルバインドを詳しく検討していこう。コミュニケーションの専門家によると[3]、ダブルバインドとは、ふたりないしはそれ以上のひとを巻き込んで繰り返される次の三段階の体験である。①最初の否定的な命令。②最初とは矛盾する第二の命令。より抽象的な水準で最初と同様に生存を脅かす罰や合図によって強要される命令。③その矛盾する事態から逃げ出すことを禁止する第三の命令。世界がダブルバインドのパターンに満ちていると理解するようになると、もはやこれらの手順はまったく必要なくなるという現実が生まれ、そうなると、ダブルバインドの手順がどうであれ恐怖や怒りは否応なく沈殿していく。もしわたしが訓練中の分析家《アナリスト》であって、個人分析のなかでこころに責任を負うことを学んでおり、将来分析家《アナリスト》になることを知っているならば、そこには次の三つの段階があるだろう。①第一の否定的な命令。こころはいずれ癒しの道具になるのだから、こころにはどんな傷もつけてはならない。②最初とは矛盾するより抽象的なレベルでの第二の命令。分析家《アナリスト》の失敗を自分のせいにしてはならない。まさにこれらの傷つきは引き起こされる転移神経症を通して自己発見するプロセスだからであり、自分の被分析者《アナライザント》がわたしに惹起させるコンプレックスをわたしが知るあり方だからである。加えて、被分析者《アナライザント》は逆転移に耐えねばならないからである。③この相反する情動的な「事態」から逃げ出すことを許さない強固な命令。すなわち、分析家《アナリスト》になるという目標を覆すことなくして分析を止めることはできない。この拘束は言うまでもなく、わたしと分析家《アナリスト》の二者関係のなかで作用している。その間ずっと、わたしはこの拘束を体験することになる。もし、訓練中に自己愛的な傷つきやすさが誘発されたとする。そこでいったん拘束のパターンが理解されるようになれば、訓練生や候補生が、この引き続く状況の「犠牲」となって恐怖や怒りを惹起させる事態を体験することはなくなるであろう。

　コントロール分析家は、拘束のもっとも破壊的側面から訓練生や候補生を解放するといった仕方で、このダブルバインドという事態を逆転させる機会を創ることができる。すなわち、次の三段階の手順を主張できる立場にある。①訓練中の分析家《アナリスト》のこころが傷つけられる可能性があること。②分析体験はその傷つきから分析家《アナリスト》に生まれるコンプレックスに分析家《アナリスト》自身が気づくことによって、たんなる傷つき以上に癒しの一部になり得ること。③悪しき分析体験は確実に捨て去られ弔われること。コントロール分析家は分析による傷つきが代謝される可能性を示すことができる。しかし、どんな真の癒しも、訓練生や候補生を訓練によって途方もない状況に置くという悲劇的な現実認識を伴わなければならない。おそらくコントロール分析家が果たし得るもっとも重要な役割は、途方もない訓練によって傷ついた仲間を温かく迎え入れること、分析家《アナリスト》になるためには他の道はないことをいつの日か仲間が理解するだろうと認識していることであろう。

第Ⅲ部　ケースコロキアム

第10章 ケースセミナー・スーパーヴィジョンの陶酔と苦悩

ドナルド・カルシェッド

経験から学んだこと

ケースセミナー・スーパーヴィジョンは、およそ二十五年に及ぶ専門家としてのわたしの定期的な活動の一部であった。その三分の一はスーパーヴァイジーとして、残りの三分の二はスーパーヴァイザーとしての活動である。一九六八年、外来患者との心理療法の経験は皆無だが治療的熱意だけは強く抱いて、マンハッタンの小さな個人開業クリニックではじめて患者と出会った。その患者のことはいまも覚えている。数年前にわたしを分析の世界に導いた自身の心理的困難にとてもよく似た困難を抱える同い年の若い女性だった。この女性との心理療法の作業もさることながら、わたしはこの患者との臨床素材をケースセミナー・スーパーヴィジョンで発表することに不安を感じていたことを思い出す。事例のなかで実際に起こったことを参加者たちとことばでやりとりする上で、この患者とわたしの体験を的確に描写することがどれほど難しいことなのかが鮮やかに思い起こされる。そしてこの状況でわたしがいかに傷ついたか、患者との臨床素材をセミナーの参加者に時期尚早に解釈されたことでその複雑かつ陰影ある人生が乱暴に抽象化され矮小化されたことにどれほど苛立ったのかが思い起こされる。同時に、他の誰かの発表のときにこうした解釈を提示することがどんなに楽しかったかということも、また思い出されるのである。そのような体験からわたしが学んだのは、臨床的状況においては〈あまりに早急に意味を求めることは意味がおのずと顕現することへの防衛として働くということである〉。夢やファンタジー素材が提示されたときに生じる解釈合戦の「にわかな過熱」は、つねにわたしをはっとさせる。われわれは皆、いったい他者の無意識素材に対してどれほど賢明なのであろうか。忘れられないのは、セミナーグループに承認されないことやリーダーの否定的な判断、無知であることや間違いを犯すことへのさまざまな不安、そしてこれはわたしの考えだが、そうしたことによって患者が被る傷つきへの恐怖である。

幸運なことに、はじめてのグループ体験のリーダーは、臨床家とグループリーダー双方の役割に熟達した技能をもっていた。おかげで、不安だったし不安定ではあったけれども、はじめての患者およびそれ以降の患者のグループ・スーパーヴィジョンは豊かな学びの経験になった。振り返ってみてわかるのは、わたしが明確にしようとするこの学びには、以下に述べるようにいくつかの重要な要素があったということである。

まず、セミナー参加者個々がセミナーでいかにそれぞれの患者との作業を定式化するのか、それが目の当たりになることである。それは、作業が記述されて特定の参加者に意味の枠組みを提供する語法を学ぶことにつながる。そこには、個々の「理論」は系統立っていないけれども治療者の「個人差」が表われている。治療者というレンズを通して混沌とした情報が焦点を結び把握され、それを定式化する仕方である。初期の頃の同僚たちの理論は他の理論に比べ患者の経験を網羅していた。少なくともわたしにはそのように思われた。これは客観的な事実でない。だが、問題解決の手立てとして理論の新たな理解を導くものである。かつてかくも賢明にこう語ったひとがいた。理論は買うものではなく借りるものだ。

第二に、行き詰まった同僚たちの事例を目の当たりにして、そこでの同僚たちの奮闘をたしかに知って学んだ「転移」についてである。わたし自身が行き詰まりの事例発表で語られたことではない。自分自身の盲点に目を向けることは通常できない。しかし、同僚たちの盲点を見てその奮闘に「同一化すること」はできる。このことから学んだのは、〈学びの場において、他の誰かを観察することによって自分の面目を保つ〉方法である。セミナーが安全に機能するにつれ、また参加者全員がグループのあらゆる状況を共にしていることを知るにつれ、わたしはある程度、自身の幻滅を表明するという危険を犯すことができるようになった。このことは他ならぬ逆転移の作業だった。けれども、このようなことが起こるためにはリーダーによってつねに「安全な」環境が創り出されていなければならない。訓練状況においていつもそうだというわけではないのである。

最後に学んだのは「スーパーヴィジョン」についてである。事例のなかで作業できたこととできなかったことは何かと言い換えてもいい。それはすなわち、発表する治療者がセミナーの場で「聴けたこと」対「耳を傾けるだけだったこと」である。ケースセミナーはこの点で独特である。〈われわれの訓練では、ケースセミナーは候補生の作業に候補生がコメントを求められる唯一の場である〉。その場が展開する在りよう、そのグループの雰囲気、そして同僚がコメントを受け入れたり拒否したりする在りようは、スーパーヴィジョンの方法を学ぶ一助となる。たしかに候補生は自身の個人スーパーヴァイザーを注視し内在化することでスーパーヴィジョンを「学ぶ」。しかし、実際に同僚たちの作業という努力にコミットしその成果のフィードバックを得ることができるのはケースセミナー・スーパーヴィジョンだけなのである。たとえば、とてもやりがいを感じるのは、ケースセミナーの参加者がセミナーに誠実に関わり患者と作業を共にする同僚の理解が深まったと感じるときである。

そういうわけで、ケースセミナーはわたしにとってはつねに心理療法のアート（テクネー）と科学を学ぶためのお気に入りの場所なのである。こうした初期の頃の経験を経て、この学びの形態へのコミットメントは拡大し続けて、いまやそれは心理療法を「教える」お気に入りの方法にもなった。わたしのすべての臨床実践、指導、管理業務のなかでも、ケースセミナーはいまもなお毎週の実践活動のなかでとてもお気に入りの仕事である。けれども、このように学びの場として自讃する一方で、同時にケースセミナー・スーパーヴィジョンはわれわれの訓練のなかでもっとも危険なものであり、潜在的には破壊的に働く可能性のある学びの環境だということもまた強調しておきたい。こうした危険性のいくつかは後述するわたしの見解の焦点となるだろう。

ケースセミナーにとっての最適な心理的雰囲気

ケースセミナーのいくつかの否定的部分を概括的に述べる前に、この学び固有の形態が陶酔なのか苦悩なのかは、セミナーが「グループとして」機能しているかどうかにかかっていることを指摘しておきたい。どんなグループにも言えることだが、ケースセミナーは課題と維持機能の双方を含みもっている。それにもかかわらず、ケースセミナーは主として〈作業グループ〉であって〈プロセスグループ〉ではない。事態が行き詰まり課題遂行に妨げをきたすとき、またしばしば「パラレルプロセス」[*1]の問題が考えられるときには、グループは独自のプロセスつまり参加者の内的プロセスを反映することになる。このようなことは十分に起こり得るし、リーダーは感受性豊かにこうしたことに対処しなければならない。けれどもわたしは、スーパーヴィジョンの小グループがグループセラピーや告白ないしは個人分析の代わりになると信じているわけではない。

ケースセミナーの第一の課題は明らかである。それはすなわち事例の患者に何が起こっているのかを理解することである。この課題と関連する第二の課題は患者と治療者との間に何が起こっているのかをできる限り理解することである。表現してみれば単純に見えるこの課題が非常に難しいのは、事例の患者にとっては自分自身が不可思議であり、発表する治療者にとってもまた同じことが言えるからである。さらに問題を複雑にしているのは、発表している治療者もまた多かれ少なかれ〈自分自身〉のことが不可思議だということである。これらのふたつの不可思議なことが「関係」という移行空間において出会うとき、われわれは探究されるべき第三の「未知なるもの」を手にする。「不可思議さ」は絡まり合い、ケースセミナーにおける多くの言述は〈ファンタジー〉としての意味をもつようになる。スーパーヴィジョンにおいてこの事実はあまりにしばしば忘れられている。われわれが自分自身を「深層心理学者」と呼び無意識の存在を信じているにもかかわらず、である。無意識の重要性を確信することはわれわれの訓練方法に示唆をもたらす。すなわち、深層心理学の学習過程には、訓練生の無意識が働く余地が残されていることが望ましいのである。このことは、判断や評価から比較的自由な雰囲気のあることを意味しており、それはちょうど発達過程にある子どもが心理的に成長するために〈ほどよい〉母親を必要とするというウィニコットの考えを援用すると、〈ほどよく安全な〉雰囲気と言うことができる。自明のことだが、訓練のなかで無意識が働く「余地」が提供されなければ、いずれにしてもスプリッティングやアクティングアウトといったかたちで無意識が顕現してくるであろう。

ほどよく安全な雰囲気を育むために、わたしはケースセミナーにおける探究の精神を奨励する。では何を探究するのか。それは患者と治療者の無意識的コミュニケーションである。この水準の無意識に畏敬の念を抱くことは、患者の素材や発表する治療者の介入に解釈の正誤がないことを意味する。もちろん目に余る医療過誤の事例のような場合は例外である。患者は既知の意味あることばだけではなく、ジェスチャー、アクティングアウト、夢、転移、そしていわゆる「誘発された」逆転移などの未知の意味あるコード化されたことばによっても治療者とコミュニケーションを行うことになる。

ケースセミナーのリーダーは、予感や直観、遊びや仮説に開かれた雰囲気を醸し出さなければならない。これがうまくなされるならば、〈スーパーヴァイザーを含めてグループの参加者の誰よりも〉グループは〈患者の無意識的コミュニケーションを理解するより良いチャンスを得るだろう〉。どんな一参加者よりもグループの参加者が多くを感じコミットする。そのことが患者および発表する治療者にはバラバラに見える素材を系統立て定式化するのである。さらに言えば、このようにグループが機能することによって、〈グループの参加者は政治的ではなく心理的な文化を体験することになる〉。パワーダイナミクスは最小限になり生きた体験としてこころの民主化が実現される。グループで議論される事例の患者／治療者という一対の姿が浮かび上がり、多くの声が寄せられ集められ、そして高められ深く奥行きのある姿となっていく。それは部分の総和というよりもより大きな全体性の実現であり、ユングがセルフの概念で意味しようとした鮮烈な経験となるのである。このようなグループには、最終的に、ほぼつねに意見の一致があり、患者の素材が網目のようにつながることになる。これは患者の無意識的コミュニケーションの不可解さを解決するものではない。というよりも、むしろそこにより深い意味と特徴とを与えるものである。このようなグループの訓練経験は真に発見的である。訓練候補生は自分自身の作業と無意識の不可思議さにいっそう開かれていくのである。

ケースセミナーのダークサイド――機能不全グループ

さて、ケースセミナーの苦悩である。われわれは皆、グループは無意識のプロセスの温床であることを知っている。そこには、同胞間の競争、羨望、スケープゴート、三角関係から成る共謀同盟、共依存関係な

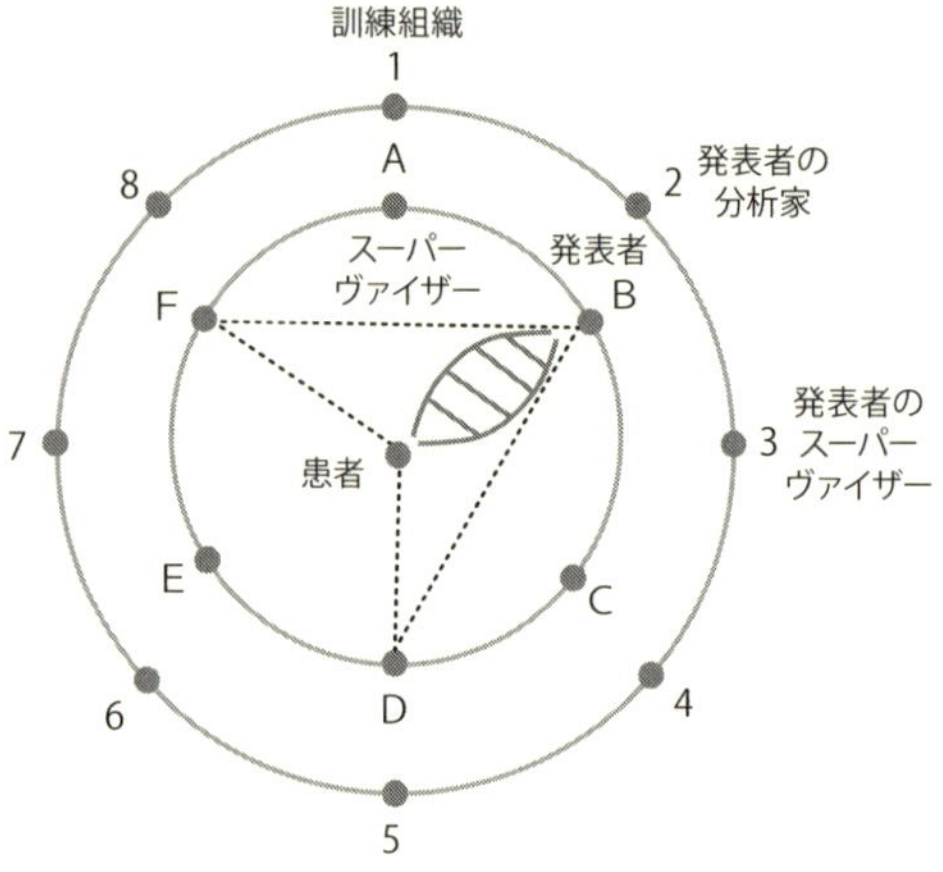

図１　ケースセミナー・スーパーヴィジョンの力動関係

どの機能不全に陥った家族力動は言うまでもなく、投影、スプリッティング、アクティングアウトが含まれている。ビオンは、すべてのグループは実際にはふたつに分けられると示唆してきた。ひとつは作業グループ、そしてもうひとつはBaグループと呼ばれる基本仮定グループで、これは原初的な無意識のファンタジーの力動、高不安、そしてパラノイド／スキゾイド態勢でのスプリッティングという防衛を特徴としている。グループについてのユングの懸念はこの後者の局面に向けられたものである。ユングは、自我意識の識閾《しきいき》はいかなる集合的（グループの）状況においても必然的に狭まると考えた。つまり個人の価値は低下し「群衆」の原初的心性が顕現する舞台が設えられるのである。われわれがこうした「必然的」な結論に同意するかどうかにかかわらず（わたしは同意しない）、候補生の退行的行動に与る訓練プログラムにはなお多くの要因がある。そしてケースセミナーはしばしば「コンプレックス」が姿を現す場である。[1] これから、訓練の力動関係とそこに付随して生じるグループ・コンプレックスを図で説明したい。

図1は一九八八年、英国心理療法家協会のユング派訓練委員会が組織したスーパーヴィジョンの公開カンファレンスにおいて、ジーン・カーによって提示された臨床スーパーヴィジョンのモデルを応用したものである。カーの論考は本書の第18章に再録されている。[2]

図1の内側の円はセミナーそれ自体を表わし、A〜Fはセミナーの参加者を表わしている。このなかに

スーパーヴァイザーもしくはグループリーダー（A）とその週の「発表者」（B）が含まれる。各候補生に週一度の発表機会があるように五回で輪が一回転するように表現されている。五名の候補生とひとりのスーパーヴァイザーでひとつのグループが構成されているのである。患者は想像上ではあるがそこにいるものとして図示されており、患者とセミナー参加者との間に生じていることを理解するというグループの主要な関心を強調するため円の中央に置かれていることに注目して欲しい。わたしはつねにそれぞれの治療者に少なくとも三、四回は同じ患者の事例を発表するよう求める。このようにすれば、参加者たちは一年間の作業過程を通してより深いレベルで特定の一組の患者／治療者を理解するようになり、いかにして参加者と事例の患者がスーパーヴァイザーの助言を取り入れるのかを知る機会を得ることができる。

この図で言うと、発表者である治療者と患者との間の楕円形の「領域」は、事例の発表中にグループが良好に機能していれば関係の基軸となり、参加者の注意は振り子のように揺れ動くことになる。どの参加者も通常この領域に焦点づけるときは、患者の素材と発表者である治療者の体験との間を、逆転移反応を含みながら行きつ戻りつ揺れ動く。この様相は参加者ＦとＤを点とする三角形で示されている。

外側の円（1〜8）は訓練協会を構成する個人分析家を表わす。ケースセミナーはこのなかで機能する。そこでは専門的分析「文化」、いわばスモール・スーパーヴァイザー・グループという「家族」が生きている。ここには発表者である治療者の個人分析、評価、そして振り返りに関わるすべての分析家《アナリスト》とスーパーヴァイザーが含まれている。これらのひとたち（1〜8）もまたセミナーに「出席している」ものとして表わされており、間接的ではあるけれども、グループ交流の背景にあって確実な在りようで影響を及ぼしているのである。このパワフルなグループのなかでもひときわ強い影響があるのは、発表者の分析家《アナリスト》（図1の2）と発表者のプライベートあるいはコントロール・スーパーヴァイザー（図1の3）である。

ここにはしばしばグループ・コンプレックスのコンステレーションが生まれる。図式的には、これらのコンプレックスは外側の円から侵入し、患者を理解するというグループの主要な作業を妨げ混乱させる競合的な三角形として表わされる（図2および図3）。これらの三角形は数多くあり、つねに表面下に潜在する。ただ、それらはかならずしも破壊的とは限らない。ここで、それらがきわめて破壊的になった二、三の例を挙げよう。

競合的三角関係1

図2は、発表する治療者（図2のB）が訓練組織（図2の1）ともめており発表立候補が問題になっている状況を表わしている。ここで、このケースセミナーのリーダーも評価委員会が候補生に下す評価が公正な判断かどうか確証のもてない状況にあると仮定しよう。そうすると、図2にあるように訓練組織（外側の円の1）、発表する治療者（B）、スーパーヴァイザー（A）の間に競合的な三角形ができる。

スーパーヴァイジー（発表者B）にとってこの舞台は、グループの参加者ではなくスーパーヴァイザーに向けて事例を発表するという共謀同盟の成立を期待させるものとなる。この事態はスーパーヴァイザーをストレス下に置く。この状況下でスーパーヴァイザーが訓練組織との葛藤を抱えていたとすればその葛藤はさらに強くなる。その結果、発表事例をオープンに聴くことや発表者と患者との間の楕円形の領域に注意を焦点づけることができなくなる。セミナーの他の参加者もまた意識的・無意識的にこうした力動に気づくようになる。参加者はグループの「元締め」の機嫌を取ろうと胡麻をする同胞を不快に思うか羨んだりする。でなければ参加者には葛藤が生じないことになり、そうなると注意は患者と治療者の軸から離れ発表者とスーパーヴァイザーとの間の激しいエディプス葛藤に向けられる（三角形FAB）。この状況になると、患者は表向きグループ作業の中心でありながら、偶発した競合三角形の一端を担ってしまう。機能不全グループは

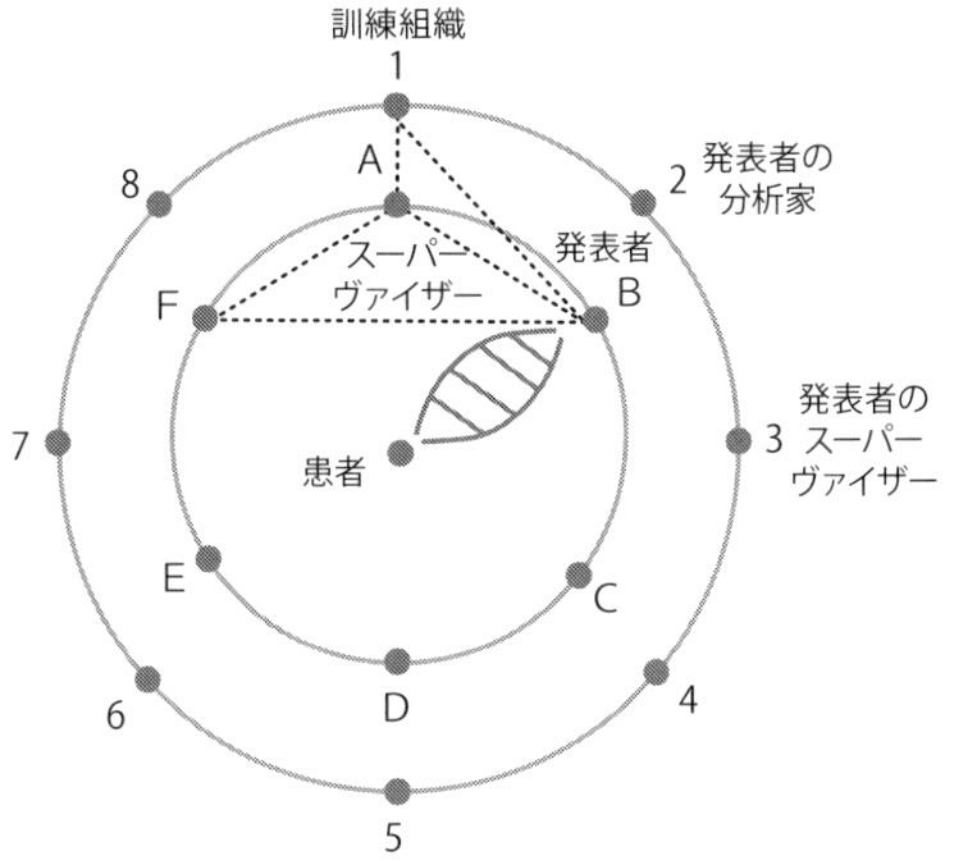

図２　競合的三角関係１

このような三角関係を産み出す場となる。

この点に関連してわたしが遭遇した最悪の状況に次のようなことがある。ある訓練協会において、何人かの上級候補生が落第の評価を受け「除籍」になったのだが、その事実が協会内に妄想分裂的な力動に溢れた状況をもたらしたのである。境界例水準の人格傾向のある候補生がその事例の当事者である。この候補生は、そんなことがなければ上級セミナーへの資格要件を、「安定した状態で」、一般的に見て「有能な」訓練生たちともに満たそうとしていたであろう。その状況はまるで孤児を養子にして家族にしたようなものだった。訓練プログラムの過程で生まれた妄想的な雰囲気のために誰もそのことを話題にできなかったのである。グループの行動はスプリッティングと投影同一化に特徴づけられていた。さて、その訓練生が事例を発表したとき、候補生たちは「知っているという合図の目配せ」を交わした。候補生たちはそれぞれの分析家《アナリスト》に、白鳥の巣のなかの醜いアヒルの子について語り、社会的に拒絶されたこの候補生との共謀を図った。学期末、当該の候補生は相対的にはプラス評価であるにもかかわらず訓練プログラムを去るよう求められた。このセミナーは完全に機能不全だった。内的グループは作業グループとして自由に機能しなかったのである。

もちろんこの個別状況についてはさらに多くのことが言えるであろう。これは、数人の権威者による恣意的評価が正否の鍵を握る訓練プログラムに生じる「有害な」力動の極端な場合である。こうした経験を経て結論づけられたのは、訓練組織は理性的で信頼厚い候補生のみを受け入れ、候補生の成長と発展のために

「ほどよい」環境を提供すべきだということである。訓練から評価をなくすことはできない。しかし、入念な選考を通してその破壊的なインパクトを最小限にすることはできるのである。

競合的三角関係2

ふたつ目の競合的三角関係を提示したい。それはケースセミナーという作業と潜在的な対立関係にある個人分析家あるいは個人スーパーヴァイザーの役割である。発表者が事例を報告したところ、セミナーのコンセンサスとして、スーパーヴァイジー（発表者）は患者の被害感に過度に同一化して十分な直面化ができていないという状況を考えてみよう。その理由は不明である。こうした印象は、グループの参加者個々からサポーティブな仕方でさまざまに発表者に伝えられる。発表者である治療者は、そのフィードバックに誠実に耳を傾け感謝の意を表明する。しかしその翌週、候補生（発表者）は、患者と自分が正しい方向にあると支持する個人分析家や個人スーパーヴァイザー双方からグループ批判の報告を手にして戻ってくる。ここで図3の内側の円の参加者としての発表者である治療者と外側の円の2と3との間に図3にあるような三角形ができ上がる（図3参照）。

このようなときは、発表した当の治療者は、グループの見解の妥当性を否定しようとグループ外と共謀同盟を作ったとみなされ、グループ参加者の間に大きな苛立ちを招くことになる。仮に分析家《アナリスト》とスーパーヴァイザーがセミナーのコンセンサスに対して示した表向きの不一致がセミナーのスーパーヴァイザーとしてのわたしに向けられるならば、わたしもまた三角関係のなかに入るだろう（A-2-3）。そして、発表した治療者に対する怒り、この機能不全状況をリーダーに対処してもらう必要性を感じるセミナーの他の参加者、

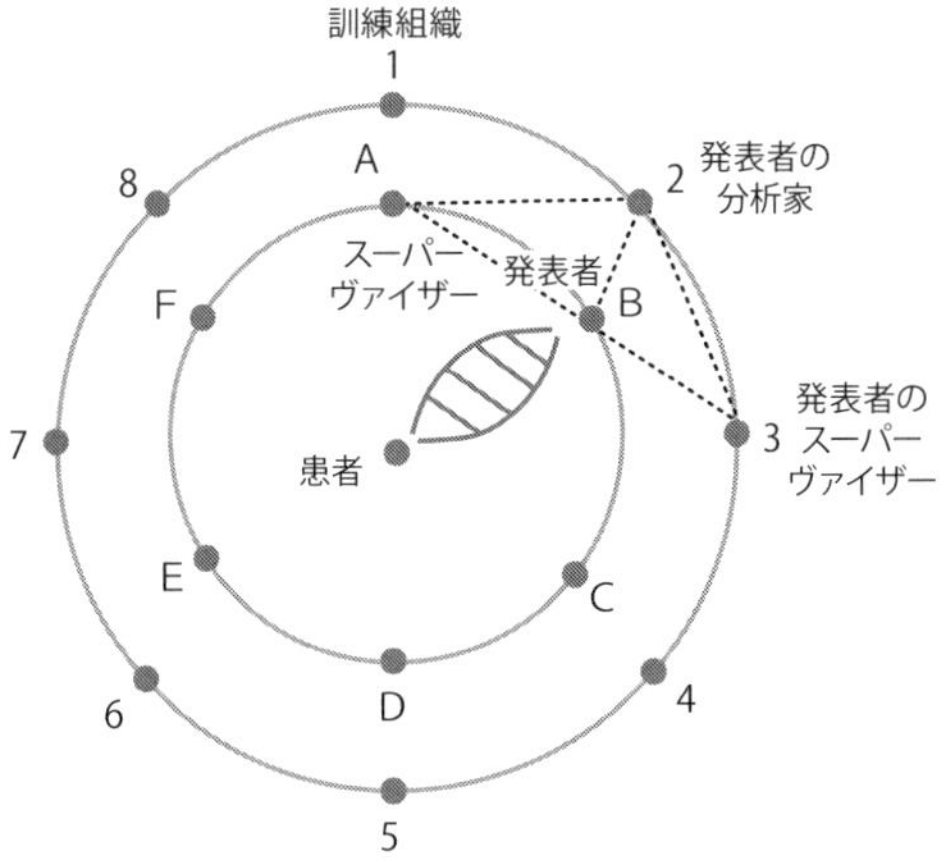

図３　競合的三角関係２

そしてわたしとの間に三角関係が生まれることになる（A－B－EとA－B－Cなど）。こうした状況下でのスーパーヴァイザーとしてのわたしの仕事は、グループの苛立ちを処理し、同時に発表者である候補生に、前回のセミナーにおけるグループのコンセンサスに対し発表者が抱いた不安の源を明らかにするようサポートすることである。このことは、この機能不全の種が蒔かれた先週のグループプロセスを再検討することにつながる。結果的にグループの参加者は、先週どのようにして感情的に対立し、実際にどんなふうに批判的になったのかを理解し受け入れることができた。それは、アクティングアウト傾向のある訓練生がグループ・スーパーヴィジョンのなかで同僚たちに向けて発表するときにどれほど傷つきやすさを感じるのかを、訓練生が理解し受け入れるひとつの領域を開くことにもなった。一度不安の源を検討することができたことでアクティングアウト行動が認識され、グループの注意は目の前の課題にふたたび焦点づけられたのである。

スーパーヴァイザーのインフレーションの危険性

ケースセミナーの有効性を破壊する要因のなかで、最後に述べておきたいこととして、スーパーヴィジョンそれ自体のシャドウの側面を表わしているると思われるものがある。ニューヨークのホワイト研究所のエド・レブンソンはそれをスーパーヴィジョンにおける無謬性への誘惑として考察している[3]。これはグループ・スーパーヴィジョンに特有の破壊的力動と理解することができる。レブンソンが気づいたのは分析家《アナリスト》としてのほとんどすべての時間を霧の只中で過ごしていたということである。つまり、患者の素材を理解しようとして混乱の渦に巻き込まれ、迷い、途方に暮れていたのである。これとは対照的に、自分がスーパーヴィジョンをしていない訓練候補生が事例に伴う臨床的問題をもち込むときはいつも、誤りを明らかにするのにたった二十分しかかからなかった。なぜこのようなことが起こるのか。レブンソンに言わせればスーパーヴィジョンが心理療法とは完全に異なる抽象概念レベルで行われているからである。たしかに、スーパーヴィジョンでは、一般的なカテゴリーを付された患者について議論し、実際にひとりの特定の患者個人について議論するわけではない。このステップのひとつの結果が抽象度を高めることは明らかである。

ユング派の分析家《アナリスト》は抽象概念を好むので、とくにこのような傾向があると考えられる。われわれはしばしばタイプについて、まさにその〈原初の〉元型すら考慮に入れる。このことはしばしば、素材の特異性を「その領域での通常の要素」にしてしまう傾向をもたらすと考えることができる。とりわけ知性的議論ないしは「正解」というプレッシャーがあるのならば、主観的先入観や投影はたやすくそこに潜り込んでくる。患者を理解するというグループ課題の中核にある不可思議さは次第に拭われていき「定式」が真空を満たしていく。ケースセミナーのリーダーによって心理的態度が涵養されない状況では、発表者である治療者はいともたやすく「羅生門状況」という圧倒される感覚を抱くことになる。つまり、さまざまな投影が患者や発表者の作業に向けられてしまうのである。それによって発表者である治療者はたやすく打ちのめされてしまう。発表者である候補生は、患者がグループに冒涜され参加者からの質問やコメントや投影の集中砲火によって患者を見失うと感じるだろう。〈グループリーダーの主要な仕事のひとつは、セミナーという未知の空間に一気に流れ込んできた解釈のまさに「熱狂状態」を鎮めることである〉。理解し合おうとする患者と治療者の中核に在る不可思議さは、治療関係自体がもつ言語的な表現方法によっておのずと明らかにされていく。そのためにはこの未知の空間はできる限り長く開かれたままであり続けなければならない。ケースセミナーが提供するのはこの中核の不可思議すなわち無意識のコミュニケーションの不可思議さなのである。

ルイス・ジンキンは鋭い観察眼をもってユング派の立場から本質的に同様のことを指摘する。本章を締め括るその指摘とは、スーパーヴィジョンとは実際は現実に何が生じているのかをファンタジーで共有することであるというものである。ジンキンを引用したい。それは「訓練生が患者とともに行ってきたことを想像しようとし、スーパーヴァイザー（加えてケースセミナーの参加者たち）もそれを想像しようと努めること」の結果である。「もしともに想像していることが真実ではないのだと関わるすべてのひとが気づき続けるのであれば」、そのスーパーヴィジョンは最善の機能を果たすことになるのである。[4]

第11章 ユング派継続ケースセミナーのスーパーヴィジョン

クリッテンデ・ブラックス

継続的ケースセミナー、カンファレンス、コロキアムは、ユング派分析家になるための訓練のまさに中核となるものである。だが、臨床実践プロセスつまり面接室で生起する継続的な事象の詳細にユングが言及することは、ごく限られた場合を除いてなかった。また、ユングの関心の焦点は内的な心的事象および経験を解明することにあった。そのため、後にユング派の概念を適用して心理療法のプロセスとその仕組みとを理解する際に多くの断裂が残されることになった。この断裂を埋めるために機能するのが訓練生の分析作業を逐一スーパーヴィジョンすること、そして継続的ケースセミナーを行うことなのである。それらは、新たに分析家《アナリスト》になるための訓練を深めることになり、訓練生は分析プロセスのなかで成長しそれをより深く理解するようになるのである。

このようなセミナーの経験は、可能な限り早期に訓練プロセスのなかで始める方がよい。というのは、理論的セミナーやプレゼンテーションは抽象的かつ相当程度主観的なこころという現象を取り扱っており、これらが臨床素材に関心を抱き続けることによって補完的に作用するからである。こころを理解するさまざまな体系と同様に、ユングの思想の意味と適用可能性が十分に理解されるのは、治療プロセスが理論的構造と融合するときだけなのである。

臨床ケースカンファレンスは、分析プロセスを理論的構造と融合させる独特の機能を果たす。それは、個々の臨床素材の少なくとも次の三側面に適用される。それらは、専門的な参加者の集合的意識、すなわち、体験を共有する機会とそこから生起する価値を体験する機会を提供するのである。

（1）クライエントの意識的・無意識産物。
（2）逆転移による介入を含めた治療者の意識。
（3）両者が関与する力動。

こうした体験をしながら、ケースカンファレンスは集合的意識の力動をおのずと精緻化する。これは、ユングの著作のなかではいまだに展開されていないひとつの概念と言うことができる。

分析プロセスの諸段階を解明するためには、長時間に亘る事例を縦断的に追っていくことが重要になる。だがしかし、さらにいっそう重要なことがある。それは、時間経過に沿って個々の事例を追っていくことによって、候補生はひとりの人間の人生という幅をもった文脈のなかに自身のこころの力動を含み込ませることができるようになるということである。これらの力動が個人の意識に同化したときは深遠な影響をもつようになる。事例の素材が患者の人生をかなり長期間に亘って追っているという場合、コロキウムの参加者たちは、長期間の分析のなかで生じる同一性の変容を感じ取り始めるようになる。その一方で覚えておくべき重要なことがある。分析というものは相当程度主観的で個人的な現象であり、口頭報告であれ臨床事例の記録報告であれ、どんな場合であっても、そのプロセスをいかに「客観化」したところで体験の真実を捉えることはできないということである。この事実を尊重して、ケースセミナーは可能な限り主観性に開かれているべきである。

相当程度主観的な素材があるということは、セミナーリーダーに重い責任がかかる。どんなグループプロセスにおいても、リーダーは語調を整えたりグループ経験の質を抱え維持する器を提供したりすることになる。また、セミナーリーダーは事例を通してまさに明確になろうとしている在りようを人間化しなければならない。すなわちリーダーにとってとりわけ重要になるのは、グループ内に生まれる心理的気づきを取り上げ拡充させる「象徴的な態度」を具現化することなのである。こうした開放的な雰囲気が臨床素材の議論とグループプロセスのより微妙な諸側面に醸し出されるようになると、特質に値する体験が産み出される。それは、教訓的色彩の濃い伝統的なセミナーとは著しく対照的なものとなる。そうした伝統的セミナーの設定にはしばしばあらゆることに「正解」がある。これが暗黙の仮定である。さらにこうした「正解」は前もってセミナーリーダーに知らされている。これも暗黙の了解である。このことは、セミナーメンバーたちが、誰が一番「正しい」のかお互いに論争し合う状況を作り出す。良好な学習を導くのではなく葛藤と論争に濃厚に彩られた雰囲気を産み出してしまうのである。そこにはまさに、セミナーが教えるべき人間の在りようと力動とが取り去られてしまっている。

主観性と開放性の説明をして、客観性に注意するという問題を取り扱った。いまは、ユング派らしい逆説的な言い回しだが、注意を払ってきた客観性を自分自身がどこまで許容するのかというところにまで進んできている。その結果として自覚しておくべきなのは、ユング派の観点からすれば、セミナーという特異な環境下においては、「そうであるべきやり方」というのは、セミナーで述べられることは開放的とみなされるべきであり、また修正に開かれているべきであるということである。

「分析」や「分析プロセス」については多くの定義がある。これはわたしの偏見かも知れないが、治療の形式や技法さらには理論構成に基づく定義というのは不適切で誤解を招く。「分析」は広く一般的な「心理療法」の特殊な形態のひとつである。このような観点からすると、心理療法における分析的作業というのは無意識の素材が特定され意識に精緻化される度合いに応じて行われる。そして、被分析者《アナライザント》の人生経験や活動が意味深いものになっていくことを目指すのである。「分析」というのは結果としてみれば相対的なものである。分析作業と「世俗的な」プロセスはともに、分析というひとつの特殊な心理療法の経過のなかで、さまざまな度合いに応じて明らかになるのである。

特定の個人心理療法は、まずはじめに、クライエントの現在までの人生経験という文脈と枠組みを取り扱い作業する治療者とクライエント双方の意欲から始まる。すなわち治療の開始時にクライエントが意識する価値観や態度、問題解決の方法さらには他の心的作用が取り扱われるのである。クライエントに特有かつ独特なこうした心的機能の特徴の一部は心理的現象を認識する治療者によって、面接室内で両者が気づくこととなる。ただ、そうでない可能性もある。

たとえば、治療者がその潜在的意義や意味に気づいているにもかかわらず、クライエントの方は当初はヌミノース的体験に尻込みするかも知れない。この場合、心理療法の初期の仕事は、尻込みして逃げてしまうのではなくて意識にそれらを同定できるようにすることである。好奇心をもってそれらを理解しようともち堪えて、クライエントがそのような体験に落ち着いて対処できるあり方を見出せるようにすることであろう。この場合で言えばヌミノース体験の特質がひとたび同定され、耐性と好奇心を保つことができれば、クライエントは分析作業の直前段階にいることになる。

治療者になるひとはほとんどが何らかのかたちで痛みや不愉快を体験している。そのため、多くの場合必要なのは、自分自身の心理的体験のヌミノース的かつ元型的な層への直面を〈教えられる〉ことである。そうして、痛みや不愉快な症状を緩和し自他の意識を拡充するという一種の分析作業ができ始めるのである。継続ケースを扱うセミナーでは、参加者たちが特別な事例の展開を考えるときに、プロセスの理解よりも先に理論を入れ込もうとする傾向を互いに正していくことができるようになる。ただ、それができるかどうかは、少なくともセミナーリーダーが事例のプロセスにどれくらい感受性を体現できるかに拠るところがある。付言すると、分析作業が訓練として実施されるという〈期待感〉は、しばしばその作業が現実に行われる可能性を低くする。どういうことかと言うと、研究所の候補生の心理療法は、しばしば分析プロセスに移し替えることがもっとも難しいのである。分析というのは、そのプロセスが分析家《アナリスト》の資格を得るための手段としての「分析」であるよりも、苦悩し助けを求めて訪れるひとの心理的欲求から生じるときにこそ生まれる営みなのである。したがって、そのような期待感は分析作業に抵抗をもたらすことになる。選抜された研究所の候補生のなかで、はじめから個人的治療欲求があった場合は、副次的だが、研究所の訓練の可能性と重要性を見出すことにはなる。したがって、そのような抵抗を体現する可能性は低く見積もることができるだろう。

「期待感」という抵抗は、訓練機関における事例を巡るやりとりの最中にも生まれやすい。セミナーでの発表中に元型的素材が解明されるという期待感は、そうした素材が実際に現れて心理療法のなかで統合されていく複雑な心理的プロセスを見落とすことにつながる。私見だが、症状や心理的苦痛というのは、患者や被分析者《アナライザント》によってもたらされる不満や葛藤の元型的基盤を示す道標なのである。適切に実施される継続的ケースセミナーは、無意識の素材が症候学から抜け出して素材自体を体現するプロセスを明らかにする。また、セミナー参加者の期待感がどのようにしてそうした素材の解明を妨げるのかを示してもいる。参加者グループの相互作用は提示された素材に関連するさまざまな視点や反応をもたらす大きな可能性を秘めている。この可能性がもっとも現実となるのは、階層的でも批判的でもない、無制限の相互支持的な「文化」がセミナー室に醸成されたときである。

ここまで述べてきたことは、少なくともセミナーリーダーがリーダーとしての役割を放棄することを意味してはいない。そのような役割は元型的に決定づけられるものである。したがって、リーダーの役割にある権威主義的行動、また同様に、セミナー参加者にある受動的行動は、リーダーの役割を確立したり維持したりするために必要なのではない。それは、リーダーとグループの構造によっておのずと維持されるのである。実際のところ、リーダーが批判的でない姿勢をとれば、グループ内のリーダーに向けての理想化転移が強まる可能性が高くなる。グループはセミナーの活動のために組織されている。したがって、グループ参加者の内にあらかじめ〈潜在する〉否定的な意味をもつ競争性の転移は、それがどんなものであっても産み出されることになるのである。リーダーの仕事は、そのような転移性の素材が生まれたときにそれを認識し批判的でない仕方で解釈することである。その解釈の方向性は、グループプロセスそれ自体に内在する素材の現れだけに向けられるべきであり、グループプロセス外のグループ参加者の生活までをも含めて拡大されるべきではない。グループ参加者に関わってくる心理的素材は、グループの目的にとってはつねに二次的でなければならない。グループの焦点は臨床素材の解明にあり、参加者個々の分析や治療にまで広げられるべきではない。その方向に拡大されてしまうと、グループの焦点がぼやけてしまい、訓練のための実行可能なツールとしてのグループを破壊してしまう場合も出てくる。

ただ、そうは言ってもセミナーそれ自体は力動的な心理的状況である。だから、そうした経験と対処がともに必要となる。分析でも心理療法でも全体性へと向かう可能性が生まれたり、そもそも分析作業にとって癒しという事態が唯一正当化されたりするわけだが、それらは主要な当事者間の関係の枠組み外で生まれる。これはわたしの意見である。この点はケースセミナーにも妥当するとわたしは信じている。仮に、関係の力動が認識もされず、そこに敬意も払われないのであれば、分析そのもののなかで起こっていることの本質が学ばれることなどないであろう。

繰り返し強調するが、グループそれ自体の心理的力動はグループという設定のなかで学習を促進するために確実に認識されなければならない。しかし、そうしたプロセスの認識、解釈、治療操作は、いつもグループの教育目標にとっては二次的でなければならない。このような目標促進の本質には、グループリーダーの開かれた批判的でない態度がある。加えて、グループプロセスに関する必要な介入を全体としてのグループに返していくことは、多くの場合役に立つ。グループで学習するという経験は、まずグループの存在がその目的となり、そして経験が個々のグループ参加者の個人的問題として介入され扱われることによって希釈ないしは破壊され得るのである。

このようにして、継続的ケースセミナーのいくつかのとくに重要な側面はさらに次のように詳細に拡充されるようになる。

ケースコロキウムは、心的現実の「内」と「外」の多様な側面の間に生まれる関係を検討し解明する得難い機会を提供する。そして、象徴的現実と文字通りの現実は、現実というものの二側面となる。これによって、外的現実の意味や意義を犠牲にして内的に経験された心的現実を過度に強調する伝統的な「ユング派のバイアス」が回避される。同時に、クライエントの内的世界の意味や意義に重きを置いて、クライエントの生活という字義通りの行動に過度に排他的になるという等しく深刻なバイアスを回避するのである。

ユング派の概念を活用するケースセミナーに潜在するのは、クライエントの外的現実と内的世界を往還するという可能性である。自分自身が訓練を受けているときに関わったもっとも意味深いセミナーのひとつは、クライエントの外的現実状況を再構築するために一連の夢素材の活用を排除するというものであった。また、夢とファンタジー素材を集団で精緻化することは、それらを個々別々に精緻化するよりもはるかに強力で包括的なプロセスである。同様に、おそらくさらに難しいことだが、外的にもたらされた材料から夢とファンタジーの主題内容を推測する方向全体へと向かう可能性も考えるべきだろう。夢とファンタジーの流れを捉えるユング派の補償と均衡という概念は、他の多くの関連概念による理解と相俟って、集団の精緻化によって活性化する。つまり、学んできた多くの概念を、夢とファンタジーの流れそれ自体が明示し強調するのである。

ケースセミナーリーダーは、セミナー体験中に必然的に活性化するグループダイナミクスの諸様相に精通していることが求められる。グループの流れのなかでは転移と逆転移という現象が生じる。リーダーは治療的作業に不適切な状況で個人またはグループを治療した気になってはならない。そうではなく、これらの現象はグループ力動の扱いにある程度のスキルをもつリーダーによって積極的かつ教育的な仕方で扱われるべきなのである。グループ参加者の個人史や力動ではなく、現時点におけるグループそれ自体が扱われなければならない。ただし、グループ内で生まれる力動や対人的現象は、教育プロセスの重要な部分として、集団で認識され認知されるべきである。現れている素材に対するさまざまな反応を比較したり対照したりするときには、タイプ論に基づく諸要因が同定され考慮される必要があるだろう。グループでは、メンバー間の争いごと、リーダーを理想化することやリーダーへの否定的感情や嫌悪感、全体としてみれば受動性や他の困難な転移性の素材が生じてくるだろう。それらは、リーダーあるいは理想的にはグループメンバーによって、良好なプロセスを促進させる仕方で意識化されるべきである。肯定的かつ援助的に働く力動的諸要因は適切なタイミングで認識され強調されるならば、学習へと方向づけられた支持的グループ文化を補強するのに効果的に役立つだろう。前述したように、いまここに焦点づけることと同様に、グループ内の力動的要素の〈相互性〉を強調することは、セミナーが擬似治療経験に陥らないように働く。このような肯定的・否定的現象が取り扱われなかったり否認されたりすると、ケースセミナーはたやすく不毛に、妨害的に、徒労に終わることになり得るのである。

セミナーの全体的価値は、セッションのプロセスのなかで学習に影響する側面にグループが気づきやすくなるよう機能するリーダーの技術と感受性に相当程度依存するであろう。リーダーはまた、グループが学習のための文化を維持するよう関わり合う習慣を産み出す空気を醸成するようにしなければならない。

候補生が臨床素材を実際に発表するに際してのパラドックスを踏まえておこう。よくまとまった形式での発表は素材を広範囲に説明する役には立つが、それは同時に、心理的現象を認識して形式に活かす際にときに個人差が生じることをも考慮しなければならない。現症状や初期の夢およびその相互関係はきわめて重要であり、生活史における事実と関連させて詳述される必要がある。患者のファンタジーや行動における元型的素材の同定はその生活様式やイメージという患者固有の素材が現れることと対比させて行われるべきである。このようにして、一般化可能な元型的諸要因と個人の生活におけるそれら諸要因との特有のコンステレーションを含むひとつの力動として、治療プロセスを生活のなかへともたらすことができるのである。

ユング派の観点には、実存学派の考えのいくつかを除けば他の学派の心的力動の公式化には見られない強力な思想がある。それは、「神経症」が個々それぞれであるのと同様にひとりの人間は本質的には診断不能で唯一無二だという思想である。この思想を提示し補強する作業は、セミナーメンバー個々の責任である。思想とは違って、患者の「分析可能性」やいわゆる「分析技術」といった技法面に考慮することは、事例の素材とセミナーメンバーの両者にとって、プロセスそのものを覆すことになる可能性を大いに高めるであろう。

要約

ユング派の訓練では、継続的なケースカンファレンスやコロキウムあるいはセミナーの活用をとくに重要視している。それは、臨床素材を集団で検討することの意味深さを訓練生が知るためだけではなく、より明確に言えば、ユング自身が治療分析プロセス全体に関連する力動を描こうとしてこなかったそのギャップを補うためなのである。ユングは治療プロセス全体の現象を示そうとする素振りすら見せなかった。その興味はもっぱら内的世界の事象に焦点づけられていたのである。このことは、治療プロセスのより全体像を満たす作業を後進に委ねてきたと言うこともできる。その作業は、クライエントの生活環境をより詳らかにすることや治療分析中に起こる現実のできごとを注意深く記述するといったことを含むものなのである。加えて、転移性や逆転移性の治療要素と同様に文字通りの「現実」というものが治療全体を取り扱う際の一部として認識されなければならないのである。

継続的ケースセミナーによって内的・外的世界の力動がもたらされる。治療的取り扱いに関わる集合的意識の力がもたらされるのである。それによって、こころの外向的次元の機能が斟酌される。継続的ケースセミナーは、理論的プロセスと現実的プロセスが互いに補完し合い全体性に寄与するような仕方で、この両プロセスを引き合いに出すのである。

グループリーダーは、個別要素を融合させるプロセスを促進させるとともに、ユング派の言う「象徴的態度」を具現化させるために機能する。その態度とは、提示された事例そのものと、セミナーグループによるその時点での事例素材の考察、この両者に開かれた立場をとることである。臨床素材への主観的アプローチに対する敬意は、セミナーグループの文化を発展させる重要な側面である客観性によって補完されなければならない。そのように文化が進化するなかに、批判的にならない姿勢とグループ内の力動関係の認識、そして批判的にならない態度を体現するリーダーが含まれている。こうしたグループが生まれるために必要なのは、グループのメンバー個々が不適切で無契約の治療関係にあるのだとか、グループ自体に問題があるのだとかいうことで、グループ教育の焦点が置き換えられてはならないということである。

心理学的素材を集団で精緻化する力は、臨床ケースセミナーでは、こころの内的および外的次元の関係を検討することに焦点づけられる。分析素材が深層から現れてくるといったグループの期待感によって、クライエントの心理的プロセスという固有かつ特有の性質の理解が妨げられるべきではない。分析プロセスは、クライエントの世界の「いまここ」だけではなく、グループがその世界を「再体験」するケースセミナーの力動にもまた現れるのである。

最後になるが、継続的ケースセミナーは、ユング派候補生の訓練経験の中核を成すものである。このようなセミナーは、ユング派分析家の「存在理由」の中心となる心理的態度を候補生が学び統合できる重要な側面を提供する。面接室でクライエントと「ともに在る」ことは、究極的には同時性を体験することなのである。このような同時性の内に、分析家《アナリスト》と被分析者《アナライザント》の両者は、互いにプロセスを歩んでいることに、さらに素材とともにプロセスを歩んでいることに、ある種の親密性を体験する。それはまるで、かつては個別にも相互にも体験されてきたものが、いまや完璧に再体験されていると認識できるようなものなのである。

第12章　臨床プロセスに関する論考

ジョアン・リゾーリ

本章ではさまざまな設定の臨床スーパーヴィジョンの実践に注目することにしたい。さまざまな組織的状況にまたがるスーパーヴィジョンの本質的要因を見極めるために、個人スーパーヴィジョンとグループ・スーパーヴィジョンの違いに触れ、在職中の訓練としてのスーパーヴィジョンと資格取得訓練の一部としてのスーパーヴィジョンの違いに触れ、スーパーヴァイザーとスーパーヴァイジーの作業同盟に不可欠な二、三の本質的要因に言及するつもりである。これは、一晩のうちに申し分のない臨床家を育てようとする試みではない。そうではなく、どんな特別な経験をしてもその経験の諸側面をさらに議論する刺激となるための試みである。[1]

個人およびグループ・スーパーヴィジョン

スーパーヴィジョンにはふたつのスタイルがある。個人およびグループ・スーパーヴィジョンである。それらはお互い生産的に補完し合えるが、効果がなければ入れ替えることがある。特定の一事例を中心とした週一度の個人スーパーヴィジョンの強度と深さはスーパーヴァイジーとスーパーヴァイザーとの間で現在進行形の親密性と排他性によって強化される。このことはすべての人間関係の最早期のもっとも基本的な形態を反映している。スーパーヴァイザーと患者との間に生じる諸側面はこの関係に反映される。したがってそれは議論のひとつとなり、また診断を検討するのにも役立つのである。けれども同一の排他性は、初期の偏見が外部からの観察やコメントなしに未確認状態になることをも意味するであろう。

他方グループ・スーパーヴィジョンはさほど突っ込んだものではないにしても、より幅広い体験をもたらす。そこでは、スーパーヴァイザーないし指導者は、個人スーパーヴィジョンがそうであるように直接的な指導スタイルでかなり能動的に機能することもあれば、グループのメンバーが事例発表者を上手く見守り、「スーパーヴィジョンする」ときにはより受容的に機能することもあるだろう。これはそれ自体でまた別の訓練となり得る。この状況における思考と態度の多様性は忍耐の訓練になり、洞察を深めることになる。しかし、毎週のプレゼンテーションの準備の時間も十分ではないだろうし、個人スーパーヴィジョンのために事例とその経過を見逃さずに跡づける時間も十分ではないだろう。

集団療法のなかではグループ力動が活性化するように、グループ・スーパーヴィジョンにおいては、発表者は提示している事例の患者がグループに奪われると感じたり、ディスカッションを通して患者イメージがそれと分からないほどに歪められて患者を見失ったと感じたりするかも知れない。これまで無意識だった事例の側面が露呈すると、患者は徐々に投影の受け手になっていく。事例の力動が進行中のグループ力動と一致するときには、このことはとりわけ起こりやすい。発表者は患者を強奪されたと、発表者が当初抱いていた身近で同定可能な患者イメージを救出して自分自身に取り戻す術がないとすら感じるだろう。発表者とグループが同じ患者について話をしていないと発表者が抗議するのを耳にしたことがある。けれども、最終的には発表者の逆転移はグループに融合する人間によって混濁されてしまうのである。

再現されたのは事例それ自体の側面だけではなく、組織とグループ間の関係に起因する葛藤である可能性がある。スーパーヴィジョン・グループは「シャドウ」の側面、つまりスーパーヴァイジーと個人スーパーヴァイザーとの間の無意識で許容し難い部分にも反応する。よく知られていることだが、発表者というものは、発表時には潜在的脅威として体験していたグループからのコメントが予想通り動揺させられるものであったりすると、その防衛として、「スーパーヴァイザーがそう言っているのです」とのひと言で発表を中断する。グループメンバーは、はじめは我慢する。だがすぐに苛立ち、自分たちが引き裂かれて一段低いグループに分離されたことに直面する。そうして、最終的には、事例は、グループのまとまりに対する脅威としてメンバーに次々に認識されていくことになる。グループメンバーの経験や能力にあまりに開きがあり、メンバーが欲求不満や疎外感を感じる結果になるのであれば、グループを分けたり、ペアを組んだりすることもあり得るだろう。

メンバーはグループの投影を受けて、たとえば力量の低い者や知識の乏しい者、あるいは知的過剰や不安過剰な者といった役割を引き受けてしまうことになるだろう。そうした役割は同じ特徴が自分自身にあると認めることに対する防衛として用いられる。言い換えれば、グループの投影が勢いを増せば個としての成長はグループ内に取り込まれ制限されるのである。肯定的な側面としてわたしが知っているのは次のことである。あるメンバーが長期間の不在中に、そのメンバーの対立的で挑発的な治療姿勢がグループに見られないことに他のメンバーが気づいた。気づいたメンバーは不在メンバーの治療姿勢の肯定的面を残りのグループメンバーのなかから見出そうと努力しなければならなかったのである。

もし緊張が妨害的に働くならば、グループ・スーパーヴァイザーは、グループ力動として起こっていることを解釈すべきか否かの決断に直面する。そのときスーパーヴァイザーに求められるのは、グループ内での分裂を内在化してしまい、そのほとんどが集団レベルのことであるにもかかわらず、一個人のなかで折り合いをつけようとしているメンバーの存在にとりわけ敏感になることである。グループ・スーパーヴァイザーがコメントすればそのメンバーは枠を越えて動いてしまう。どういうことかというと、残りのメンバーが、セッション外、つまりスーパーヴァイザー不在のところで対処しようとそのままにしておいたグループ内のプロセスを意識化しようとするのである。ただわたしは、グループメンバーの反応に反映される事例の諸側面を意識化しようとすることは、つねにあってよいと考えている。たとえば、怒りは診断的に取り扱われれば、指導のよい助けになり得る。

わたしの経験では、そのようなグループの理想的なサイズはおおよそ五名である。人数が多すぎると、最初は個人の治療事例を議論する際に、発表者はたしかに、細やかに骨を折ってきた患者との親密な関係が晒されているとか暴力的に扱われているといった感情を抱く。というのは、その状況は、発表者が安心して取り扱いかつ制御できる人数よりも多くの人々に事例を説明することを強いるからである。これはグループ内で言語レベルでのアクティングアウトが生じる際に起きやすく、そうした反応には、よく練られた共感というよりはむしろ競合的な性質がある。このことによって、分析関係を守ろうとする発表者は事例の諸側面を無意識裡に編集するという結果になるのである。

グループ・スーパーヴィジョン状況の非常に肯定的ないくつかの特質に言及することなく、この領域をそのままにしておくことはできない。不安が共有され、結果としてそれが緩和され、適切な人数のグループ内で相互に能動的なサポートが生まれることは素晴らしい。そこには、印象深い視野の拡がりと豊かなアイディアの集積がある。このプロセスがどのように展開するかは、グループメンバー個々の人格にかかっている。つまりスーパーヴァイザーがどのようにメンバーを刺激して全体をまとめるのか、グループ内で必然的に生じる分裂をどの程度制御できるのかにかかっているのである。究極的に言えば、グループのスーパーヴァイザーは枠を作ってグループを守る責任がある。スーパーヴァイザーは個人の要望に応えられると同様に、グループにとっても適切なコンテイナーとしてメンバーの経験に応えられるよう求められているのである。

雇用組織と訓練団体におけるスーパーヴィジョン

数多くの環境におけるスーパーヴィジョンに共通する構成要素を検討する上では、外的要因すなわち設定がスーパーヴィジョンの内容に影響することを認めなければならない。このひとつの例は患者が「来なくなる」という潜在性に表わされる。組織に雇用されるスーパーヴァイジーにとっては、これは有益な学習経験となる。資格取得課程のスーパーヴァイジーにとっては、同じ潜在性は、学習経験に加えて訓練の相当期間の延長を意味する。他の患者と再スタートすることになるので資格取得は遅れ出費は増える。この特別な不安が再スタート後のスーパーヴィジョンを妨害することも稀ではない。全体として、患者を「来させる」傾向が分析プロセスへの焦点化に優先されようものならば、この特別な不安はそのプロセスを歪めてしまうことになる。

患者、スーパーヴァイジー、スーパーヴァイザーと同様に、雇用組織ないしは訓練団体の構造にはいまひとつ影響力のある要因が存在する。組織や団体はスーパーヴァイジーから確実な作業基準を求められる。しかし、最終的にいつ資格承認されるのかは明確でない。つまりスーパーヴィジョンが公式に期待通りに終了する時期は定められてはいないのである。したがって、組織や団体によってスーパーヴァイジーとその職業的価値観が変わってしまう。このことが意味するのは、組織はつねに最終的な責任を負うということである。スーパーヴァイザーとスーパーヴァイジー双方に一連の流れをマネージメントすることを通して最終的な説明責任を負うのである。これは治療プロセスにおいてきわめて重要な構成要素である守秘義務という厄介な問題に関わる。マネージメントの方針は、おそらく治療の頻度や集中度、期間などのことがらに影響を与える。このことは、スーパーヴィジョン以外のスーパーヴァイジーの仕事に影響する。とりわけスーパーヴァイジーがひとりの治療者としての力量よりも他の能力によって、たとえば重い法的責任のあるソーシャルワーカーや長期に亘る診断検査事例を扱う心理検査者として第一義的に雇用されているのであればなおさらである。その場合は、相当に洗練された水準の心理療法が期待されるか、あるいはおもに他の形態での支援は二義的なものとみなされるかも知れない。スーパーヴァイジーは予定された方針に満足かも知れないし同意しないかも知れない。この葛藤がスーパーヴィジョンに現れる。その結果、スーパーヴァイザーは、患者にとって何が最善なのかという議論から離れて、スーパーヴァイジーのさまざまな態度を調整しようと難しい立場に身を置くことになり、治療の進展が抑制されることになってしまう。スーパーヴィジョン・セッションは組織内でのその他多くの葛藤の焦点となり得る。しかもこれらの葛藤がエディパルな性質を帯びることも稀ではない。

資格取得課程のスーパーヴァイザーはいくぶん異なる位置づけにある。所属する訓練組織の基準がスーパーヴァイザーに適用され、それに基づいてスーパーヴァイザーは生徒の希望を担う。ここで忘れてならないのは、スーパーヴァイザーは当該の生徒から直接料金を受け取ってもいるということである。スーパーヴァイザーは、学期の最後に生徒と一緒にいくらかの成功感や達成感を分かち合いたいと望むだけでなく、生徒が特定の組織基準を見事に体現すること、おそらくは特定の組織のスーパーヴァイザーとして、またスーパーヴァイザー個人としても生徒の技術が肯定的に反映されることを理解したいのである。また、心理療法の専門家としての全般的な成長の結果をも望む。アルフレッド・プラウトを引用しよう[2]。

条件を満たす進歩を遂げたので訓練生を準会員に推薦できる。そう納得し信じることができるには実際にはどうすればいいのだろう。答えは端的に主観に拠る。つまり、強い信念で次の三つの質問に確信をもって答えられるかどうかにかかっている。重要な順に挙げる。（a）当該の訓練生に患者を紹介するつもりがあるか。（b）自分が分析を引き受ける患者を当該の訓練生に紹介するつもりがあるか。（c）当該の訓練生に自分自身の分析を委ねるつもりがあるか。最後の「基準」は頭をよぎる程度でなければならない。

ここで、治療者として正式な内定を受けて資格を取得してからほどなくして開花する生徒がいることを付け加えたい。類似の状況は訓練生の選抜でも生じ得る。

スーパーヴァイザーは多様な責任を担っている。患者や学生に、特定の訓練組織に、そして分析的心理療法の専門性全般に対しての責任である。スーパーヴァイジーの責任もそれと似ていないわけではない。というのは、スーパーヴァイジーは認定会員に、それから代表者となり、同じ専門職としての訓練歴の基準を修了することを目指しているからである。けれども、実践に対する資格認定の最終決定になるとそれぞれ立場が異なる。資格はスーパーヴァイジーではなくスーパーヴァイザーによって授けられるものだからである。両者の関係が親密になると、ときにこの現実が見えにくくなる。必須の報告書が一名ないしは二名のスーパーヴァイザーによって評価されるだけではなく、他の要因も考慮された後に訓練委員会によって全体的に評価されることが資格取得に関する最終決断において本質的なことなのである。このプロセスがなければスーパーヴァイザーは排他的とまでは言わないまでも、絶対的な二分法に迫られることになるだろう。すなわち、生徒の作業の最終段階で行う資格認定という判断と、その生徒の進歩の対価として受け取ってきた報酬というふたつの立場に立たされるのである。客観性のより高い判断をするならレポートの数を要求することになる。

スーパーヴィジョン・プロセス

わたしは、師弟関係ではなくひとつの発展過程としてスーパーヴィジョンを考えている。ここでわたしが述べているのはグループよりも個人のスーパーヴィジョン・プロセスについてである。ふたりの関与者が関わり合うことによって、特定の出会いの場に経験と洞察とがもたらされる。スーパーヴァイジーは、与えられた時間のなかで、自分が付いている他のスーパーヴァイザーの影響と自分自身の人生経験を含む個人的な分析経験をスーパーヴィジョンの場にもち込んでくる。初期の専門的な仕事と訓練の影響をここで除外するつもりはない。それらは、後の治療者としての姿勢を伝えるものだからである。精神科医は精神医学的な疾患に敏感になりがちであり、医師は身体疾患に、ソーシャルワーカーは社会や家族背景の問題に、司祭は精神的ジレンマに敏感である。同様の力がスーパーヴァイザーに作用する。結果としてスーパーヴィジョン・プロセスは、影響が混合し共存する器となるのである。

そうしたことにかかわりなく、わたしにとっては心理療法の訓練はバレエの訓練のようなものである。最初に古典的なステップと基本的な定義を学び、どうして理論や構造がそこに存在してそれらを身に着けなければならないのかを知っていく。これらを身に着けたずっと後になってはじめて、内的な権威と内界からの反応を理論的な知識と組み合わせ、構造のなかで個人のスタイルを発展させることができる。パーソナリティからみると、生まれながらの治療的資質に恵まれた学生がいる一方で、直観や理論や知的理解の才能がある学生もいる。スーパーヴィジョンでこれらの資質を涵養することは、個々の専門家としてのアイデンティティに資することになる。ただ、そうは言っても、まさに自殺が起こりかねない危機的状況のように患者の健康・幸福が危険に瀕しているときには、スーパーヴァイザーは厳格な一線を保たなければならない。このような状況のあることは付言しておく必要がある。

素材の報告の仕方は学生が自分なりに工夫する。すぐに書きあげられるセッションもあれば、スーパーヴァイザーに直接口頭で正確に伝えるようなことがらも含まれる。その他は後で書き加えられ、よりまとまって全体が反映される感じになる。どんな報告の仕方であっても、学生が患者に共感し、そして患者と距離をとり客観性をもってセッションに自身を投影できるよう、十分に清明な意識で患者イメージを内在化できているときに限って、患者はスーパーヴィジョンの場に存在していると感じられる。ここで指摘しておきたいのは、スーパーヴァイジーの逆転移だけではなくスーパーヴァイザーの逆転移をも検討される必要があるということである。スーパーヴァイザーの逆転移が認められるかも知れないし、反対にスーパーヴァイジーの逆転移が認められるかも知れない。また、両者は補完的であったり先見的ですらあったりするかも知れない。どのような質のものであっても、逆転移は決定的なものとしてではなく理解の一助としてスーパーヴィジョンの場に出されるべきである。逆転移は治療同盟の装置であるスーパーヴァイジーと患者との関係なのであってスーパーヴァイザーのそれではないのである。

スーパーヴィジョン・プロセスのなかでは相互の投影と取り入れが生じる。したがって一方は他方の反応の一部を形作ることになる。指示的なアプローチを望むスーパーヴァイジーはスーパーヴァイザーの内的な何かを刺激するであろう。けれども、どちらもほどよい程度に優れた才能をもっているとすれば、学生は第一にスーパーヴァイザーから何を求めるのであろうか。手を差し伸べてくれたり、意欲をかき立ててくれたり、激励や指示がほとんどであったりするスーパーヴァイザーを望むのだろうか。知的刺激を求める存在や何にもまして上手く温かく関わる存在を望むのだろうか。充実したセミナーや講義、印象深い著作からスーパーヴァイザーが選ばれるのだろうか。あるいは他の訓練生が自分の治療者に陽性転移を起こしていて、その治療者をスーパーヴァイザーに熱心に推薦してくれたという理由でスーパーヴァイザーが選ばれたりするのだろうか。これはときに重要な検討事項になるのだが、ある学生との理論的オリエンテーションの相性がよいと治療者が話すことは、あり得ることである。どんなスーパーヴァイザーであってもこうした資質すべてを学生に十分に担保することはできない。幸いなことに、どんな理想的なスーパーヴァイザーも存在しなければ、理想的なスーパーヴァイジーも患者も存在しないのである。

スーパーヴィジョンのなかの関係

ここまでわたしは、個人およびグループ・スーパーヴィジョンそれぞれのメリットについて述べてきた。また、資格取得のための訓練のなかで課された研修訓練としてのスーパーヴィジョンがもたらすさまざまな期待を一部だが述べてきた。しかし、この両者の環境に共通するプロセスには何があるのだろうか。わたしにとってそれは、スーパーヴァイジーが遊べて、発想実験ができ、可能なアプローチが探究でき、そして知への欲求と同様に既知のことにより意識的になれる、そんな空間を創造していくことである。それにはタイミングが重要である。もしスーパーヴァイザーがはき違えた熱意から情報提供に拙速になれば、学生に不安を抱かせる危険を冒すことになるだろう。それは学生のさらなる伸展を阻害する。ジャネット・マティソンは『ケースワーク・スーパーヴィジョンにおける内省プロセス』のなかで次のように述べている。

もしわたしや他のスーパーヴァイザーたちが学生に教えすぎれば、その学生はクライエントにもそうしようとするだろう。[3]

スーパーヴィジョン・プロセスというのはコンテイナーを創造していくものである。コンテイナーのなかでスーパーヴァイジーはスーパーヴァイザーが十分信頼に足る存在であると安心感を抱くことができ、不安や間違いを共にし、そして自身の行為を少しずつ意識化し最終的には専門家としての責任を負うことができるようになるのである。

皮肉なことだが、困難に気づきそれに関する重要な資料を提供するスーパーヴァイジーは、しばしば知的にとても聡明でかなりの経験をもっている。理論と自分の分析経験とを統合することが困難な学生は、不適切かつ防衛的に自分を過信してしまう。おそらく自分の力量をスーパーヴァイザーと共有しないので、根拠のない自信をもつのであろう。こうした状況下では、学生自身の分析のなかで、力量不足の点にコメントしたい誘惑が生まれるだろう。その結果、枠が無視されることになる。このことはエディプス状況の対立的局面を浮き立たせる。このエディパルな状況は、最初のスーパーヴァイザーの訓練プログラムのなかに生まれ、その結果、当初は二者関係だったものが三者関係になる。そうなると、たとえば学生が明瞭自然な解釈を回避し続け、それをスーパーヴァイザーが観察するといった、何らかのアプローチが考えられなければならないだろう。

治療セッションにおけるように、もっとも有効に働く洞察はかならずしもふたりの関与者の一方ないしは他方からもたらされるとは限らない。それは、両者の間の空間に何かが創造され、もたらされるのである。その空間には患者も実在する。理論的な議論の最中においてでさえ患者はつねに実在している。理想的に言えば、この創造的な空間が生まれるためには、相互の近接性が必要なことは疑いない。スーパーヴァイザーの側にとってこれは知性や賢明さへの誘惑に抵抗することを意味する。スーパーヴァイジーは羨望の感情に駆られながら空間を破壊するような問題を引き起こしたりする。しばしば関係を構成する要素を否認したりいくらかは事態に対処できたりするわけである。そうした羨望には、スーパーヴァイザーの提供過剰の影響を感じることがある。また、このような近接性は見せかけの寛容さではなく、つねに防衛的な性質を帯びることを意味する。たとえば、自分に柔軟性があるかのように見せて起こっていることに一貫した態度をほとんどとらない学生がいる。そのような学生は患者と関わる質に問題があるのではないかとの疑念をわたしに抱かせる。

スーパーヴィジョンを受けていてもっとも楽しかったのは、わたしの言ったことがスーパーヴァイザーを立ち止まらせ熟考させたときであった。スーパーヴァイザーが同意するかどうかはかならずしも要点ではなかった。より重要なことは、豊かな洞察だと自分が期待するものを提示できたときである。ほんの数回ではあったが、その通りだとスーパーヴァイザーが認め評価してくれる時空間が与えられたときである。スーパーヴァイザーになってわたしが満足したのは次のようなときである。すなわち、自分がスーパーヴァイジーのときに体験したことのある観察を思い出させてくれたとき、そのときには不適切や無関係に見えていたために忘れていたいくつかのコメントが、その後のできごとによって間違っていなかったと確認されたときである。このようなお互いの関係は継続的に命脈を保ちつつ、ふたりの間で、セッションの間で保持され続ける。反応は自己のさらなる探究へ向けて、スーパーヴィジョンに提供されなければならない。蓄積された内的体験が何であっても、それはよりいっそうの探究へとわたしを刺激する。このことは結果として、わたしの経験を拡大し、気づきを与え、視野を拡げる。この関係の関与者は誰もが他者の役割を刺激し確認することを必要とするのである。

わたしにとってスーパーヴィジョンとは、分析体験や理論的指導や方法が収束していく様相を見届けるもののように思える。そのなかで、スーパーヴァイジーは経験を統合しようとする。学生に役立つのは十分信頼に足る内的スーパーヴァイザーを成長させることである。内的スーパーヴァイザーが外的つまり実際のスーパーヴァイザーとある程度肯定的に同一化するのはやむを得ないだろう。アルソン・ライエンズがよく言うことだが、分析家《アナリスト》というものは内的にそうありたいと望む存在でなければならない。理想的には、これはスーパーヴァイザーにも言えることである。しかしながら、分析的心理療法は理想的な状況にはない。現実には、スーパーヴィジョンはそこにあるものとこれから生まれる創造性との共同作業なのである。

繰り返し言われてきたことだが、われわれはスーパーヴィジョンの方法を公式には教えていないし、それをするべきだという意味合いのことも教えていない。では、いくつかの基本的約束事から離れて、分析的心理療法が個人的な出会いであるということを受け入れるとして、おそらくもっとも可能性のある寄与はスーパーヴァイザーが行うスーパーヴィジョンをスーパーヴィジョンしようとすることなのだろうか。そうだとすると、個人もしくはグループのスーパーヴィジョンを一時停止にすべきなのだろうか。職業管理的な問題が起きる危険性があるのではないだろうか。本質的に個人に関わること、場合によっては技術的なプロセスに関わることに独自性を脅かす何かがあるのだろうか。

わたしは、スーパーヴィジョンという器に制限をかけることが重要であるとの立場を保ち続けてきた。しかし、これまで論じてきたように、スーパーヴィジョンのプロセスは通常認識されている以上にふたりの個人が中心となって関わり合うものであり、その関わりの外部に、数多くの影響を及ぼし得るとわたしは確信してきた。スーパーヴィジョンは実際、力動的プロセスなのである。

臨床スーパーヴィジョンにおける三セミナー

次に述べる三セミナーの要約は、「臨床スーパーヴィジョン――問題と技術」（一九八八年四月、英国心理臨床学会のユング派訓練協会によって組織された公開カンファレンス）のフォローアップとして同年十一月開催に向けて準備されたものである。メンバーは、セミナーリーダーのジョアン・リゾーリと参加に関心を示した五名であった。

セミナーリーダーは、ディスカッションが始まる前にすべての参加者に向けて、各セミナーそれぞれのテーマをコメント付で紹介した。第二、第三セミナー開始時には全体の継続性を考慮して、前のセミナーで取り上げられたことがらのリストが読み上げられた。それに続いて、ディスカッションを牽引するリーダーは、新しいアイディアや観察やコメントをディスカッションに散りばめることでグループプロセスを創り上げていった。これらはときに挑戦的で対立的なものであったが、つねにさらなる論考や熟考を刺激するように計画されていた。このセミナーはスーパーヴァイザー自身がスーパーヴィジョン・プロセスを構成する重要な要素になるものと言うことができる。

第一セミナー

グループではまず自己紹介の後に、問題となる多くのテーマを取り上げた。メンバーは最初から互いに厚い信頼関係を築き、テーマに関連する個人的な経験を共有し、深くコミットしてディスカッションに光を当てていった。

最初に提起されたテーマはスーパーヴァイザーとスーパーヴァイジーとの間に生じるある感情反応についてであったが、それはある特定の事例を指したものではなかった。その感情反応は転移や逆転移の現象と呼び得るものなのか、あるいはこれらの呼称は分析関係そのものの反応として用いるべきなのか。そういうテーマであった。そこにある特定のスーパーヴァイザーとの関係があった事実は疑う余地がなかった。問題はそれが特別な呼称をもつべきかどうかであった。ディスカッションの対象となったもうひとつのテーマは、スーパーヴィジョン事例にスーパーヴァイザーとスーパーヴァイジーとの関係がどのように反映されるようになったのかということであった。

スーパーヴァイザーのあり方として共有されたテーマは、公式な訓練を経ていないにもかかわらずクライエントと治療的関係にあるひと、被分析者《アナライザント》経験のないひとをスーパーヴィジョンするよう組織に依頼されるというものである。本来あるべきはずの制限と責任とに問題があることがただちに認められた。

関連して、スーパーヴィジョンの枠に関するテーマも取り上げられた。これは敏感なスーパーヴァイザーならすでに十分気づいていることだが、スーパーヴァイジーがスーパーヴィジョンのセッション中に泣くなどして自分の苦悩をまさにそのまままもち込んでくるという場合である。そうした環境でスーパーヴァイザーはどの程度まで対応すべきなのだろうか。

かなりのコンセンサスが得られたのは、スーパーヴァイジーがスーパーヴィジョンに満足できず、相当な期間事例に行き詰まりを感じているならば、スーパーヴァイザーの変更を考慮すべきということである。しかし、スーパーヴァイザーがそうした事態の経験を相当積んでいるのならばまた別の話で、スーパーヴァイザーが自分自身の経験を脇に置いてまでそうすべきかに関しては異論もあった。

この最初のセミナーで集約され同意された指針は以下である。「スーパーヴァイザーは万能だと考えるべきではない」「スーパーヴィジョンは危険な職業と考えるべきである」「スーパーヴィジョンは捉えどころのないものである」。

第二セミナー

第二セミナーのテーマは多くはなかった。しかし検討は非常に深かった。そこには、元型的ないしは父権的な万能感のある、見かけ倒しのスーパーヴァイザーや組織への異議申し立てが含まれていた。

まず、考慮すべき関心領域として、スーパーヴァイジーが自分自身で気づくことのできるきわめて重要な状況が挙げられた。以下の例が取り上げられた。すなわち、スーパーヴィジョンのときにスーパーヴァイザーによってもたらされた否定的転移を分析家《アナリスト》とスーパーヴァイジーが無意識裡に分裂させるという状況、分析家《アナリスト》とスーパーヴァイザーが親密で肯定的な関係ないしは競争的で否定的な関係にあるという状況、この両者がスーパーヴァイジーとスーパーヴィジョンに影響を及ぼしかねないという状況である。枠が厳密に守られないのならば、スーパーヴァイジーを分析的に「援助しよう」とするスーパーヴァイザーは分析関係という位置から分析家《アナリスト》を排除し始めるという懸念が表明された。

当然のことだが、こうしたことは分析を通して解決されるべき問題ではない。そう仮定するならば、スーパーヴァイザーとスーパーヴァイジーが「パーソナリティのぶつかり合い」を体験する過程について議論の余地がある。全体として同意されたのは、こうした状況ではスーパーヴァイジーがスーパーヴァイザーを変更することは許されるべきであるということである。スーパーヴァイザーがスーパーヴァイジーの変更を求めることができる状況にあるのかどうかは、より複雑な問題のように思われる。もし両者が同じ組織に雇用されたとするならば、ことの意味合いははるかに遠望なものになるだろう。多くの参加者に受け入れられたのはそうした問題に対処する指定されたコンサルタントが必要であるという提案であった。コンサルタントは個々にあるいはまた両者に対処することができるからである。

また、スーパーヴァイジーの患者としての潜在力をアセスメントすることがスーパーヴァイザーの役に立つのかどうかという疑問が出された。これについては明確なコンセンサスはない。しかしながら、スーパーヴィジョンを続けるなかで、スーパーヴァイジーが自身の内在化されたイメージに焦点を当てる必要性については全員の同意が得られた。ただそれは、スーパーヴァイザーがそれ以前に創り上げたイメージではない。

組織の要求に応じて録画や録音をすることの意義も議論された。こうした同時録画や録音のように、スーパーヴィジョンの方法を監視するような教育的側面に組織が価値を置くものは何であっても、それは治療を制限するという合意があった。この状況では、スーパーヴァイザーは、スーパーヴァイジーの内的反応に集中するというよりもむしろ録画を見たり録音を聞いたりした後に、自分が治療をどのように実践してきたかを教えたい誘惑に駆られるだろう。第三の要因つまり録音・録画装置の存在は、深奥な創造性の本質である守られた治療空間を創り上げることを妨げるのである。付言すれば、もしそれらが第三者に曝されるとすれば、患者は社会的に容認されない、あるいは潜在的に痛手となるような情報を秘匿するに違いない。

第三セミナー

第三セミナーでは、スーパーヴァイザーの技術の習得とアセスメントの質的向上がさらに検討された。とくに育成が明確なテーマとなった。また、スーパーヴィジョンの否定的な面も取り上げられた。

たとえば、個人または組織内で起こるスーパーヴィジョンの設定の効果に関する多少の議論があった。

講義を中心にすることと「創造的プロセス」を促すことのどちらがより有効なのかという議論は、スーパーヴァイザーになるための資格要件を満たしたかどうかの決定がどのようになされたのかについての問題へとつながっていった。良い治療者がかならずしも良いスーパーヴァイザーになるとは限らないというコメントがあった。

スーパーヴィジョンの技術を教えることは可能なのかというテーマを取り扱うにあたって、技能は教えられるが育成は教えられないという発言があった。育成という点については、スーパーヴィジョンの実践におけるひとつのモデルとしてその後も断続的に取り上げられた。スーパーヴァイザーは生起していることを伝える優れた理論知および技術知をもつべきであるとの同意が得られた。また、初学者のスーパーヴァイジーとうまくやるスーパーヴァイザーもいればより経験のあるスーパーヴァイジーとうまくやるスーパーヴァイザーがいることも確認された。スーパーヴァイザーは母親がそうであるように、スーパーヴァイジーの成長段階に応じた対応をしなければならないし、スーパーヴァイジーとともに難しい局面に留まりそこを超え、スーパーヴァイジーに対応できなければならない。このようにしてスーパーヴァイザーは、自らがスーパーヴィジョンを受けた経験のいくらかを還元しているのである。それはたとえて言えば、祖母－母親－子という三世代にまたがる関係である。

スーパーヴィジョンを終了する主導権はどちらにあるのかという質問があった。理想的には相互決定であるべきである。突発的であってはならないし、またかならずしも資格取得とともに終わるべきではない。けれども、「母親」との絆を断ち切る際に体験される苦難についての言及がなされ、そのなかでよい「母親」を拒否したくない願望が指摘された。こうしたことは成長して自立していく青年期という発達段階の複雑な心情に比較された。

スーパーヴァイジーの育成ではないが、ある特定の患者を援助する学派の異なるグループメンバーのコンサルタントとして活動するスーパーヴァイザーの一例が、スーパーヴァイザーの技術をさらにさまざまに用いるために取り上げられた。

また、スーパーヴァイジーがスーパーヴィジョンを全面的に嫌うときの双方の側に与える影響について短い議論があった。

最後には、何らかの形でこれらのセミナーをまとめておこうという流れが大きくなり、他のセミナーもシリーズとして企画して欲しいとの要請があった。

コメント

セミナーで取り上げられた諸テーマは根本的なものであり、専門技術の向上に重要な関連をもつものであった。ここに記したコメントはもちろんディスカッションの要約にすぎない。関連質問が多く出されたが明確な回答はほとんど出なかった。したがって、セミナーのスタイルは知識を総体化するものではなく基本的な探究姿勢であったと言うことができる。これはわたしの考えだが、こうした探求姿勢は学習の本質であり、またそれはスーパーヴィジョンの本質的な構成要素なのである。今回選択されたテーマが今後さらに有意義に探究されることはあり得るのであろうか。

第Ⅳ部　スーパーヴィジョンの進展状況の評価

第13章 シンポジウム――スーパーヴィジョンの進展状況の評価

A　アルフレッド・プラウト

進展を評価するにはスタート地点がどうであったかを知らなければならない。スーパーヴィジョンの主題になる患者についてのクリニック主治医のメモと、スーパーヴァイジーの人格についてのわたしの第一印象とが合わさって、ベースラインやスタート地点がわたしのこころに描き出される。変わらないものもあれば修正されたり変化したりするものもあるだろう。変わらないもののなかには、一日の仕事のなかでわたしが分析的な責任から解放され保証や批判を直接的に被らないときにスーパーヴィジョンを楽しむということがある。またわたしは、若い世代が分析をまなざす爽やかな面を楽しんでもいる。そのときわたしのこころは、青年期を想い起こすかのように、スーパーヴィジョンを受けたりはじめて分析作業で患者と出会ったりした当時にたちまち引き戻される。青年期には気持ちが揺れて不安になったり混乱したりして、年長者から助けられたり邪険に扱われたりするものである。このように、スーパーヴィジョンを刺激しかねないさまざまな面にも触れていくことが重要になる。こうしたことが表われてくるのは、スーパーヴァイジーと患者との関わり合いからであるが、それによって分析的方法とその有効性ついてのわたしの考えがさまざまに揺れるのである。

この個人的な見解の背景にあるスーパーヴィジョンの進展基準を三点、問いの形で示したいと思う。

1　訓練生はスーパーヴィジョンを有効に使えているか。少なくともひとつ肯定的な答えは、訓練生と患者との間に起こったことを訓練生自身から聴くことによって、さまざまな糸をたぐり寄せて一種の連続性を創り出し、そして足りないものに気づくようになることである。これは訓練生の限界を認識することをも意味している。わたしはこれをスーパーヴィジョンのモノローグ状態と見なしている。つまり訓練生は容易にことばにできるような方法で応答することなく患者の話を聴き、いまはそれとよく似た方法でわたしに（たいていは文書で）報告しようとしている。訓練生が一回のスーパーヴィジョンで四セッションすべてを提示しようとすると、ときどき時間が一杯になる。この段階では、わたしはおおむね沈黙を守っている。

スーパーヴィジョンの時間をそれ以上に使うことは、訓練生と患者との対話および訓練生とスーパーヴァイザーとの対話がどう展開するかに拠るが、最終的には、患者は、目の前に実際にいるような三次元の存在になる。ときどきあることだが、報告された夢がわたしの患者のものなのか訓練生が担当する患者が見たものなのか疑わしくなる。この段階にまで来たことがわかると、スーパーヴィジョンのさらなる発展の道が開かれていることを知るのである。

2　1とは逆の問いである。すなわち訓練生がわたしを使いこなすことを妨げる障害は何か。ここはわたし自身の欠点を引き合いに出す場所ではないので、訓練生の不安と進展が妨げられるあり方に注意を向けたい。次の要因が考えられる。

（a）スーパーヴァイザーの権力に対する恐れ。
（b）患者を失う恐れ。
（c）無知であることの恐れ。

（a）スーパーヴァイザーの権力に対する恐れからスーパーヴィジョンの進展を抑止するふたつの対立極がある。ひとつを「服従」と呼ぶことにしよう。

わたしのどんなコメントも珠玉の知恵とされてしまい、訓練生はコメントを受けた相応の感謝を示そうとわたしの洞察力を褒め称えコメントを書き留めることがある。あるいは、わたしが話さねばならなかったことは患者の行動や次のセッションで患者から報告された夢によってすぐに裏づけられたと言われることもある。もちろん真実かも知れないし見解を同じくすることは一定の学習段階では必要かも知れない。しかし、できることならその段階は通過して欲しいものである。

スーパーヴァイザーの権力に対する恐れを逆の表現で言うと、それはスーパーヴァイザーの貢献可能性に対する否認である。それがより破壊的な形をとると、わたしのどんなコメントに対しても、それはとっくに考えていたけれども使わなかったとか役に立たないと思ったなどと反応する事態が見られることになる。あるいは、自分自身の患者に対する直観的かつ自発的な反応は第三者によってそれ以上改善されることはないとほのめかすことになるかも知れない。服従と否認というスーパーヴァイザーの権力に関わる不安の指標は、もちろんのこと交互に起こり得る。

（b）ひとりの患者ないしは続けてふたりの患者すら失うという恐れと訓練生の分析可能性を中傷することは前述の障害と同様に理解できる。けれども、その恐怖がいったん公に知るところとなってしまえばためらうことなく元気づけることができるような気がする。たとえば、その恐怖が現実になるまではひとりの分析家《アナリスト》でいるのだからとか、陽性転移や短期間で終わる治療効果に信頼を置く「大それた」心理療法家になるよりも確かな方法と知識体系を身に着ける方がよいのだとかいうふうに。同じ不安（患者を失うこと）の反対の徴候として訓練生に見られるのは、道を外れることや患者との調和的関係を楽しむことに痛みを感じるときである。

（c）無知であることの恐れ。わたしは、訓練生が文献を取り上げ利用する方法をスーパーヴィジョンの一部とみなしている。文献学習やセミナー学習をきちんと消化しているかどうかを注意深く観察する。訓練生は本を読むことよりもそこからの発見をより重要だと考えるべきであり、それは自然なことである。この意味で、開拓者の文章には意味がないとみなすべきである。誰もそんなことを実際に言うわけではないが、これは自己愛的段階として許容されてよい。長期的に見て真に重要なことは、訓練生がこれまで生きてきたなかで、そして分析を受けてきたなかで得たこと、すなわち自身の個人的な知識や体験と、少なくとも、訓練中にそれ以外の情報源から得た読書や知識とを〈総合できるかどうか〉なのである。スーパーヴィジョンの期間中に訓練生に期待できるのは、この総合または統合のプロセスの始まりを見せてくれることである。周知のように、こうした個性化に向かって進んでいくためには分析的状況を生きるときが必要なのである。

個性化に到る前には、以下のような問いがわれわれを襲ってくる。訓練生の天与の才、共感力、誠実さ、知性といった才能は、スーパーヴィジョンのプロセスのなかで涵養され損なわれることなく訓練生の血肉となっているか。

3　最後の自問はこうである。実際的にみて、協会の準会員に推薦できるだけの要求水準を訓練生が満たしたことを、わたしはどうしたらわかるのか、信じられるのか。答えは簡単で、どれほどの強い信念をもって以下の三つの問いに頷けるかどうかである。重要な順に並べた。

（a） 当該の訓練生に患者を紹介するつもりがあるか。
（b） 自分が分析を引き受ける患者を当該の訓練生に紹介するつもりがあるか。
そして最後に、
（c） 当該の訓練生に自分自身の分析を委ねるつもりがあるか。
この最後の「基準」は頭をよぎる程度でなければならない。

B グスタフ・ドライフェス

わたしは、イスラエル分析心理学協会やテルアビブおよびハイファの大学院医学研究科の心理療法部門で長年に亘ってスーパーヴァイザーを担当してきた。後者の学生は精神医学専門の医師、精神病院で臨床経験のある臨床心理学者（修士）およびソーシャルワーカー（修士）であった。ユング派資格取得のための訓練生とは対照的に、これら大学課程の訓練生はプログラムを取捨選択するというスタイルであって、個人分析や個人心理療法ですら要求されていない。心理療法経験を経た、あるいは経験中の学生は何人かいるけれども少数派である。

これらのふたつのグループに大きな開きがあるのは言うまでもない。とくに、転移・逆転移過程の意識化と無意識素材の解釈に関してはそうである。

スーパーヴィジョンの評価は分析の評価と同程度に個人に帰せられる高度な活動である。もちろん、自己一致や共感性といった分析家《アナリスト》の専門性を評価する客観的基準はある。しかし、その評価の重要性は分析家《アナリスト》や個々のスーパーヴァイザーのパーソナリティに依存しており相対的なのである。たとえば、感情タイプは共感性を専門的職業のもっとも重要な評価とみなすだろう。一方、思考タイプは洞察（意識化）を最重要に考えるだろう。直観タイプはスーパーヴァイジーの想像力に大きな価値を置くだろうし、感覚タイプは現実適応を過度に評価することになるだろう。

もし、スーパーヴィジョンの〈進展〉を評価するならば、スーパーヴィジョンを始めるにあたってまずスーパーヴァイジーを評価しなければならない。次いで、スーパーヴィジョン終了時ないしはセッションごとに進展の評価をしなければならない。そこではタイプ論が有効である。分析家《アナリスト》およびスーパーヴァイザーとしての自分のタイプと経験から、わたしは共感を治療者にとってもっとも重要な要因のひとつと考えている。スーパーヴァイジーに共感という天与の才があるのならば、スーパーヴィジョンのプロセスにおいて、共感のシャドウの側面とくに〈神秘的融即〉の危険性がそうだが、それを現実化する必要性がスーパーヴァイジーに生じる。それが求められるときはつねに過度に共感し過ぎるという問題と分析状況における意識的評価の欠如の問題を指摘することになる。

この点を明らかにするためにいくつかの例を挙げてみよう。

スーパーヴァイジー1――スーパーヴィジョン経験は七ヶ月、十四時間。

五十四歳の女性心理臨床家で何年にも及ぶ分析経験がある。温かく知的な女性で自分の長所と弱点を意識化できている。「患者の側から」の把握ができ親密性（共感）を抱くことができる一方で、過度の受容という危険性、シャドウの側面をほとんど解釈しない危険性を意識できていた。また、話し過ぎるきらいがあり傾聴に欠ける。評価的解釈に積極的すぎるくらいである。ときどき意欲的になり過ぎるほどに患者の発達に関心を抱いていた。

スーパーヴィジョンではこの心理臨床家の弱点に焦点を当てて、スーパーヴァイザーとの関係にもそれが表われていることが指摘された。

スーパーヴァイジー2――スーパーヴィジョン経験は一年間、三十四時間。

女性の心理臨床家で四十五歳。ユング派の長い分析経験がある。内向直観タイプである。持ち味は共感力、状況察知力、信頼の空気を創る力である。内的プロセスが干渉されることなく起こるに任せられる臨床家だった。分析経験を通して、巻き込まれ過ぎ、過剰な一体化の危険性に気づいていた。また、無意識の素材に魅惑され、それにこころ奪われやすいことも知っていた。

こうした点のすべてはスーパーヴィジョンのなかで慎重に話し合われた。そこでは患者の〈具体的な外的状況〉を評価し考慮に入れることがとくに強調された。この臨床家にとくに必要だったのは自分自身や被分析者《アナライザント》との作業における「現実との絆」であった。

スーパーヴィジョンのなかでこの臨床家は弱点に気づくようになり、それを克服しながらかなりの進歩を遂げた。

スーパーヴァイジー3――スーパーヴィジョン経験は九ヶ月、二十五時間。

四十歳の男性精神科医で分析経験はない。高度な知的および文化的背景があり、ロシアで医学教育を受けた。とても良質な父親コンプレックスがある。人格者の父親は成功を遂げた科学者であり医師であり、そんな父親を尊敬していた。スーパーヴィジョンの初期にはそのオリエンテーションはまさに「医学的」で合理的なものであった。この男性は治療に成功しなければならなかった。しかもかなり急いで。自分の共感力の価値に気づいておらずそれを怖れてもいた。

スーパーヴィジョンの経過のなかで心的成熟を遂げたこの男性は、治療における自身の自然な共感力とその重要性を受け容れることを学んだ。治療関係ではより忍耐強く成熟していった。現在は患者とともに「在ること」の内的な力がよりいっそう強くなっている。治療者として行き過ぎたことをせずに「起こる」に任せることができる。進展がないことや緩慢なことで惑わされなくなっている。こころそれ自体に備わっている治癒機能にいっそうの信頼を置くという意味でより（受け容れる姿勢として）「あるがまま」であることを信じている。

スーパーヴィジョンのなかでは（かつて他のスーパーヴァイザーとの一年間のスーパーヴィジョン経験があった）スーパーヴァイザーと競合しないことを学んだのだが、それは良質な父親コンプレックスがあったためにスーパーヴァイザーを「高みに」置き過ぎていたからであった。

このことは治療とスーパーヴィジョンにおける転移／逆転移の問題に発展して議論された。患者の夢のなかにときとして登場する「一瞥する」スーパーヴァイザーの姿を通して、無意識や夢分析の価値を受け容れるようになっていった。

スーパーヴィジョンを受けている間の貴重な経験は、抑うつ感に苦しむ七十歳の女性の罪悪感について議論したことである。わたしの示唆は、この患者が罪の意識を受け容れ自分自身を許せるようになるときについてであった。それはこの女性が罪悪感を自身に受け容れることができるときだったのだが、そのために費やされるときについて示唆したのであった（この女性の息子はある事故で死亡していた。その息子の死を、長い間、外的な事情のために世話ができなかったためだとして苦しんでいた）。この示唆が直接的にこの女性の改善をもたらし心理療法の終結を迎えた。心理療法でこのようなことが起こったのはこのスーパーヴァイジーにとっては異例のことだった。そしてこれがユング心理学の関心をさらに高めることになったのである。

スーパーヴァイジー4――スーパーヴィジョン経験は八ヶ月、十八時間。

四十五歳の女性精神科医で分析経験はない。とても合理的で無意識を恐れている。治療関係における自身の直観と感情に優越的な機能があることに気づかなかった。このため、しばしば自身の感情と共感がうまく機能する状況にいる自分に気づいているにもかかわらず、その状況に自分がいることを評価する能力を失ってしまうほどであった。この点をかなり意識して弱点が修復されていった。医師としての訓練を通じてこの女性は、患者を失望させるという不安定感と恐怖感を万能感で補償していた。そういう幻想を抱き続けていたのである。スーパーヴィジョンのなかでは謙虚に治療者としての限界を受け容れることを学んだ。

結語

スーパーヴィジョンは心理療法を行うための「学習」とはまた別に、意識化の力をつける上で重要なツールになる。スーパーヴァイジーが治療者として自分自身を知り、自身の作業における個性的なスタイルを見出し、治療のツールとして自分自身を、自身のこころを感じていく役に立つのである。したがって、スーパーヴィジョンにおける進展はきまってスーパーヴァイジーの人格の発展でもある。スーパーヴィジョンの終結に当たっては、もし以前にスーパーヴィジョンを受けた経験があったのならばそれとわれわれの作業とを比較しながら、わたしはつねにこのスーパーヴィジョンがどうであったのかをスーパーヴァイジーと話し合う。このようにしてわたしは自分自身についても学び、長年の経過のなかで、スーパーヴァイザーとしての自らの進展を評価することができるのである。

C　マイケル・フォーダム

本章では、わたしがロンドンで取り組んだ児童分析の訓練事例におけるスーパーヴィジョンについて述べることにしたい。

これまでわたしは、総合的に、スーパーヴィジョンに関する自身の立場を明確にしてきた[1]。その論文を再読してみても、その本質を変えようという気にはならない。それはつまり、分析とは異なり、スーパーヴィジョンは学生の事例に対する実践に向けられるべきであって学生の情緒に触れる内的世界に向けられるべきではないというものである。ここでわたしは、学生や分析スタイルの違いからもたらされるアウトカムや分析技能の改善方向性を定位するために、このことがどのように役立ったのかについて、さらにいくつかの見解を提示することにする。

分析ということばはさまざまに用いられている。したがって、ここではまず分析を主題とした拙著にあたってもらいたいと思う[2]。それらを要約すると、分析というのは本質的な意味でこころの姿勢だということである。それは、より単純な心的要素の働きを洞察する力を身に着けようと、複雑なこころの構造を整理する姿勢なのである。

さて、これから提示するのは、週に四、五回の頻度で学生が子どもに面接するという公式の設定や枠組みを求められる児童分析のスーパーヴィジョンからのものである。面接室には、水が使えるシンク、二脚の椅子とテーブル、それに敷物とクッションを備えたカウチがある。おもちゃは治療室の外の戸棚にあって子どもが選ぶ。それと分析家《アナリスト》が加えたいと思ったおもちゃが選ばれる。セッション開始前に、分析家《アナリスト》と子どもは戸棚に行って分析家《アナリスト》が鍵を開ける。たいてい子どもはそうしたいと思うものだが、その子は遊びたいおもちゃを手にする。そのおもちゃは分析家《アナリスト》から子どもへの贈り物を意味する。子どもはそのおもちゃを好きなようにしていい。家に持ち帰ってもいいし思うようにいじくってもいい。

こうした準備は分析過程における相互作用の本質を最大限に引き出す。また、子どもがアクティングアウトするような遊びをできる限り回避したいという狙いもある。ただ、つねにこれらが標準として可能なわけではない。

このようなしつらえの状況下で、学生は面接で生じたことの詳細な記録をスーパーヴァイザーに持参する。当然のことだが、記録は子どもの差違だけではなく学生の基本姿勢をもあらわにする。以下に対照的な二例を挙げよう。

最初は知的面での障害を抱える少年の事例である。面接が進むにつれて、その障害は去勢不安が後に置き換わったものであることがかなり明白になってきた。女性の学生はこの見方を妥当だと認め、自分なりのやり方でそれを少年に指摘しようとした。当然のことが起こった。少年はこの洞察を拍手喝采しなかった。少年は抵抗を見せ、それに気づいた学生は解釈を押し込むことができなかった。ここで説明すべきだが、わたしは学生には詳細な解釈をあえて指摘せずに、学生に裁量の余地を残しておいたのである。だからわたしは次のようには言わなかった。「いいですか、この子はあなたを誘惑したがっている。だからこんなに無口なのです。でも、誘惑したらどうなるのか、その結果を怖れ過ぎています」。

学生は同時並行で個人分析を受けていた。そのなかでこの少年がもたらした素材が感性豊かに慎重に取り扱われていった。そうして、この少年は少しずつリラックスするようになり学生にこころを開くようになっていった。とうとう、少年の誘惑が始まった。部屋のなかのものに興味を示すようになり、とくに棚の中身、それは学生の身体を表象するのだが、それに興味を示し始めたのである。同時に、学生と一緒にゲームをしようともした。それに沿うように学生は関わる。だがわたしが思っていたのは、やがて学生は自分自身でこの状況を乗り越えていくだろうということだった。つまり、分析関係のなかで、分析家《アナリスト》によって慎重かつ感性豊かに少年との関係が取り扱われることを通して、去勢不安は和らいでいくとわたしは考えていたのである。このような分析は熟練を要する。ただ、分析に対して学生はどちらかというと受け身的だった。だからわたしはスーパーヴァイザーとして、無意識の作業プロセスを侵襲するような洞察を入れなかった。つまり、いつもそうなるわけではないけれども、その洞察が学生の内にもたらされてくるまで待とうとしていたのである。

さて、これとは対照的な女性の学生を取り上げよう。ここでも患者は少年である。学生はとてもたくましくて安定した身体の持ち主で、それは包み抱える優れた能力を如実に物語っていた。

少年は旅をするかのように毎回来院した。クリニックまでの道のりをロンドン地下鉄に乗って上手にやってきた。乗降駅や経由駅を記録し、トンネルを通って駅に入ってくる電車の様子を夢中で話してくれた。それは、プラットホームの端に身を乗り出してトンネルの遙か向こうから電車が近づいてくるのを発見しようとする少年の姿であった。

そんなことの繰り返しだったため、面接は行き詰まった。そこでわたしは、学生が少年に話す内容を、わたしも含めて他の誰もが知らないとしたら、少年に何と言うのかと学生に尋ねてみた。するとおおよそ次のように学生は答えた。すなわち、少年の「地理学的」没頭は学生の身体への性的興味とくにその性器（地下鉄）や性器内部（電車による表象）への関心を示すと考えられ、少年は学生の性器とそのなかにあるペニスを覗き込むことができるかどうか尋ねているように思える、と。わたしは、「そう言ってみたら？」と伝えた。学生がそうするよう暗にほのめかしたのである。学生が少年に何と言ったかは詳しく覚えていないが、実質的にはこうしたことを少年に話したと、学生はわたしに語った。石化状態から分析が生き返った。効果はたちまち顕著に現れた。わたしの考えでは、この学生にはことばがもつ情動的な内容を抱える力量があったので、少年の意識に打撃を与えることも怒りをむき出しにさせることもなかったのである。

スーパーヴィジョンの間、スーパーヴァイザーは学生の諸能力を評価したり判断したりするべきではなく、持ち味が発揮できるように促すべきだというのがわたしの主張である。評価は後になってなされるときがくるし、学生が分析心理学協会準会員への承認を受けようとするときには評価の必要があるだろう。ときにはそういうことが求められるかも知れないが、公式な意味での教育がそこにあるわけではない。したがってわたしはどの学生にも、学生の見方に適した理論的な枠組みを提供することはない。それはセミナーのもつ機能である。そうではなくて、むしろわたしは学生の情動的かつ知的な能力に応じて自分の体験を伝えようとするのである。学生個々がどのように成長するのかを熟慮することは、学生個々の作業を評価することを含むのであり、現在のわたしはそのように努めている。

この二例の比較は、当該学生の分析能力の発達に沿った道筋を示すものである。最初の学生は、患者の性的かつ攻撃的な衝動やファンタジーを抱える臨床力、それらの変容に与る臨床力を豊かにしていくことが求められる。二例目の学生にはすでにその臨床力はある。しかし外的なことがらによりいっそうの注意を払う必要がある。最初の学生はそれにかけては熟達している。二例目の学生は、背景ないしは表面下へと分け入り分析を親密な相互的関わりへと動かす。しかし、外的な防衛操作は無視してしまい、それが後に問題を引き起こす要因を作ってしまう。外的なことがらの正しい理解は、介入に対する患者の反応の仕方を注意深く検討することから始めることができる。

ふたりの学生の例を挙げて検討した意図は、一連の発達は抽象的基準ではなくむしろ比較相対的な経験によってもっとも定位され得るというところにある。理論を完全に棄却することはできない。そうではなく、理論は一方では学生と患者との、他方で学生とスーパーヴァイザーとの相互交流を影で観察すべく存在するのである。この見解は、分析的実践における抽象概念の位置づけとともに体験の曖昧な意味づけに疑問を投げかける。結局のところ、理論は一種の体験なのである。これ以上の議論や定義を積み重ねることなく、本小論が十分に明確な理解をもたらすことを望んでいる。また、他所も参照されたい[2]。

D ジョセフ・ヘンダーソン

サンフランシスコのユング研究所では、ふたりの分析家《アナリスト》に二年間コントロール分析を受け、候補生として事例研究論文を提出して課程を終了する。これに引き続き、サンフランシスコとロサンゼルス訓練センターからそれぞれ三名、合計六名の認定役員による口頭試問を受ける。最後に、年次総会において、地域役員が新会員を公表し、通常は、訓練課程の候補生の審査方法について、地域役員の経験に基づいて賛否両論の議論が交わされる。

最近開かれた年次総会で次のような質問があった。それは、提出用の事例の選択決定に際しコントロール分析家や候補生はどのような態度でいるべきなのかというものである。この議論がどのようなものであったかを考えるために、総会議事録の一節を以下に引用する。

> 提出事例の選択についてはその基準がとても曖昧に感じるという、ある会員の意見があった。また別の会員は、たましいに誠実な判断と「官僚的競合」からの判断とを区別すべきだと感じるという意見であった。またさらには、たましいに誠実な判断ができるので基準はより日常的なものにすべきだと考えるようになっているという意見もあった。

わたしは、コントロール分析家を長年に亘って続けるなかで、どんな態度をとってきたのか、いまはどうなのか、そしてどう変えていくのかと問いながら、これら葛藤を孕む諸点を乗り越えてきた。

候補生との作業はわたしにとってはつねに興味深く、刺激的な体験である。だが、うんざりするときもある。そのときは、わたしには象徴的内容を伴うプロセスに関わっているという感覚ではなく、われわれふたりが精神力動的な「機制」の働く権力闘争の場で議論させられている感覚がする。かといって、このことでわたしは候補生にわたしの興味を惹く事例だけを選んで欲しいと思っているわけではない。場合によっては純粋に臨床的アプローチが提示されることもある。もし、候補生に事例選択に関する根本的な抵抗があって、その本質がわたしの理解によって取り除ける、そのようなあり方で事例が提示されるのであれば、「現実的な」意義があると同様に、たしかに「たましい」に誠実に作業をするという感覚がある。候補生と患者の両者が分析的解釈というゲームに巻き込まれているように見えるときがあるが、そのようなときに限ってトランスパーソナルな本質を見る視点が失われていて、わたしの興味は失せてしまう。端的に言うと、両者が互いにどんな存在であったとしても、わたしにとっては現実の人間でなくなるからである。

候補生と行う作業に「コントロール」ということばを用いるのをわたしは好まない。作業の開始に当たっては、この場は検査や試験をするところではなくコンサルテーションとして活用するところだと候補生には話している。候補生はこの説明にきちんと反応して、その場が提示事例の選択をするよりも対応のとても難しい患者の問題を自由に話せる場であることをすぐに学ぶ。また、適切だと思ったときは個人的問題についても話題にする。コンサルタントではなく個人分析家とみなされたこともある。だが、それが妥当かどうかは疑問に思わざるを得ない。一、二の事例では、候補生の個人的問題をコントロール分析で扱うには時期尚早だとはっきりしたこともあった。ただ、これは一般には問題にならない。つまり、分析的実践における作業は象徴的、臨床的、個人的である以外には在りようがないのである。そしてわたしは、このことが「たましい」ということばがユング派の方法論についての議論に否応なく入ってくる真の理由だと考えている。ノイマンは、一九五九年にチューリッヒで開催された第一回国際会議での発表を論文にするなかで、「元型の個人的喚起」[3]として、この点を明記している。そこでノイマンが言及したのは、分析家《アナリスト》と被分析者《アナライザント》によって相互共有された、プログラム化した応答で汚されることのない経験についてである。

ここでわたしは、この「たましい」という曖昧なことばの理解およびそれと分析作業との関連を拡大解釈したかも知れない。訓練のなかで候補生を権威的にコントロールしないことを、わたしはつねに誇りにしている。訓練生もわたしも師匠‐弟子という人間関係がまさにわれわれの作業の本質にあるということを承知している。もちろん、同僚であると認めることでこのような学問的本質を気にしないようにはしている。しかし、そうした実際的な合理的解釈が無意識の元型的な層に届くことはない。候補生が提出事例を書く段になって、引き続いて口頭試問が迫っているということになると、また別の現実が繰り返し何度も浮き彫りになってくる。イニシエーションとして整えられ確認されている現実である。それは候補生と他のコントロール分析家との経験に基づいている。わたしとの経験に基づいているのではない。この現実は、研究所において学生から正式会員へのイニシエーションとして経験されるものである。ほとんどの候補生がしばしば繰り返し口にすることでたしかなように、過度の不安を伴う経験の全過程が、さほど不安を伴わないときですらイニシエーションのように感じられるのである。

さて、わたしはイニシエーションについての著書を上梓したことがあった。その著書は候補生のための推薦書リストに挙がっている[1]。そのことから思うのは、候補生はイニシエーションという考えを吹き込まれてしまっていないだろうかということである。それは訓練と関連してはいないだろうか。つまり試験はおそらくイニシエーション体験だという暗示が吹き込まれてしまっていないだろうか。わたしの承認を得ようとこのテーマを過大視していないだろうか。もしそうならば、その証拠を探し出す必要がある。しかし、いまのところそうしたことは一度もない。拙著のなかでわたしは、イニシエーションは元型のひとつであるという立場をとっている。その根拠を、民族文化や神秘宗教におけるイニシエーション神話や儀礼に相応しい多数の臨床素材の集積に求めている。元型が顕現する様相は実にさまざまでとても予測可能なものではない。したがって、どんな文化的様式もそのすべてを説明することはできない。患者が元型様式についてどれほど学んでいたとしても、個人の体験としてそれは独特のものに感じられ、ある特別な欲求に応えておのずと顕現するものである。そのことをわたしは臨床的に見出してきた。アンソニー・スティーブンスは最近の論文のなかで、社会的文脈のなかでは出会わなかった欲求のひとつとしてイニシエーションの現代的顕現について論じている。それは若者の非行や青年期の反抗といった姿で現れるという。[4] スティーブンスが言うには、こうした若者には「イニシエーションへの渇望」があり、これがひとつの元型としてのイニシエーションの存在を示すということである。

　いまだに多くの心理学者や人類学者は、イニシエーションを、被分析者《アナライザント》であれ新規参入者であれ、たんに、文化様式を介して新たに加わる者に既習の反応を伝えるものと理解しているだけであり、元型的反応としては理解していない。拙著の批判的論評には失望させられた。また、かなり前のことになるが、自分の見解に疑問を感じていたときに、真のイニシエーションの元型的起源というわたしの概念を十二分に検証してきた訓練候補生がその疑問を解決したことがあった。いずれにせよ奨励したわけではない。だが、そうしたことが起こったのである。どんな形をとって現れるかは予測されないのである。イニシエーションに関するさまざまな定式化の現れは次のように述べることができるだろう。「わたしが辿ってきたプロセスは、しばしば出会ってきた『イニシエーション』ということばが真に意味するものであったに違いない」。

　ときには、「試練」や「力試し」と表現されるような、イニシエーションの基本的な道標のいくつかが見えることがある。しかしこれらはきわだったものではない。イニシエーションの一般的でより本質的な体験は、移行の状態つまり変容なのであり、それは権力への意志の関与や従属という新たな感覚を伴う。ただ、すべてのひとが口にするほどすんなりと「イニシエーションが体験される」わけではない。候補生が輝きに溢れた業績に自信をもつようになるとき、そして実際に分析的な訓練のすべてが終了しようとしているとき、このようなときはきまって他のコントロール分析家や認定役員から難題が降りかかる。厄介なことではあるけれども、わたしはこれらのことを、傷を負った体験つまりたんに元型様式に固有なシャドウの発現とみなすことはけっしてない。そこで体験されているのは、イニシエーションに過剰に期待しすぎるあまりに起こったイニシエーションの失敗なのである。いわゆる「できそこないのイニシエーション *initiation manquée*」は、古代から聖杯伝説[5]に見られるように、それ自体が通過儀礼の重要な一部として知られている。どんな元型でもそれが個人に影響を及ぼすとき、定義上は、まず自我意識が肥大するので、強力な収縮が働いて均衡が保たれる必要が出てくるのである。

候補生の数え切れないほど多くの体験や定式化を踏まえて思うのは、この種の訓練プログラムは総じてイニシエーション元型を促進しがちだということである。イニシエーションは、導き手としての個人のコントロール分析家とともに始まり、仲間集団の幅広い要求に応えながら成長という評価をもって終了する。そのプロセスで候補生は肥大と収縮の力動を経験的に学ぶ。最終的には、個性化過程は、全体として内的解放および所属集団との外的体験という両水準の再生と関与の流れのなかで象徴的に見渡されるのである。

わたしはもっぱら候補生のスーパーヴィジョン体験に焦点づけて述べてきたが、それではスーパーヴィジョンというコントロールを受ける当該の患者の体験についてはどうであろうか。わたしが期待するのは、すべての候補生が患者の素材についてわたしとの議論を通じてその情報を得ることである。そこではわたしの無意識の反応なり意識的な影響力なりは適度でなければならない。候補生がコントロールを受けていることを当該の患者に伝えていない事例ではわたしの無意識の反応や意識的影響力が顕著に出てしまう。そしてわたしは患者を無視し、候補生はコントロールを受けていることを患者に伝えないままになる。後になって、候補生が事例を発表し研究所の一員として正式に承認されてしまってから、当該の患者が公式行事ではじめてわたしと出会ったということがあった。そのとき患者は声を張り上げ、「あの男は誰なんだ。教えてくれ！」と叫んだ。当時の無意識の認知様式が蘇った候補生は、患者が逆のことを言っていることに気づいた。「教えてくれじゃない、こっちが聞きたい」。

コントロール分析を受けている期間は、別の治療者（スーパーヴァイザー）と患者の素材を共有することになるので、感性を慎重に働かせなければならない。たんに患者に同意を求めるだけでは十分ではない。意識的には同意したとしても、後になって、かなりの内的抵抗が生じることがある。たいていは、コントロール下にある患者は、経験豊富な分析家《アナリスト》によって明確になっていく知識に支えられる。そのことをわたしは経験してきた。わたしにとっては、かなり厄介な問題の多くが分析家《アナリスト》だけによってというよりも、わたしの候補生や自分自身によって解決されてきたように思われる。コントロール分析は複合的な分析とは違う。複合的な分析では、患者は治療を受けている間、その治療者はふたり以上の分析家《アナリスト》に会うことになる。残念ながら、わたしはこのことを納得し得るだけの説明素材を十分に集めることはできなかった。したがって、このことは証明されたわけではなく、あくまで可能性の範囲内でのことである。

しかしながら、わたしが考えていることのひとつは、これまでコントロール分析を行ってきた誰もが、候補生と患者の両者がともに援助を体験して大いに役立ったことに同意するだろうということである。このことは候補生と患者との間に生じる転移と逆転移を取り扱うときにわかる。候補生は臨床的な訓練を受けた心理臨床家である。そのうちの何人かは医師ではない。けれども、医師と患者双方の道徳的誠実さを賞賛する伝統原理に従うという医学的要請を含む倫理規定を遵守している。このことは、精神分析の定式化のなかで、分析家《アナリスト》が外的な枠組みだけでなく内的事象にも誠実であることを促している。それによって倫理規定は強化され深化されてきたのである。転移と逆転移が強く働くところではこの誠実さは厳しい試練に遭う。心理的水準で作業を全うすることが必要とされる分離という倫理的原則を破壊したくなるほどの強力な性的結合欲求がときにこころに湧き起こるからである。しかし、ここで仮定されているのは、たとえどんな理由があっても、専門家としての超自我はこの道徳的誠実さに破綻が来ないように働くということである。そうは言っても、いまなお、ある程度十分な訓練を受けて認められている実践家が、転移や逆転移を情事と見まがう過失の罪を犯すことには驚かされる。

そのようなわけで、コントロールを受けている候補生がこの試験に失敗して同じような罠に陥るときがいつ来るかも知れない。だがしかし、経験的にこの問題を考えてみると、もしこうしたことが誤りであり避けられるべきである理由を道徳的にではなく心理的に候補生に示すことができれば、このようなことはあまり起こらなくなるであろう。われわれは、道徳的基準が絶対ではなく相対的な時代に生きている。したがって、男性からの性的虐待に苦しみ続けてきた女性患者と若い心理臨床家が性的関係をもつことを道徳的基準で責めるのではなく、場合によっては男性治療者がその優しさで患者を癒すことがあると理解できるようになるかも知れない。女性治療者がためらいがちな若者を一人前の男にするためにベッドに誘う〈ヘタイラ（娼婦）*hetaira*〉になるかも知れない。そのこと以上に教育的なことは何なのだろうか。この観点からみると、医学倫理を無視する他の数多くの例学的だが人間的に理解可能な理由が思い浮かぶかも知れない。また、そのような経験のない治療者がそれに惑わされずにいることは困難になる。これがコントロール・セッションのなかに現れるときはいつでも、わたしはかなり積極的にこのテーマを検討事項の中心に置いて作業をする。この意味では、わたしは、コンサルタントとしての役割を自認する立場から離れて大いに教訓的になって良いと思っている。

治療者が転移ないしは逆転移に性愛的なものが現れるのを期待したり認めたりすることは、〈つねに誤りである〉。悪しき実践として訴訟になる危険があるからではない。また上述のような倫理的理由だけからではない。そのようなアクティングアウトは転移の扱いを不可能にし、最終的には解決不能にするからである。それ故、わたしのコントロール分析を受けている候補生に指摘しようとしていることは、この真実が尊重されないのであれば患者同様候補生も「偉大な仕事」を達成できなかった挫折感に苛まれるであろうということである。これはユングの『転移の心理学』[2]が伝える基本メッセージである。〈融即（コニウンクチオ）*coniunctio*〉。このことばは、ユングの語用では、医師と患者との間に生じることを説明するひとつのモデルと考えられているのではない。それは患者による医師への個人的依存を超越可能にする象徴であると考えられているのであり、医師が個人的に巻き込まれまいとすることによって患者が傷つくかも知れないという罪悪感から医師を解放することなのである。ユングが言うには、転移に注がれるリビドーは〈つねに〉近親姦的である。この言述はいまだに影響力があるとわたしには思える。だから、コンロトール分析を受けている候補生たちにこの知を伝えたい。転移と逆転移のワークスルーがうまくいけば、その結果、象徴的な子どもすなわち〈賢者の子 *filius philosophorum*〉が生まれる。その子は医師と患者が互いに依存し合う関係から解き放たれたときにのみ生を受けるのである。仮に、象徴的過程がまったき個人的・人間的関係に変えられてしまうならば、この過程は治療的にはけっして生じない。それは当然のことである。だがしかし同様に、転移感情をかき乱す危険を臨床的に完璧になくしてしまうことは避けるべきである。コントロール分析を受けている候補生には、患者が転移を向けてきたならば、最初はそれがどんなに近親姦的に動揺するものであっても恐れることのないようにと働きかけている。

若い候補生は多くを期待されるが、〈融即〉が求める絆という経験の深みに踏み込むことに候補生が不本意であるならわたしはそれを尊重する。そのような深い経験をワークスルーすることに適さない患者はとてもたくさんいる。その患者たちの問題にとって必要なことは、早期対象関係の領域における厳密な臨床的アプローチであると理解することができる。しかし、なかには四十歳代から五十歳代、六十歳代の訓練生までいる。つまり十分に成熟しており分析関係における元型的内容に十分向き合えるだけの経験ある訓練生がいるのである。このような学習は、あまり経験のない分析家《アナリスト》にとっては正式なコントロール分析が終了してはじめて始まる。したがって、サンフランシスコでは、良好な臨床訓練が第一義的に重要であると強調して、高度に個別化された分析形態を求めるのは候補生が自分のペースで成長を遂げてからにしている。

E　エリ・アンバー

スーパーヴィジョンにおける進展の評価という問題から、わたしは自身の実践に想いの消えぬふたつの経験を思い起こす。

ひとつめは、分析を希望しそのオリエンテーションを求めてきた志願者のことである。希望に応えるためには特別なアセスメント[*1]をしなければならないことがわかった。それでわたしは、志願者が自分に向き合うことの困難と適性を見定めようとした。このことがあって以降、わたしは熟練の程度とか知識量とかで治療者のことを考えようとしなくなった。もちろんそれもたいせつなことなのだが、それ以上にわたしが信じているのは、傷を負った治療者の方がこれからの患者との作業にあたってはより役に立つということなのである。世間でこんなふうに優秀だと評判の分析家《アナリスト》は、おそらくこれまで病んだことやこれ以上はないというほどの困難に出会ったことがない。でなければそのことを十分に意識化できていないか、「健やか」すぎて患者の苦悩を理解することができない。

患者を紹介するに相応しいかを見極める基準はスーパーヴィジョンにも妥当する。つまり分析家《アナリスト》の資質や訓練での進展は能力という基準では計ることができないのである。たしかに能力や一般的思考様式は不可欠である。それは、個人的経験を豊かにするものであり、それがないと分析家《アナリスト》は疾病を明らかにし作業することができないからである。だが、それで十分ではない。分析の中心にあるのは、分析家《アナリスト》と被分析者《アナライザント》双方の傷なのである。

スーパーヴィジョンはそうしたことがらに関わっている。若い分析家《アナリスト》の傷はどのようなあり方で被分析者《アナライザント》と密かに関係するのだろうか。ユングの『転移の心理学』に言及されているわけではないのだが、このようにして逆転移が分析されることでこのことばに幅をもたせることができる。

スーパーヴィジョンを受けている分析家《アナリスト》は、他者を分析する過程で補償機能が働いていることがわかると新たなスキルと解釈法を学ぶ。分析家《アナリスト》自身を防衛する方法だけを学ぶのではなく、この作業によって満足感をもたらされるのである。実践が始まっている分析は分析家《アナリスト》自身の個人分析を坩堝《るつぼ》に入れ戻すことになる。それは一種の献身を想像させる。その一方で、そうしたことを分析家《アナリスト》がどの程度引き受けるか、また自分の職業選択と実践が自身の病理とどのように深い関係にあるのか、そうしたことを知ることで進展が見られるのである。これは理論的には明白なことである。しかし、実践でそれを知るのはそれほど容易ではない。

分析家《アナリスト》という職業志向やペルソナ欲求は突き詰めて言えばアニムスとアニマの領域に在るものである。分析的関係において出会うことは投影を先取りするつばぜり合いを両者にもたらす。アニムスとアニマは分析的関係のなかで注意深く慎重に立ち回り、そのなかで滋養され、限度を知らない多種多様な活動を通して分析家《アナリスト》の占有権を脅かすのである。ユングは、分析的関係の多くは〈聖なる結婚 *hieros gamos*〉の兆候を示すものであると認めている。さらに言えば、この世界では分析は内在する性的リビドーのひとつの隠れ家であることを見て取ったのである。そのことは、分析的関係そのものが生き残る上での危険性を意味する。この観点からすれば、分析的関係が進展するのは、関係が産み出す力量に拠るのではなく、そこに自身を巻き込んでいく訓練分析家の力量に拠っているのである。

さて、次はスーパーヴィジョンの開始に当たってわたしが見て取ったことである。分析家《アナリスト》になろうとするひとは事例を提示し議論をする。けれども、その当人が〈先験的な *a priori*〉ことばを使って解釈していることを理解し、はじめて起こることがある。たとえば、自分自身が描いた分析状況を保守するために夢を恣意的を歪めることがある。それから、スーパーヴィジョンという相互作業が関与することによって、分析家《アナリスト》志望の当人は、いったい何が自分の態度や解釈を硬化させたのかを知ることになる。技術的作業が始まるのはそれからである。分析的作業が関わるのは夢の読みとりや意味の理解におけるふたつの可能性である。すなわち、転移のなかでその夢を解釈するのか、夢の価値切り下げと建設的な拡充のどちらを選択するのか、このふたつである。しかし、これらすべてにおいて明らかなことは、分析家《アナリスト》としての有能性および自分の無意識を他者の分析に活かす方法が問題となるということである。

わたしの見解では、進展がこの段階で達成されるのは、分析家《アナリスト》自身の柔軟な力量すなわち内なるメルクリウス的要因に拠っている。それは次の二点の度合いである。①無意識における重大な変化を認識する力量。②ある認識論的立場から別のそれへと移行できる力量（これはユングが高い重要性を付与した〈姿勢 *Einstellung*〉という用語の意である）。

さて、良好に機能していたことが有毒となり得ることがある。統合というのは曲がりくねった川のようなものであり流れは向きを変えることすらある。それと同じように、ある特定のときに必要となる拡充はアニマにエネルギーを与えるので肥大化の源泉となる可能性がある。したがって分析家《アナリスト》はそのエネルギーを還元させる立場を取らなければならない。象徴解釈よりもむしろ本能的プロセスに専心しなければならない。しばしば言われていることとは逆に、夢の解釈は分析の過程を通して必要な変化をもたらすことを、いつもあてにはできないのである。

分析家《アナリスト》が認識論あるいは既定の価値体系のどちらかに依拠できないならば、たとえば患者に欲求不満あるいは理解を示す姿勢などといった模範的アプローチを二度と信頼することはできなくなる。訓練分析家は自分自身に共感したり距離を取ったりできるのであろうか。訓練分析家の作業におけるそうした重大な発達指標をわたしは探求している。

結論としてわたしが知ったことは次のようにまとめられる。「スーパーヴィジョンにおける進展をいかに評価するか」という問いが喚起するのは、よく考えてみると、分析家《アナリスト》であるためには資質と欠損の長短を併せ持つ並外れた組み合わせを必要とするということである。

F　マリオ・ヤコービ

「スーパーヴィジョンの進展をいかに評価するのか」というメイン・トピックには、ふたつの問いが含まれているように思われる。すなわち、訓練生が行った分析のなかで生じていたことをそもそもいかに評価するのかという問いと、「進展」ということばが意味することをいかに理解するのかという問いである。

最初の問いに関して言えば、たとえ訓練生と患者とのセッションの逐語記録を見ることができたとしても、そのときの状況のすべてを評価できるかどうか定かではない。患者とのセッション中の候補生の声の調子やそれに伴う身振りは、わたしとの実際の分析状況と同じなのだろうか（このような非言語的コミュニケーションの効果は周知のことである）。スーパーヴィジョンのなかで、自分の作業を報告する訓練生はコミュニケーションや感情が患者とのセッションとは違っていることに気づく。それらは、転移による情動のコンステレーションによってあらゆる可能性に色づけられている。いったん候補生のことがよく分かれば、スーパーヴィジョンでの報告と実際に候補生と患者との間で起こったことを区別することはおそらく可能であろう。理論的には、分析セッションのもっとも正確な描写は録画なのだが、それによってあがったり演技したりしてしまい、しばしば互いの親密性や自発性が損なわれてしまう。実際には、これまで録画素材を持参した訓練生はいないが、普段の自分のセッションを録音したテープを聴いて欲しいと言われたことは何度かあった。それらを聴くことは訓練生のたんなる報告によるセッションのなかで起こっていることをより的確に思い描く役に立ったことがあった。それは、スーパーヴィジョンで訓練生とわたしが出会うという（相互の）影響に汚染されることなしに、候補生の介入の在りようと患者独特の言い回しで語る生の声を聴けたからである。このように、訓練生とスーパーヴァイザーとの転移／逆転移状況が、スーパーヴィジョンされた分析において実際に生じていることの評価を歪めるのかどうか、歪めるとすればそれはどのような仕方なのかに気づいておくことがもっとも重要であると思われる。場合によっては、疑う余地のない転移状況のいくつかのポイントを候補生と議論することは必要だと思われる。

候補生の「進展」という問題は訓練カリキュラムの枠組みのなかで考えられなければならない。チューリッヒのユング研究所では、候補生は一連の試験（分析心理学の基礎、夢の心理学、コンプレックスの連想実験と理論、比較神経症理論、精神病理学、宗教概説史、民族学の基礎、神話とおとぎ話の心理学）を経た後、患者と会い始める。このようにして候補生は、無意識言語を可能な限り理解するためのツールとして多くの知識を習得してきている。周知のように、無意識言語の理解はユングの主要な関心事のひとつであった。個人分析は候補生の訓練体験の中核であるとみなされ、分析的心理学の実践に当たる個人体験では内省的な感受性と共感能力を豊かにすることがつねに期待されている。

それにもかかわらず、患者との最初のセッションが終わってから、それを口にするかどうかは別としても、候補生は依然として次の自問と格闘するのである。「何をするべきなのか」「分析心理学で学んだことをこの患者との作業にどんなふうに『活かす』のか」。このような自問はカウンセラーや心理療法家としての経験のある訓練生にも起こる。いまはまさにユング派の分析を行うべきだからである。わたしにとっては、訓練生の主要な「進展」は、重要な関心事つまり「何をすべきか」という問いに応え少しずつ乗り越えていくことにある。そこでは次のような要求がコンプレックスを形成する。分析家《アナリスト》は患者を好きになる〈べきだ〉、患者の夢を「理解する」べきだ、アニムスの所有やシャドウの問題などについてユングが語ったことを知るべきだ。これが「良い学生」の態度である。そして、その態度は患者の問題や要求に対する訓練生の真実で純粋な内的反応をしばしば妨げてしまう。一般に受け入れられているように、分析の質は本質的には分析家《アナリスト》と内なる自分との結びつきにかかっている。それが共感つまり分析家《アナリスト》自身の内界の震動で患者の内界が豊かになるための必須条件なのである。それは、夢、思想、ファンタジー、感情、感覚によってなされる。その前提となるのは、分析家《アナリスト》自身が内界で出会う謎に包まれたファンタジーや感情が何であれ、それに対する分析家《アナリスト》の誠実さと耐性であり、そして幻想的で同調的様相のなかに起こる逆転移に気づいていることである。候補生がこのように分化していくために、ときおり、スーパーヴァイザーによる多少の個人分析が必要となるのである。

しかし、いったいどうすればこの気づきを実りある仕方で豊かにし分化させることができるのだろうか。部分的にでも全体的にでも、いつ、どのように、どんな形で、それを患者と共有することができるのであろうか。実際にそれを教えることはできない。そうわたしは思う。結局のところ、分析セッションを通して、信頼できる介入ができるのはここしかないという感情を育むためには、訓練生のもって生まれた資質と象徴理解の天賦の才に加え、言語化の技術が感受性に溶け込んでいかなければならない。起こっていることに反応する訓練生の在りようが自分自身の一部になってはじめて、このような介入が「しっくりくるのである」。そうして徐々に、自身の個性的スタイルを見出すことができるのである。

訓練生の進展を評価する際、スーパーヴァイザーは自らの「ピグマリオン・コンプレックス」の罠に留意しなければならない。つまり、自身のイメージによる自己愛的な仕方で訓練生を型にはめたい欲求や「自分のようにすればもっとよくなる」といった見方での候補生が評価される危険性をこころに留めておかなければならないのである。

G　アン・ウラノフ

ニューヨークのユング研究所でわたしは訓練生と三種のスーパーヴィジョンを行ってきた。訓練生の実践事例の個人スーパーヴィジョン、指定されたクリニックで訓練生が担当する事例の個人スーパーヴィジョン、訓練生がもち回りで事例を発表する毎年恒例の臨床セミナーでの小規模（理想は六名）なグループ・スーパーヴィジョンである。これらすべてのスーパーヴィジョンにおいて学生の進展状況を評価するためのわたしの基準は同じである。学生の専門スキルと分析家《アナリスト》としての個々のアイデンティティの向上がそれである。最終的にわたしが評価するのは、学生がユング派分析家として個々独自のスタイルを発見し創造していくあり方の「進展」である。

こころの奥にはいつも、教師とスーパーヴァイザーが二年ごとに行う研究所の学生評価がつきまとう。その際に知りたいことは、無意識の素材に学生がいかに関わりそれを吸収するのか、象徴的素材をいかに知覚し適用するのか、対人関係にいかに関わり被分析者《アナライザント》に対して信頼に足る存在であり続けるのかということである。加えて、課程の内容についての学生の知識を評価し、成長に役立つと思われることや問題点を指摘し、解決に必要なことを一般に推奨されている事項とともに提案したりする。

スーパーヴィジョンの期間を振り返るとき、わたしはいつも、学生の専門スキルの発展とアイデンティティの深化を見直す。個として変化の余地を多く残しているこれらを問うのであるが、それはちょうど、進展を評価するためのわたしの主要な基準に酷似している。それは以下である。分析家《アナリスト》としての個性的スタイルが間違いなく幅広くなっているか。そうではなく、わたしのことばやユングも含めて分析家《アナリスト》や著述家の書いたもののオウム返しに陥っていないか。怯えすぎていないか。強固な防衛の働きでこころがまったく開かれていないということがあるか。

さて、スーパーヴァイザーの目的のひとつとして明らかなのは、分析作業のスキルに関する情報と知識を与えること、知識を見出して用いる学生の能力を高めることである（第3章参照）[3]。この役割をとるなかでスーパーヴァイザーが気づくのは、自分が教師という元型領域に位置づいていることである。伝統を伝えるだけではない。以心伝心と仏教徒が言うように、伝統のより深い秘めた意味をもいくらか伝える導師ですらある。そう、たとえばわたしは学生の発表事例に見られる否定的転移という厄介な問題に対応する際にどうするかというと、自身のアプローチも含めてこの問題を扱うことのできる広範な領域の諸回答を提示するであろう。

いくつかの可能性を提示することによって、学生は自らの反応やアプローチモデルを知らないうちに発展させる。また、いくつかの観点から専門書を読むことを提案することもある。たとえば、逆転移は事例を解く鍵となるのだが、それに関してハロルド・サールズが強調するのはほとんど排他的とも言える内容で、わたしはまったく同意しないけれども、その著『献身的医師』を提案することがある。私見だが、その特異な強調は限定的である。だが、それにもかかわらず患者を救うための治療者の熱心で意識的な献身を観察する上でサールズの考えは賢明かつ有用なのである。サールズは、自身の無意識的サディズム、否定的感情、そして「何をすべきか」に対して絶望感を抱く自分を守るために、熱心かつ意識的な献身が役立つこともあるとしている。サールズは自分自身の欠点から自分を守るために患者の病いを利用することができるのである[*1]。同様に、ウィニコットの「逆転移における憎しみ」は、憎しみを抱えそれを十分に認識し感じるあり方、患者に起こっていることを知る手がかりとして憎しみを用いるあり方を学ぶ役に立つ[10][*2]。

　そうした視点からわたしは、憎しみと否定的逆転移を巡って、学生とわたしの間に、この部屋のなかに、どのようなコンステレーションが起こっているのかを眺め、それに学生が耐えられるかを問うている。ともに学び合うふたりとして、否定的な元型および個人の相互作用という直接的な領域のなかで居場所を見出すことができるかという問いである。具体的には次のようである。被分析者《アナライザント》の負の転移が発動するというシナリオを想像できる可能性は残されているのか。対立物をひとつのヴィジョンとして保持できるか。被分析者《アナライザント》の素材は向き合うわれわれにどのようなお膳立てをするのか。われわれは患者をよってたかって脅していないか。その反対に患者に加担してお互いに脅し合っているのか。学生には理論が唯一の正解であるとしてそれに隷属されている感じがあるか。ウィニコットは歯に衣を着せずに指摘する。「遊ぶことができない治療者は、この仕事に向いていない[11][12]」。

　学生の方は、スーパーヴィジョンのなかで専門家としての技巧に魅了されていく。夢象徴と関連する奇妙な事実も事例の取り扱いもすべてを知りたがる。たとえば、セッションの間に繰り返し電話が掛かってくる場合はどうすればいいのか知りたがるし、一連の夢をどの順で解釈するのかその方法を知りたがる。被分析者《アナライザント》が会話を急に性愛的な内容にしたときにはどうすればいいのか、語られていないことをどのように訊けばいいのか、自我強度を評価する際にはどこに目を着けるべきか、自我とセルフとの境界をどのように位置づけるのかについて知りたがるのである。学生は、恋愛性転移の際に起こることだが、アニマやアニムスという概念に実態がないにもかかわらずどこから自分たちを圧迫してくるのかを見出したいと思っている[8]。スーパーヴァイザーは元型的テーマないしは対象関係からそうした素材を解釈すべきなのか。また、その両方を含める方法はあるのか。診断分類は予後や保険書類にどのように必要になるのか。被分析者《アナライザント》の素材に頻発する元型象徴やモチーフに基づく診断と診断分類をどのように調整するのか。[9] 学生は理論を実践に適用したいのである。だからわたしは、ユング全集から当該の章と現代のユング派による関連文献を学生に提示するのである。

訓練課程にある分析家《アナリスト》にわたしがつねに求めているのは、被分析者《アナライザント》について詳細に知覚していくことである。セッションではどんな順序で会話をするのか。ファンタジーや夢の素材に被分析者《アナライザント》はどんなことを連想するのか。どんな姿勢や呼吸の仕方、首の回し方やことばの言い回し、セッション間でのリズムの変化が転移の理解の手がかりとなるのか。元型と個人的素材との相互作用を学生はどう感じているのか。現在の逆転移／転移の力動と同様に過去の被分析者《アナライザント》の物語をどのように整理するのか。学生の解釈が正しいかどうかだけではなく解釈のタイミングもあるのか。クライエントがこの洞察に到るまで、学生は何も〈語らずに〉、解釈を保持し続けることができるのか。わたしが念頭に置いているのは、コフートの言う「つねに理論に織り込まれている……」「創造的観察」の必要性である。[5,6,7] 突然頭が真っ白になって学生から概念が抜けてしまうことがあるか。それは、概念を同化し自分のものとするためのさらなる作業の必要性からなのか。それとも、スーパーヴァイザーと学生との間に確認されていない影響があるために生じる空白なのか。スーパーヴァイザーから残酷な判断をされたと感じてしまい、その衝撃を避けようとうろたえ口もきけない状態になってしまうのか。スーパーヴァイザーは学生の特定の心理傾向を見逃しているのか。スーパーヴァイザーは何でも知っているかのように振る舞っているのか。でなければ控えめ過ぎるのか。それとも知識を共有するには器が小さいのか。何よりも、スーパーヴァイザーとスーパーヴァイジーのペアは作業の中心となる環境を侵害し、被分析者《アナライザント》への治療の利益という作業の「進展」の主要基準をもち堪えられなくなって忘れているのか。

スーパーヴィジョンにおける他の主要な目的は、気持ちのもちよう、つまりより良い個性を身に着けることをスーパーヴァイジーに伝えることである。そうわたしは信じている。そのことは学生に自信をもたせ、訓練課程にある分析家《アナリスト》に成長を期待しているというたしかな証を与える。その一方で、間違いのない肯定的な仕方で分析作業に情報と影響とを与えることになる。こうした態度や習慣は心的現実がもたらす恩恵としてもっともよく説明されるものであろう。こころの在りようが実に多くのことを表現するのは不思議である。無意識はこころ〈であり〉、こころは〈無意識〉であるというのは驚きである。苦しみに耳を傾けると、驚くことにこころは現実の苦しみだけではなく独特の在りようでそれに応えようとする。この現実の意味合いを含むやりとりはある確信をもたらす。そしてそれは、蓄積され、培われ、ある地平に到達していく。ただ、学生はこれをどのように体験するのだろうか。ショックを感じるだろうか。ありがたいと思うだろうか。体験の只中だろうか。そうした体験がなければ意味がない。そうした体験があるなら、傷つくことなどおかまいなく学生は成長していくであろう。

　傷つきは治療の一部でありスーパーヴィジョンの一部である。分析家《アナリスト》は皆、おのおのの人格の全体性から、文字通りそのすべてでもって、それぞれの被分析者《アナライザント》に応えていかなければならない。そこに含まれるのは、弱さであり強さであり、限界と才能のすべてでなければならない。被分析者《アナライザント》と分析家《アナリスト》の傷つきは一致する必要があるとアンバーは考えているが[4]、ここではそれはもっとも有効な洞察でありバランスのとれた考えでもある。それは、ウィニコットが次に述べる通りである。「精神分析の訓練の一部である分析によって病いが軽くなったひと以上に、分析という作業に真に適したひとがいる」[11,12][*3]。

　治療のなかでわれわれは傷つきを引き受けていく。そのことを学ぶために傷つきを否認しても被分析者《アナライザント》を傷つけてもならない。スーパーヴィジョンにおいてはスーパーヴァイジーである学生を個として受け容れる配慮深い態度が求められる。これは学生を分析する手続きとは異なる。分析には主要な目標があるが、それはつねに被分析者《アナライザント》に矛先を向けている。そしてここでは、当該の被分析者《アナライザント》というのは学生としてのケアを受けている存在である。この側面を取り除けば、当該の被分析者《アナライザント》はスーパーヴァイザーのケアを受けているのである。したがって、学生の傷つきを明らかにするには被分析者《アナライザント》の治療を促進することである。被分析者《アナライザント》は恩恵に浴しているのだろうか。このことは、スーパーヴァイザーと学生がつねにやりとりを交わし合いながら意味を見出す基準ポイントとなる。

こうした分析の焦点をスーパーヴィジョンから除外するのはあまりに極端だとわたしは確信する。学生のこころは治療に必要なものであり、その苦悩はスーパーヴィジョンという作業のなかで現れ出て、それに注意を払い手が差し伸べられなければならない。苦悩という素材を取り込むことの妨げ、個人的な混乱の焦点にある心的現実に入り込む恐怖は、学生が担当する被分析者《アナライザント》の治療にも同様にあるだろう。被分析者《アナライザント》のために、これらの問題はスーパーヴィジョンのなかで取り組まなければならない。スーパーヴィジョンと分析は正反対なのではない。そうではなくて、スーパーヴィジョンはそうあるべきなのである。スーパーヴィジョンを分析にしようとする誘惑はつねにある。分析でもときどきスーパーヴァイザーの傷つきを扱うことがあるからである。しかし、スーパーヴィジョンという苛酷な作業を回避しようとする単純な願望も十分にあるのである。ここには幅広い総合的な営みがあるからである。それは、理論の整理、観察、個性的スタイルを産み出すこと、知識を以心伝心で継承すること、教え込もうとするあらゆる誘惑を嫌悪すること、知への渇望、学生から弟子を育てることなどである。スーパーヴァイザーがこの仕事を嫌がることはない。実際の分析ではないけれども、つねに会話や説明から始めて一種の分析のようなことをするからである。学生自身のコンプレックスを扱う際にスーパーヴァイザーと学生の指針はつねに被分析者《アナライザント》の治療にある。学生のコンプレックスについて中心となる議論は、それが事例の進展を妨げる在りようにある。

実際に、スーパーヴィジョンは、事例を扱う際の学生の洞察力や直観、才能だけでなく、失敗や不手際、鈍感さがその場に雰囲気として創出されることに意味がある。そのような場で学生は、進退窮まったり、混乱や困惑を見せたり、問題から逃げているという自覚を余すところなく語ることになるであろう。そしてまた、急に事態を把握したり、解釈を変えたり、危険を冒したり、被分析者《アナライザント》としてではなく個としての自分がこころから受け容れられたと語るだろう。こうしたスーパーヴィジョンによって醸し出されるのは、学生が抱えたおぞましい不安、被分析者《アナライザント》の治療に暴力的に侵入する個人的コンプレックス、勘所に命中する直観の醍醐味などである。そこでは、理論でもって試行し、「新規事例の未知の領域[11][12][*4]」をともに歩む独自の基本計画を作成する危険を冒すことができるのである。スーパーヴィジョンが安全に溢れた空間となれば、学生は自身のさらに深層と対話しながらスーパーヴァイザーと対話しようとしていることに驚くであろう。

ハリー・スタック・サリヴァンとのスーパーヴィジョン・セッションをレスリー・ファーバーが語っているのだが、非常に興味深いその語りにわたしはいつも慰められてきた。ファーバーは、サリヴァンが最初の二回のセッションを使って自分の実践が理論と首尾一貫していること、自己というものが不安のなかから生まれてくることを説明する。スーパーヴィジョンのプロセスの一環として自分の不安をいかに慎重に誘発させるのかについてサリヴァンは語っているのである。ファーバーはスーパーヴィジョンをやり抜くための管理的設定のようなことをほとんど望まなかった。最初のセッションを設定するのに数ヶ月もかかったが、その最初の回にファーバーが感じたのは、患者についてのファーバーの説明に対しサリヴァンは「とるに足りないことだ」といった姿勢をついぞ見せなかったこと、ファーバーがアドバイスを求めてもただ「片手をだるそうに振って」応えるだけだったことである。最後にはサリヴァンは不思議なことを尋ねて、そしてスーパーヴィジョンを終えた。次の回、サリヴァンが前回のセッション以降何か考えたかと尋ねたところ、ファーバーは思ったほどには考えられなかったと告白した。ファーバーはとても不安になってしまい、そのうちほんとうに眠ってしまったのだった。それに対しサリヴァンは、「そうだな、まだ望みはある。ほんとうはそれほど期待していなかったんだ」と応えたのだった。[2] 訓練時代を想い起こすと、スーパーヴァイザーに褒められて舞い上がったこと、不安が身体を駆け巡ったこと、怖くて死にそうだったことすべてが蘇ってくるひとがいるであろう。

スーパーヴィジョンにおける進展というのはスキルの上達をはるかに超えるのである。そこには個性的な分析スタイルが磨かれる証拠が見て取れる。たとえば、学生は防衛の鎧を弱めて、スーパーヴァイザーとの関係がそうであるように、お互いに未知のことを話題にして学び合いたいと思うようになる。小グループ・スーパーヴィジョンでは、他のメンバーに集中して欲しいと望む問題により直接的に関わるようになり、誰かをサポートしたり能力を発揮したり意欲的になったりすることがなくなり、そして同僚との直面化を素っ気なくやり過ごすようになる。このように成長する学生はスーパーヴァイザーの評価をさほど気にせず、誰に何を言われようと、可能なすべてを取り入れることに集中する。訓練課題は学ぶべき課題の第二に位置づく。事例という素材への欲求が増すのである。すなわち心的現実が現実となって想像力を魅了することになる。小グループと個人双方の良好なスーパーヴィジョン・セッションが興奮と情熱を産み出し、そうして全員が素材を巡って学生の関与やスーパーヴァイザーの貢献にエネルギーを実感する。一方が他方を強化する。誰もがこれ以上はない貴重な学びを体験する。そのような瞬間に出会い、それがもたらされたことに感謝が生まれ、そしてそれが継承され創造的になるのである。

そのような雰囲気になると、学生は自分たちの逆転移による態度が被分析者《アナライザント》への応答をどのように妨げるのかを理解できるようになる。自分自身でそれを認めることができ、小規模なスーパーヴィジョン・クラスのスーパーヴァイザーや同僚がそれについて指摘しなければならないことに耳を傾けることができ、そのことが学生の分析作業に引き戻され、スーパーヴィジョンを代替分析にすることもそれぞれの個性的成長に関連するコメントから逃げることもなくなる。学生は自分自身や被分析者《アナライザント》にますます共感するであろう。そしてどんな元型的コンステレーションが作業スタイルに優勢なのかを読み取るようになっていく。自身の分析スタイルがいかに発展するのかを想像できるようになるかも知れない。発展する個性的なスタイルはペルソナの枠内から個として独自のものになっていく可能性に開かれるのである。

学生のスーパーヴィジョンの進展を評価する際の主要な基準は、これはわたしの信念だが、学生が自己訓練できるかどうかにかかっている。つまり次のようなことである。スーパーヴァイザーが提供しなければならないものを利用できるか。本から学ぶ知識や同僚たちの助言を自分たちで拡大させて独自の作業スタイルを発展させるために利用することができるか。失態から学ぼうとしているか。作業を楽しんでいるのか、それとも疲れ過ぎてうつ的になっているのか。着想や見え方が違う在りようを受け入れ楽しめる余地があるのか。あるいはこうも言える。スーパーヴィジョンのなかで、学生は、歯ぎしりをしたり感情を振り乱したりスーパーヴァイザーをスキャンしたりすることによって「自分はどうしているのか」を理解するのか。訓練されて獲得した能力は達成という卒業の証である。スーパーヴィジョンは何かをさせたりなだめたり、守らせたり証明したり、白旗を揚げたり競争したりするためにあるのではなく、学んでそこに喜びを感じるためにあるのである。食事をして栄養をつけ味を楽しむためにある。最終的に、実際に知識を身に着けスキルを発揮できる以上の存在が求められているのである。学生たちに望むのは、もっとも個人的な仕方で生き生きと作業をすること、それを喜べることである。それは、スーパーヴァイジーにかなりの才能や豊かな知識があったとしても訓練することができないものである。基本的な防衛パターンは厳密な仕方で設定できるだろう。しかしそれは変化の可能性がないことでもある。根本が崩壊しそこから復興することがあれば話は別だが、そうであってでも代償は甚大でありまったく割に合わない。そうなれば、少なくともわたしにとってスーパーヴィジョンは失敗なのである。

スーパーヴィジョンがうまくいくと、関わったすべての参加者がこころにゆとりをもつ。わたしは、自身の分析スタイルがよりいっそう緻密に想像的に内省的になるのを感じる。たとえば、この学生の被分析者《アナライザント》であることを想像してみたりする。また、学生が提示する事例の被分析者《アナライザント》とわたしが作業する仕方を想像して、それと実際の学生の事例の取り扱いとを比較してみるかも知れない。学生とわたしのアプローチの異同を理解することはわれわれふたりにとって有益な学びになる。わたしは、偉大な分析空間という、この特別な個の人生に現れる心的現実をあらゆる角度から見ることができる空間が好きなのである。学生にそれができるのは、知識を身に着け独自の分析的スタイルを見出す自身を受け入れるときである。だからスーパーヴィジョン・セッションを楽しみにし続けるのである。少なくともスーパーヴィジョンの作業をするときのどこかで、生きて在るという体験が見出され、そう在ることを感じ喜びを体験する職業に没頭する自分を知る。ユングはこの職業の危険と喜びを総括して次のように助言する。「できる限り理論を学ぶことだ。だが、生々しいたましいの奇蹟に触れるときには理論を脇に置くこと。そのときは、理論ではなくただ自分自身の創造的な個性のみで決断しなければならないのだ[1]」。

付記

本論文は「スーパーヴィジョンの進展をいかに評価するのか」というシンポジウムにおいて、他のシンポジストとともに応答したことが発端となっている。このシンポジウムは *The Journal of Analytical Psychology*, 27, 2, 1982: 105-131 に掲載されている。本章はそれに加筆修正を施したものである。

H　ハンス・ヨワーケン・ウィルキ

これまで分析家《アナリスト》の訓練におけるスーパーヴィジョンの中核部分について書かれたものはほとんどなかった。それどころか、わたしの見解では、その中核部分の多くは系統的研究の対象となってきたのである。いまなお現代の学問は科学的基盤に基づいて成立しようとしている。しかし、分析心理学は伝統的に直接的な言語・非言語的コミュニケーションに依拠し、その伝統のなかでどのように発展しているかを論じてきた。それに誤りなどない。したがって、スーパーヴィジョンの議論における重要な要因がスーパーヴィジョンのプロセスの発展に見るように個人の体験とコミュニケーションにあることに変わりはない。ただ、批判的に考えてみることはその発展プロセスの認識を深めることにはなる。

「スーパーヴィジョン」と「コントロール分析」という用語は、プロセスを解明するには曖昧に思われる。いずれの用語も生起していることから離れた位置にある。これらの用語はスーパーヴァイザーに優位な立場を付与していてスーパーヴァイザーを超自我や支配者に仕立て上げてしまう。そのあり方で、訓練生はある程度のスーパーヴィジョンを経験する。けれども、わたしに言わせれば、その立場はスーパーヴィジョンの本来的な目的を踏み誤らせている。この点について以下の項目に分けてさらに検討したい。

援助としてのスーパーヴィジョン

分析心理学の専門領域において初心者という存在は未経験でありしたがって不安を抱えている。必要としている援助は以下の三点である。①患者の力動の理解。②治療方法の利用。③自身の役割を有用に見積もってコンプレックスを抱えた患者の分析にそれを統合すること。

これらすべてにおいて、スーパーヴァイザーの役割はアシスタント（援助者）である。ちょうど、初心者に正確で必要な「器具」（考え方や拡充法）を提供して患者と訓練生双方を援助する上級外科医のようなものである。スーパーヴァイザーを通して治療者は患者をよりよく理解できるようになっていく。スーパーヴァイザーは患者を理解するために洞察や拡充を補完する。治療者がたまたま治療プロセスに正しく関与するときはいつでも、スーパーヴァイザーは患者の無意識を解釈する機能の一翼を担う。けれども、治療者がうまく関与できないときがある。そのとき治療者の洞察はその場の治療状況に合致しない。ただ、その洞察はおそらく、後になってはじめて患者の内にコンステレーションが生まれ現実となる内容を包含している。したがって訓練生は、スーパーヴィジョンで不十分な指摘を受けるよりもむしろスーパーヴィジョンから離れて治療に戻ることになるのである。

ラテン語の〈アシスト *assisto*〉はいまで言う「支援」のように援助と支持の意を伝えている。したがって、スーパーヴィジョンに関して言えば、支援はその語源に照らして治療者と患者双方に援助を提供することを意味する。この脈絡では、スーパーヴァイザーはその援助機能として専門的経験を働かせるのだが、そこに自身の人生経験、「個人差」、コンプレックスと人生の諸問題が伴うことになる。スーパーヴァイザーが分析内容との道往きに迷い自分自身の力動に翻弄されているときがある。そのとき、スーパーヴァイザーとの関係が権威的でないのならば、訓練生はスーパーヴァイザーにその旨を話すことができるであろう。

二番手としてのスーパーヴィジョン

「第二のひと second」の意味は対決とフェンシングに由来する。特別な形態だが、フェンシングはスポーツでもあり一種のイニシエーションの一部でもあった（このイニシエーションとしてのフェンシングは十八世紀には正式に規制された)。その形態では、二番手は防衛的役割であった。つまり、近づくことが許され武器を携帯して決闘のルールに違反する攻撃を封じるという役割があった。百科事典によると、艦隊司令官を護衛ないしは随伴する船舶を〈第二 *secundant*〉または〈第二 *secund*〉船舶と呼ぶ。ラテン語の〈*secundus*〉は時系列順または数字順の第2位を示すが、後になって、激励や承認の意が加味され、「幸運」または「計画通り」を意味するようになった。

このように、語源的に概観してみると、二番手および第二の場の保護機能という重要な考え方が見えてくる。すなわち、治療的出会いというのは訓練生と患者との間にあるもので、スーパーヴァイザーはつねにその二番手に位置するべきなのである。訓練生が自分の気持ちとしてその関係を逆にすれば致命的なことが起こる。訓練生はスーパーヴァイザーの欲求を満たそうとして興味のある夢や他の素材をもち込むようになる。舞台の中心は治療からスーパーヴィジョンに取って代わる。稀な場合では、患者と訓練生という二者関係がスーパーヴァイザーを入れた三者関係になるという危険性がある。このような理由から、ほとんどすべての分析家《アナリスト》が、最初にスーパーヴァイジーとなる訓練生に次のことを伝える。自分はスーパーヴィジョンを打ち切る資格があり、その後にふたたび必要性を認めたときは再開する。

スーパーヴァイザーが二番手で補助的な役割であることは、治療それ自体についてはまったく知る立場にないという事実に端的に表われている。スーパーヴァイザーのわたしが治療について知ることができるのは、訓練生からの情報に限られている。ただ、訓練生が素材の理解にあまりに乏しい場合に限って、わたしは分析的な文脈を自分自身で理解して優位になって、(偽りのまたは見かけの)その優位な立場から介入することができるだけである。このことは訓練生がスーパーヴィジョンを通して徐々に自信をつけていくことを意味するのではない。そうではなくて、訓練生の劣等感を強化する危険性があることを意味するのである。したがって、スーパーヴィジョンにとって重要なことは、スーパーヴァイザーのわたしが二番手の役割を保持して、事象を「上」からではなく「下」から解釈することなのである。

二番手そして援助者としてのスーパーヴィジョンとともに、そこには重要な保護機能も働く。保護は訓練生である治療者と患者の双方にとって価値あるものである。ボクシング用語を使うと、両者は許容不能かつ危険な「ローブロー」の打撃から保護される必要がある。回避不能に陥ったときワークスルーするために援助が必要なのである。

保護機能が働くのは、しばしばユングが強調したようにコンプレックスの無意識的力動があるからであり、免疫に乏しい治療者の意識や自我が精神的な病いに感染する脅威があるからである。それが特権であるとするのは誤解である。なぜなら、保護機能は必要とされ求められたときにのみ効果を発揮し得るのであり、治療者はつねにどんな援助が必要とされているのかを、自身の弱点と劣等感とを意識しなければならないからである。また、保護機能は、初心者はもちろん臨床に携わるすべてにとって、経験や専門実践における耐え難い弱点とつながる。ということは、ますます同僚関係が発展する機会があるということになる。最終的に、訓練生にとって明らかになるのは、スーパーヴィジョンで体験した優位性はスーパーヴァイザーの役割から大いに引き出されたということであり、それは好都合であったということである。訓練生は優位性を与えられるのであり、そこから意味あるものを得ることができるのである。

補佐役[*1]としてのスーパーヴァイザー

「補佐官 adjutant」という用語は軍事協会を想起させる。フロイトの時代以降、軍事用語は分析的イメージとして定着しており、しばしば転移の領域で生じる内的・外的葛藤を示す。軍事補佐官は編集主任（デスク）であって将校ではない。中央軍事指揮官の広報役である。このことはドイツにおける分析訓練のなかでスーパーヴァイザーが果たす特別な位置を非常に的確に伝える。残念ながら付け加えることがあるのは、スーパーヴァイザーは書類に署名をして候補生がまだ認定されていない保険や機関の手続きをしなければならないということである。

事例研究や文献さらには専門的経験からまとめられる多様な情報の収集は補佐官による上司への報告になぞらえられるのだが、それは、訓練生が患者とワークスルーするためにスーパーヴァイザーが提供する拡充に当たる。この意味で軍事補佐官の機能はスーパーヴィジョンと明らかに関連している。

ここでまたラテン語は軍事用語よりもはるかに広範な意味を提供してくれる。ラテン語の〈adiuto〉[*2]が献身的に励まし支える主だった者や物を意味することは興味深い。それは下士官の勤勉性[*2]と見なせるかも知れない。ただ、分析的状況という点からすれば、スーパーヴィジョンは、スーパーヴァイジーとスーパーヴァイザーのどちらの側にも活力や内的関心、さらには情動的・知的価値を請け合えるものと考えることができる。そのようなわけでわたしは、スーパーヴィジョン・セッションの期間にわたしの所定時間をしばしば超過してしまうことになる。

発展的思考

スーパーヴァイザーおよび訓練生に適用されるこうしたスーパーヴィジョンのプロセスは認知機能との関連だけで表わされるものではない。それは専門家としての規範が個人的に伝達されることを保証するものなのである。われわれの生活様式は記号化されているのではなく、ほとんど記号化されないものに満ちている。訓練生は訓練を通してユング派分析家としての職業的アイデンティティを少しずつ身に着け、スーパーヴァイザーは何年にも亘って専門教育家としてのアイデンティティを獲得するのである。

こうしたことすべてに、患者と治療者双方にとって実りをもたらす決定的なパラメーターがあるとわたしは考えている。いずれにしても、訓練生の職業アイデンティティが安定化していくことは知的および認知発達において患者の分析がうまくいくための重要な前提条件になる。そうした表向きの発達過程の背後に、それに付随する方法や技法の誤りがあり得るし、患者との関わりにおける誤った解釈や神経症的介入がある。それらはつねに、さらなる修正を受けることになる。スーパーヴィジョンのなかで観察可能なそうしたプロセスは個人分析の始まりへと引き続いていく。つまり、訓練分析の後ですらそのプロセスは患者の分析を通してさらに発展し訓練生の職業アイデンティティが個としてのアイデンティティの一部になっていくのに役立つのである。個としてのアイデンティティが職業的ペルソナの発達を阻害するのは、職業的ペルソナが個とは分離もしくは分裂したものだからである。職業的ペルソナは、われわれの職業的な生活の至る所に随伴する訓練プロセスなのである。

そうした環境下において、訓練およびスーパーヴィジョンが上首尾に運ぶなかで患者の治療が創り上げられる。これは何も驚くべきことではない。興味深くかつ重要に思えることは、訓練生の事例提示がその後の議論の結果著しく懐疑的な受け取られ方をするときは、その事例提示が患者よりも訓練生自身の発展に関心を向けている可能性がもっとも高いということである。

スーパーヴァイザーにとってみれば、患者と治療者の発展が歩調を合わせない点を見出すのは難しい。稀にはあるだろうが、それは訓練生の発展を患者の発展のパラメーターとすることから起こるのかも知れない。当然のことながら、患者と治療者双方にとって治療の正否を評価し得るいくつかのパラメーターがある。スーパーヴァイザーの援助者および保護者役割およびその情動的関わりからそれを考えることは、ある一定の基準を産み出すことになるだろう。スーパーヴァイザーの保護機能が過剰になっている場合、事例は特殊な問題ないしは困難に陥る危険性がある。たとえば、患者の自殺危険性や、あるいは治療者が深刻な困難や過度の不安、さらには洞察力の欠如や不適切な生活体験をするといったことがある。援助機能が度を超えて求められている場合、訓練生が理論なり文献や方法の知識なりを吸収する努力をほとんどしていない可能性がある。このような問題はほとんど、事例や訓練生の困難に情動的にうまく関与できないときに起こる。そのとき、ひとつの問題として疑われるのは、スーパーヴィジョン関係に影響を及ぼす何らかの障害である。この障害は治療それ自体のなかにも存在する。スーパーヴィジョンのすべての評価はその過程のなかで変わっていかなければならないし発展していくものである。不安定きわまりないときですら、スーパーヴィジョンは患者の治療状況を評価するためのひとつの基準としての役割を果たし得るのである。

長期に亘るスーパーヴィジョンのなかで、スーパーヴァイザーの側に生まれる発展は、患者と治療者双方の治療という作業の創造的プロセスに示される。わたしにとって、スーパーヴィジョンはつねにある種の混沌から始まる。そしてまず訓練生イメージが現出し、それからその背後に患者イメージが現れ出てくる。スーパーヴァイジーとの間で創り上げられた患者イメージでスーパーヴィジョンの作業をしている間に、知らぬ間に、程度の差こそあれ互いに抱いているイメージもまた変わっていく。互いに弱点を認識し敬意を払い、分別をもって生産的に関わるにはどうすればよいのかを学ぶ。この意味でふたりは同僚になる。そうした関係は後に専門家集団を統合する要因となる。訓練施設が中央にある国や地方に共通する知的基盤を提供する要因となるのである。それはまた、スーパーヴィジョンの成功へと反映されていく。

第Ⅴ部　スーパーヴァイザーのライフステージ

第14章　訓練候補生からスーパーヴィジョン分析家への移行

ポール・クーグラー

スーパーヴィジョン分析家として責任を果たしてきた経験から言うと、分析訓練の直後は情緒的に不安定な時期がしばらくある。というのは、卒業したばかりの分析家《アナリスト》は分析の実践を積み上げ、専門コミュニティに参与していくためにその文化に対応していく体験をするからである。一般的に、分析家《アナリスト》は卒後、スーパーヴァイザーとして訓練候補生に関わる前に一定の年数、通常は五年間を経ることが必要だと言われている。ここでわたしは、分析家《アナリスト》アイデンティティの発展に見られるこのような移行期間の役割をさらに理解するために、訓練候補生からスーパーヴィジョン分析家への移行期間に体験する心理的・社会的力動を探究することにしたい。われわれ訓練分析家は、患者の個人的・文化的な文脈と同様に、アイデンティティの発達、内的なこころの葛藤および心理的対人葛藤、過去と現在、これらを非常に詳細に分析してきた。伝統的な仮定の上では、患者と治療者という治療の一対の一方の側の分析は、分析家《アナリスト》による訓練分析の間に行われる。これはある程度真実であるが、限定的なものである。訓練分析家の重要なアイデンティティの多くは卒業後に限って発展するのであり、しばしば個人分析の文脈外で生じるのである。

訓練候補生からスーパーヴィジョン分析家への移行は複雑な心理プロセスでありこれまでほとんど述べられてこなかった。近年は、資格取得後の分析家《アナリスト》は、まだすぐにその準備ができていないにもかかわらず大きく重い期待を担わされている。新人の分析家《アナリスト》は、成熟していて安定感があり権威と自信のある存在であり続けるという明らかなプレッシャーにしばしば見舞われる。それは実際の心的現実とはかならずしも一致しない。加えて新人の分析家《アナリスト》が直面するのは、訓練と専門的対抗意識という問題にまつわる無意識的な機関の力動である。しかも、分析家《アナリスト》のアイデンティティ発達に関わるこれらの力動が機関レベルで意識化され直接に語られることは稀なのである。

専門家としての発展段階

本質的にみて、精神分析家という専門の人生には四つの段階がある。第一の段階は訓練組織において正式な教育を受ける訓練候補生としての期間である。この期間に個人分析の経験を身に着け、ケースカンファレンスに参加し、スーパーヴィジョンを受け、そして講義中心のセミナーに参加する。いくつかの機関では臨床事例研究論文と試験が課されている。

第二段階は資格を取得した直後から五年程度の期間に当たる。この間、分析家《アナリスト》はしばしば新規修了生ないしは初級分析家として扱われるため、訓練のある局面の参加が制限されることがある。この段階に求められるのは専門的職業コミュニティの一員となることと専門的アイデンティティおよび個性的分析スタイルをさらに発展させることである。

第三の段階は卒後およそ五年後に始まる。この中間段階で分析家《アナリスト》は、スーパーヴィジョン分析家、訓練分析家、さらに上級分析家として扱われる。この数年間に含まれるのは、候補生の訓練に積極的に参加することと個々の新たな側面を拡げることである。問題の焦点は道徳的・教育的になってくる。執筆活動や教育的指導が増えてくる。日常の訓練協会の運営に関しても、そのあり方に関心を向けるようになってくる。上級分析家は、訓練のなかで難しい現実に直面するにつれて、理想的というよりも現実的プロセスに関わるようになる。つまり、全体的に訓練協会の力動に焦点づけられるようになるのである。複雑な職業的葛藤と倫理的問題を解決していく上では、候補生の欲求、分析家《アナリスト》の理想、協会の現実、この三者の間の微妙な緊張関係を保っていくことが求められる。学生および教育部門の要求と財務の実態とのバランスをとる協会のなかで、上級分析家は経済的な支払い能力を維持するという受託責任をも負っているのである。

　この段階はスーパーヴィジョンとケースセミナーを運営する臨床能力を発展させる機会になる。訓練分析と分析技術および臨床事例の概念化プロセスに焦点が当てられ、この臨床力を教育セミナーのなかで候補生に伝えることになる。さらに重要になるのは、入学面接、教育セミナー、試験手続き、スーパーヴィジョン、ケースカンファレンス、必要に応じて論文や臨床事例の執筆など、訓練プロセス全般に亘る質である。こうした部門を首尾良くまとめるために不可欠なのは、心理的成熟と共通感覚および信頼感をより良く組み合わせて訓練の必要性を正確に理解することである。訓練のさまざまなあり方についてこれ以上はないという質を発展させるための活動を通して、上級分析家は専門家として自身の質を今後たしかなものにするために作業を行うのである。

　第四番目、最終段階は訓練の諸活動と臨床実践からの引退を含む分析家《アナリスト》の職業人生である。この段階になると、分析家《アナリスト》は分析コミュニティの長老として位置づけられることになる。分析家《アナリスト》という職業は、健康上の理由ないしは転職以外には、実践からの引退はほぼあり得ない。六十五歳や七十歳で個人開業から引退することはまず例外であり、またそのような規定もない。

　さて、本章の焦点は主として第二段階にある。すなわち、スーパーヴィジョン分析家としての責任を果たすことを通して正式な分析訓練を修了した直後の期間である。この移行期間は情動的に不安定になる可能性がある。なぜなら、分析実践の蓄積、専門的職業コミュニティに参入するための文化的適応の体験、候補生から分析家《アナリスト》へと分析訓練の視点を移すこと、さらにはスーパーヴィジョン分析家としての機能に必要な分析的・教育的・臨床的技術の発展といった新たな段階の作業を担い始めるからである。おそらく、この移行期間に遭遇する内的なこころの緊張および心理的対人緊張にいっそう意識的になることによって、スーパーヴィジョン分析家になるプロセスのなかでさらに統合的な経験が付与されることになるのである。

訓練候補生から分析家《アナリスト》への移行

検討したい第一の問題は、資格取得が新人分析家の患者にもたらす効果である。わたしが入学選考の責任者だった頃は、毎年、卒業後間もない分析家《アナリスト》のなかに訓練プログラムへの出願者が二、三人いた。しばしばこれらの出願者は心理的な準備ができておらず、おおよそ訓練の出願は成功しなかった。入学面接時、訓練の応募理由を質問するときにはしばしば気まずい空気になった。応募者が、自分の分析家《アナリスト》が訓練を深めるよう奨励したとか、特定の夢を「ユング派の分析家《アナリスト》になるための使命」として解釈したとか答えたときには、わたしはしばしば、それが出願の動機づけである分析家《アナリスト》になりたいという願望なのか、あるいは〈応募者の分析家《アナリスト》が分析家《アナリスト》になりたいという願望なのか〉と自問したりもした。最近の卒業生は、自身のいまだ一部無意識的な分析アイデンティティの諸側面をクライエントに投影する。卒業生は自分の被分析者《アナライザント》のなかに「分析家《アナリスト》の素材」を探す。そうなると、クライエントはとりわけ理想化された逆転移によって活性化される。そうなると、自身の分析アイデンティティの発展と被分析者《アナライザント》の個人的アイデンティティとの間に無意識的な混乱が生じる。新卒業生は客観的には資格を取得し専門家集団の公式メンバーになる一方、主観的には何年もかかって分析家《アナリスト》としてのアイデンティティを引き受けていくのである。

学生イメージとの差別化

新人分析家は、学生というイメージに自らのアイデンティティを結びつけるのに長い年月を費やしてきた。この同一化が卒業と同時にたちまち終わるわけではない。最近の卒業生のアイデンティティおよび学生–教師という元型的シジギー[*1]とアイデンティティとの関係にはさまざまな形態がある。たとえば、資格取得後、分析家《アナリスト》は学生の極に一部同一化されたままになる可能性がある。それが現実になると、新人分析家は訓練途上の候補生に過度に同一化し、訓練協会との葛藤のなかで学生の側に付いて「候補生の擁護者」役割を担う傾向を見せることになる。

最近の卒業生は、アイデンティティの無意識的諸側面をさまざまな訓練プログラムと絡み合わせるのに長い年月を費やしてきている。卒業を前にして、他の学生との、教師、個人分析家そしてスーパーヴァイザーとの関係は、〈シャドウ〉の素材からセルフの投影へと及ぶ無意識内容に注ぎ込まれる。このことは、訓練期間中の心理的体験を力強く豊かにしていく。個人分析とスーパーヴィジョンは、この心的素材を分化し統合するコンテイナーを提供する。しかし、卒業と同時に新人分析家は、家を後にする若き成人のように、これらの心的内容を取り入れなければならない。あるいは、他の人間関係に、それらを受け容れる新しい場所を見つけなければならない。

訓練プログラムと距離を取って外的な要件に応えることから解放される安堵感の一方で、一連の問題が出てくる。新人分析家は、力量と分析能力についてかき乱されるような不安に突然直面する。初心の分析家《アナリスト》は、専門家としての能力に対する自己欺瞞および自己不信を補償するために、特定の学派の論考やメンターに保証と確実性を求めるだろう。そのいずれか一方あるいは双方は、安心感や一体感そして方向性を提供しながら理想化されたセルフの対象として機能する。共通のイデオロギーやメンターによって結びつく分析家《アナリスト》コミュニティが卒業と同時に失われた学生の「家族」に取って替わるのである。最終的には、セルフの投影が引き戻され、学派やメンターのことがより現実的に見られるようになり、健全な失望感が表面に現れるようになるであろう。

学生-教師シジギーに対するもうひとつの反応として、卒業間もない分析家《アナリスト》が学生の側に同一化せず教師に過度に同一化する可能性がある。この場合、当該の卒業生は、すぐに教えたいとかスーパーヴィジョンをしたいといった強い願望をもつ。自分の訓練分析家とスーパーヴァイザーによってつい最近まで実行されてきたすべての訓練の責任を担いたいと強く望むのである。学生のイメージから脱却し分析家《アナリスト》のアイデンティティを担うという動きは、しばしば未解決の青年期葛藤を再活性化させる。新人分析家は自分が古い家族パターンを態度に現していることに気づくであろう。こうしたことはときに、分析アイデンティティを個別化して完成させるために職業的な「両親」像を理想化ないしは否認したいという誇張された欲求を体験させるのである。

境界と訓練

新卒業生は訓練協会と心理的関係を築こうとするにしたがって多くの力動と出会うことになる。通常は協会との間で次のような転移力動がある。いわゆる臨床的見方と象徴的見方との間で苦闘すること、訓練協会と職能集団の入学基準に対する疑問、そして、年配の上級分析家と自分の個性的な主張で威厳を見出そうとする卒業間もない分析家《アナリスト》との間の世代間葛藤である。

卒業後間もないこの時期には多くの複雑な境界を巡る問題に出会いもする。たとえば、新人分析家は少し前まで同僚だった学生とどのように「友好的」であればよいのだろうか。新人分析家が候補生に話をするとき、その語りは「分析家《アナリスト》イメージ」という力量と権威に色づけされている。このことは分析家《アナリスト》が外国の研究所を卒業して帰国する場合はさほど問題にならない。しかし、新人卒業生が当該の訓練協会と関わりをもち続けるときには問題となる。新人分析家が入学審査や評価委員会の仲間に入って授業や試験を行うときには別の境界を巡る問題が生じる。新人分析家は学期中に面識のある候補生を指導すべきなのか。訓練の会議ではどのような議論に参加しないほうがよいのか。自分とともに訓練してきた候補生の評価に関わるべきなのか。終了間もない卒業生は四、五年待って新たな世代の学生に関わるべきなのだろうか。これら懸案事項は複雑である。新人分析家には訓練の経験値がある。そのことと候補生の境界を尊重するという欲求との間のバランスは慎重に保たれる必要があるのである。

分析アイデンティティの同化

学生イメージと同化せずに分析アイデンティティと同化していくこの期間にしばしば起こるのは、新人卒業生は、肥大化した感情や不安感や力量不足感との間で情動的な揺れを経験すると言うことである。感情が肥大化しているときは教えたいという強い欲求が沸く。さらには新しい協会を創りたいとすら欲求する。分析の力量を過信し、以前の指導者やスーパーヴァイザー以上に知識があると感じてしまう。新人分析家は、訓練のための協会の入試要件がそれほど高くないとか、志願者の臨床経験が十分に豊かでないとか、さらには資格取得要件がさほど厳しくないといった感情を抱くであろう。協会が定めた外的な要件と新たに発展する分析家《アナリスト》の内的アイデンティティとの間に緊張感が生まれる。その専門家としてのアイデンティティが個性と独創性の統合によって安定して築き上げられるまでは、「ユング派分析家」を規定してきた外的枠組みに脅かされるように感じるであろう。この段階では、分析家《アナリスト》としてのアイデンティティはまだ不安定かつ脆弱であり、自分のアイデンティティ・イメージが協会の資格要件と外的に一致することを確認しようとする。

その一方で、萎縮感が表面化すると新人分析家はこの職業を選択したこと、つまり分析家《アナリスト》としての実践能力に疑問を抱くことになるだろう。そうなると皆、精神分析の理論と実践を知らないことに気づいて恐怖感を抱くかも知れない。最終試験に失敗する夢、資格要件をすべて満たすことを忘れてしまう夢が出現したりする。〈分析アイデンティティの統合というのは、外的な協会の要件を満たすだけではなく、こころそれ自体も含めて資格要件を満たすことなのである〉。これら内的資格要件は、しばしば協会の訓練指針として客観的に記載されたもの以上に達成困難なものである。分析家《アナリスト》になるために自身の資格要件を見出してそれを果たしていこうと懸命になるにつれ、それが協会レベルで定式化された資格要件とはかならずしも同一ではないことがますます明らかになる。もはや入試委員会なり評価委員会や試験委員会に位置づけられた「評価」など存在しない。分析アイデンティティの発展プロセスのなかで、こうした既成の在りようが、心的諸機能や内的な形態、心理的判断プロセスの援助や個としての受容さらには自己探究へと徐々に変容していくのである。このような動きが投影された形態として残されていくとき、それらは制度化が試みられ、個人のイメージのなかで外なる協会とその資格要件が創り出されていく。もしも内的な資格要件と外的な協会のそれとを識別できるのであれば、独自の視点で専門議論を活発に展開することができる。しかも自己愛的な傷つきを感じることもなく、提案や変更が拒否されることなく許容されるであろう。内的な資格要件と外的なそれとのさらなる心理的な区別化は協会の分裂を減らすことにつながり、分析訓練における差違や個別化にさらに耐性を効かせることになるであろう。

要約

スーパーヴァイザーの責任を担保した分析心理学における資格取得直後の期間に、分析家《アナリスト》の専門アイデンティティが統合されていく。この分析的コミュニティへと文化的に変容していく間には、職業人生の他の期間以上に、肥大化、萎縮化、硬直化、不安、熱意、脆弱性、そして劣等感が体験される。こうした内的なこころの葛藤および心理的対人緊張が生まれる可能性に意識的であることによって、卒業後間断なく続く専門的発達段階を、スーパーヴィジョン分析家としての役割を前提として、意識的に、動揺なく通過していくことにつながっていくのである。

第15章 スーパーヴァイザーの教育

マルガ・スパイカー

スーパーヴァイザーは分析家《アナリスト》が専門家として成長するために重要な役割を果たしている。スーパーヴァイジーを教え、導き、注意深く見守る。つまりスーパーヴァイザーは支持や示唆、批評をする役割のモデルとなって機能するのである。指導者として次の世代の分析家《アナリスト》を教育する過程すべてに参与する。しかし、分析家《アナリスト》がスーパーヴァイザーや臨床的指導者や教育者になるための準備はどうするのだろうか。分析家《アナリスト》がスーパーヴァイザーとなっていく教育過程を構成するものは何なのだろうか。このような疑問はユング派の訓練を行うコミュニティのなかで繰り返し提示され、分析的訓練に携わるスーパーヴァイザーらによって幅広い研究がなされている。

教育の過程というものは、相当に長い期間、通常は生涯に亘って続く。この教育過程を効果的にするには、それが全人的な影響を与えるものでなければならない。つまり、意識だけではなく無意識的な次元に触れるものでなければならないのである。教育とは知識を実践に当てはめて事足りるものではない。つねに、経験すること、感じること、知ること、さらにはスピリチュアルな気づきを知識に組み込んでいくことが必要となる。古代から始まった工芸、商売、芸術、専門的職業における教育的努力は徒弟制度のなかで学ぶという簡素なスタイルであった。徒弟制度が広がるにつれて、そのような教育的努力は構造化された研究や学習プログラムを作る方向へと発展していった。

ユング派分析家になること

ひとりの分析家《アナリスト》になっていく過程は、今世紀の最初の五十年にあった徒弟制度モデルから、主要三要素によって構成される現行の訓練プログラムモデルへと変化していった。その三要素とは以下である。

（1）候補生おのおのの発展が基盤となる。それは訓練に先立つ分析過程への専心を含めて、訓練期間を通して続く。また、自分自身へと向かう分析的スタンスは生涯続くことになるのだが、この過程は、そのスタンスを導くことが期待される。

（2）研究に関する領域は人間性の理解を目的とする。人間性は、こころと身体、情動と知性、精神とたましいに顕現し、また社会や文化、歴史のなかに、さらには芸術や神話、宗教実践の伝統のなかに顕れている。候補生は、連続講義やセミナー、ワークショップのなかで臨床的、発達的、元型的見方を学び、そこから分析過程における精神内界や対人関係の次元を学ぶ。

（3）スーパーヴィジョンを受けながらの分析実践は、分析家《アナリスト》になるための準備としては最終段階となる。スーパーヴィジョンの時間に、候補生とスーパーヴァイザーは被分析者《アナライザント》と学生（候補生）との分析作業に焦点を当てていく。それにつれて、個々の発展と理論的知識とが一体となる。

たいていのユング研究所では、候補生は訓練で得られた知識と理解を統合する能力を資格提出論文にまとめるよう求められる。この資格提出論文は候補生が講義と分析過程に専心した結果であり、自身の体験を明確に表現する機会となるものである。論文のテーマには経験的、記述的、内省的、認知的構成要素が含まれる。

候補生のユング派スーパーヴァイザーになること

分析家《アナリスト》を目指す候補生のスーパーヴィジョンには以下の四つの機能がある。①分析的な実践を教えること。②被分析者《アナライザント》と候補生との作業を注意深く見守ること。③候補生の個人的な発展に重大な問題が発生して[1]それが被分析者《アナライザント》との作業に影響を与える場合にはその問題に注意を向けること。④候補生が患者と分析的作業を行う能力を、候補生と所属の研究所そして候補生の将来の被分析者《アナライザント》に対して公正に評価すること。これらの機能間の相対的な重要性や相互作用については研究所の会員間でもかなりの見解の相違や議論がある。

　さて、スーパーヴァイザーという用語は上述した機能の二番目に重きを置いている。わたしは、これら四機能すべてが重要であり、スーパーヴァイザーは研究所のメンバーであって研究所の教育課程全体に不可欠の存在であると考えている。

　スーパーヴァイザーになる過程は分析家《アナリスト》になる過程に基礎がある。そこからさらに進んでいっそうの経験、内省、研究の習得が求められる。今日に到るまで、分析家《アナリスト》がスーパーヴァイザーになるには徒弟制度モデルに従っている。つまり分析家《アナリスト》は候補生としてスーパーヴィジョンを受ける経験をしてきているのである。そして、それが卒後何年にも亘ることも多くある。職能集団の一員として、分析家《アナリスト》は研究所の教育者たちを観察し、先輩分析家のスーパーヴィジョンの難しさに関する所感を聴き（側聞し）、徐々に訓練の諸問題の議論に関わるようになる。そして、あるときが来ると分析家《アナリスト》はスーパーヴァイザーとなる。一九九〇年から九二年にかけて、わたしは「スーパーヴィジョンに関するワークショップ」のための調査を行った。一九九二年、イリノイ州シカゴで開催された第十二回国際分析心理学会において行った調査はユング派訓練プログラムにおけるスーパーヴィジョンに関する実践についてであった。その調査結果は、「スーパーヴィジョンに関するワークショップ」[2]のなかで発表した。その調査で得られた結果から本稿に直接関連する点を要約しよう。

調査に対する回答者は、スーパーヴァイザーの機能は分析家《アナリスト》であることの資質や技術に基づくだけではなく、それを超えて広がる知識や技術もが必要であるとの認識で一致していた。違いがあったのは、研究所がどのようにしてスーパーヴァイザーの職業的発展に関わる問題に取り組むかという点であった。

1　研究所のなかのあるグループは、資格取得後も訓練を継続することは分析家《アナリスト》の唯一の責任であるとの立場を取っている。スーパーヴァイザーとして分析家《アナリスト》に指名されるようないっそうの自己研鑽の価値を認識する一方で、研究所は独自の水準や提案、基準を意図的に作らないよう言及している。

2　研究所のまた別のグループは、スーパーヴァイザーの発展や指名に関する議論や質疑を報告している。資格取得後、スーパーヴァイザーになるために引き続く移行期間の訓練に数年間（通常は五年間）の経験が必要とされる。[*1] この期間に分析家《アナリスト》は分析家《アナリスト》としてのアイデンティティを確固たるものにし職能集団の正式なメンバーとなる。[3] 研究所は、スーパーヴァイザーに必要なさまざまな資質を指摘する。しかしながら、調査に対する回答では、何をもって資質を実証するのかその詳細は明らかにされておらず、またそうした評価の方法についても不明である。資質のリストは次のようなものである。①個人的・職業的成熟。②分析作業を深層まで追求する力量。③分析的内省力。④分析過程に必然の曖昧さを許容し、曖昧さを装うことで補償しようとする傾向を弱めることのできる臨床力。⑤候補生とスーパーヴァイザー間、被分析者《アナライザント》と候補生間の対人関係的な力動を内省し取り扱うことができる臨床力。⑥論文や講演の形で実証されている分析実践を理論と統合できる臨床力。⑦実証済みの教育能力。⑧スーパーヴィジョンに特化した問題を取り扱う一連のワークショップや講義への参加。回答からおおよそ見えてきたのは、ほとんどの研究所の上級分析家はスーパーヴァイザーの職業的発展に関連する問題を考えており、それに取り組んでいるということである。

スーパーヴァイザーの職業的発展に付随する問題は、一九八七年から九二年にかけてわたしの最大関心事となった。その当時わたしは、ニューヨーク・ユング研究所の理事会役員であった。[4] 最初は理事会メンバーとして、後には（一九八九〜九二年）議長として関わっていた。その間、理事会は、スーパーヴァイザーの職業的発展のためのガイドラインを明文化するべきかどうかを検討していた。[5] そうした議論やシカゴでの国際分析心理学会で行われた「スーパーヴィジョンに関するワークショップ」に関わることによって、わたしは、候補生やスーパーヴァイザーとしての自分の経験を積極的に内省したり考えたりしていった。そして、深層心理学におけるスーパーヴィジョンの専門文献を見直し、同僚と学問領域を横断する議論をし、他の機関がスーパーヴィジョンを巡る諸問題にどのように対処しているのかを学んだのである。

文献を見直し同僚と議論するなかで、ユング派の思想や実践に価値のある、取り入れやすい多くの理論的視野から見た体験の語りに接することができたのである。

精神分析領域におけるスーパーヴァイザーの専門的発展

アメリカの大都市では精神分析的な方向性をもつスーパーヴァイザーのための構造化されたプログラムが作られるようになってきた。これらのプログラム[6]は卒業後の分析家《アナリスト》に開かれており、スーパーヴィジョン過程の理論的・実践的側面に焦点を当てて、一、二年の研究過程が提供されている。文献研究、講義、セミナー、ライヴ・スーパーヴィジョン・セッションの観察、ビデオ視聴、学生の実践によるスーパーヴィジョンのスーパーヴィジョン、論文執筆の準備。これらは、分析実践から分析家《アナリスト》の教育およびスーパーヴィジョンへの移行を促す教育過程の一部である。[7]

スーパーヴィジョンに関する専門書

スーパーヴィジョンに関する専門書は着実に増えている。ニューヨーク・ユング研究所が一九九一年にスーパーヴィジョンについて議論するために研修合宿[*2]を企画した際、下調べとしてユング派分析家による論文リストが作成された。[8]また、さまざまな理論的背景をもつ分析家《アナリスト》による最近の論文の簡単なリストも作成された。[9]同僚と文献を見直す作業は刺激的で得るものが多かった。

ユング派スーパーヴァイザーになること——その展望

ユング派の訓練コミュニティでは、スーパーヴィジョンを行う準備過程が活発に議論されている。一九九二年にはふたつのまったく異なる次の視点が明瞭になった。①スーパーヴァイザーになるための公式の準備の要請。②公式の要件が不要な非公式の準備。ここで基本的な問題が生じる。スーパーヴァイザーになる過程にどのように関わるのか。訓練コミュニティはその過程に参加する必要があるのか。分析家《アナリスト》からスーパーヴァイザーへの職業的人生の移行過程の背後にある元型的力動とは何なのか。わたしにとって元型的力動はイニシエーション過程の役割を果たしているが、それは候補生がスーパーヴァイザーになる過程を活性化する。[10]イニシエーション過程には志願者にとって次の段階がある。①別の位相へと進むに相応しい、たしかな資質の必要性。②意識的および無意識的要素を含む過程へと参入し、その過程で作業がなされ段階を超え新たな態度が顕現すること。③過程修了をコミュニティが承認しスーパーヴァイザーになること。

このように、スーパーヴァイザーになる過程を元型的視点から見ると、その過程を方向づけ促すのは訓練コミュニティの仕事であり責任であることがわかる。責任を果たすには分析家《アナリスト》になる準備過程と同じようなレベルのケアが求められる。訓練コミュニティがそうした視点に立つと元型的エネルギーとつながる。それによって現在および将来のスーパーヴァイザーはその立場の責任を果たせるよう促される。それはつまり、訓練コミュニティが次世代の分析家《アナリスト》のための（組織一丸となった）共同の導き手になることである。

ユング派スーパーヴァイザーになる準備とはどういった形式をとるのだろう。わたし自身の体験知を語ってみよう。それは、訓練コミュニティでの内省、思考および議論を刺激しようと意図し望んでもたらされた体験である。その見解は以下の仮定に基づいている。

1　スーパーヴァイザーになって候補生の教育に携わりたいと望む資格取得後の分析家《アナリスト》は、訓練コミュニティのなかで専門家としての人生の新たな位相に参入することを求めている。この新たな位相への参入はイニシエーションという元型イメージによって支えられる。

2　訓練コミュニティが明確にしなければならない責任は、志願者に必要とされる資質やスーパーヴァイザーになるための過程に含まれる段階や作業、そしてスーパーヴァイザーに指名される時期である。

3　訓練コミュニティがスーパーヴァイザーになる準備に注ぐエネルギーは、訓練過程に多種多様な影響をもたらす。その過程を強化し、豊潤にし、深化させ、支持するのである。

スーパーヴァイザーになるための準備モデルに向けて

訓練コミュニティがスーパーヴァイザーになるための準備モデルを発展させていくにつれ、訓練プログラムの上級スタッフは新たなスタッフ・メンバーやスーパーヴァイザーの準備に向かうことになる。そのために自分たちのスタンスを見直し明確にする必要が出てくる。これまでの徒弟制度モデルに従うのか、それともより構造化されたモデルを開発するのかを決めなければならない。それぞれの訓練プログラムにおいては、スーパーヴァイザーになるためのプログラム作成の責任は上級スタッフに完全に委ねられている。

スーパーヴァイザーになるための準備過程には次の主要な要素がある。

1　分析家《アナリスト》としての臨床力はスーパーヴァイザーになる準備段階の基礎となる。したがってユング派の訓練プログラムを終えることが不可欠であり、その後の期間（五年間が典型）に分析家《アナリスト》は候補生としてのアイデンティティから完全に移行し、研究所との転移関係はきれいに解消され、分析家《アナリスト》としての自分のスタンスが定まっていく。スタンスが定まっていく過程には次のようなことがある。すなわち、内省や研究、講読、分析実践に関する諸問題についての同僚との継続した議論である。これらを続けながら、その間に長期に亘る分析作業を徹底的に深めていくことである。また、一般的な分析実践領域の組織と同様にユング派の学会関係が主催する専門的内容のプログラムに定期的に参加することで同僚との意見交換の場をもつことができる。このようにして、分析家《アナリスト》はふたつの領域からなる分析作業に従事しながら、個人的探求と自律的な専門研究を継続する在りようを自ら確立していく。

2　分析家《アナリスト》は、組織の一員となり、スーパーヴァイザーや臨床実践の教え手になるという欲求と関心がなければならない。すべての分析家《アナリスト》がスーパーヴァイザーになりたいと願うわけではない。しかし、分析家《アナリスト》がスーパーヴィジョンへと進みたいと望むならば、その分析家《アナリスト》はスーパーヴァイザーになるための準備をする必要がある。

3　スーパーヴァイザーとして作業するための直接的な準備は、分析家《アナリスト》の専門アイデンティティを強固にする期間から継続して行われる。準備作業にとって非常に良好に機能する媒体は、その過程の器となるスモール・スタディ・グループである。訓練コミュニティの規模によってスモール・スタディ・グループは地元レベルや地域レベルになってくる。グループメンバーは経験あるスーパーヴァイザーの指導の下、定期的に集まり以下の諸点を集中的に議論する。①候補生であったときのスーパーヴィジョン体験。②関連文献に関する理論的研究や議論。③スーパーヴィジョン・セッションの観察。④訓練プログラムにおける候補生のスーパーヴィジョン評価要素に関する諸問題。準備期間はスーパーヴィジョン過程の何らかの側面に関する論文を執筆することをもって終了する。論文は、当該の側面についての経験的・記述的・内省的・認知的理解を再検討し統合する橋渡しとなる。

◇スーパーヴィジョン体験の内省

スーパーヴィジョンを受けるという個人的な体験を内省することは、スーパーヴィジョンのプロセスにおけるさまざまな気づきをもたらす。[11] それは意識を高めようとする努力である。探求される問題には次のようなものがある。スーパーヴァイザーとしての自分はどんなスタイルだったのか。訓練のどの段階でどんなスーパーヴィジョンのスタイルがもっとも有効あるいは無効だったのか。それはどうしてなのか。候補生のときとスーパーヴァイザーとしてではスーパーヴィジョン体験にどんなズレがあったのか。どのようにそのズレを埋めたいと思ったのか。スーパーヴィジョンのどんな機能が訓練過程にもっとも深く関わっていたのか。学習欲求に焦点づけられた機能なのか実践や臨床的理解や理論と実践をつなぐことに焦点づけられた機能なのか。後者の機能は、被分析者《アナライザント》の理解、分析過程、こころの力動および心理的対人力動、個人的かつ、または元型的側面、転移に関わる領域、分析に影響を及ぼす個人的発達といったものである。教えることとスーパーヴィジョンの評価との間に相互作用的に働く自分の体験とは何なのか。評価は十分に議論された結果なのか。そうでないなら、その理由は何だったのか。評価がどのように扱われることを望んでいたのか。このような問題である。将来性のあるスーパーヴァイザーが自らの体験を見直し議論していくにつれ、スーパーヴァイザーの過程に重要となる構成要素に気づいていくことであろう。

◇関連文献の理論的研究

ユング派スーパーヴィジョンに関する文献は、ほぼ全体に亘って研究することができる。本書掲載の諸論考は現在のユング派文献の相当数を網羅している。しかしながら、分析領域全般に関連する文献はさらに広大である。ただ、どんな研究グループも議論すべき無数の問題提起に役立つ文献一覧を簡単に作り上げることができるだろう。[*3] 出発点として適切なのは、「精神分析および心理療法のスーパーヴィジョンに関する臨床的展望」(原註9②参照) である。その著作の執筆者はスーパーヴィジョン過程に関するさまざまな視点や出典を明らかにし、参考文献を提示している。また、幅広い参考文献は、本書の文献一覧に見ることができる。

実り豊かな研究のために重要な論点を一覧表にすればたちまち非常に長いものができるだろう。だが、学習と教育の過程に関することは重要である。これらは分析的スタンスとは実質的に異なる領域である。スーパーヴァイザーになるためには、自分のパーソナリティに合った、しかも候補生がもっとも学びを得られる仕方を考慮に入れたスーパーヴィジョンのスタンスを見出すことが必要である。現時点ではスーパーヴァイザーがどこに理論的・分析的関心を寄せているのかによって、候補生がどこに作業の焦点を当てるのかが影響されるだろう。焦点の当てどころが一致するかどうかは、候補生の学習にとってもっとも重要なところである。また、取り組むべきものとして、法的および倫理上の責任という問題がある。

教育にいっそう直接的に関連する問題として、新人候補生に対する分析的スタンスをいかに指導するのかということから、転移領域や元型的力動さらには早期のトラウマへの繊細な同調能力をいかに修得するのかという問題が挙げられる。どのようにしたら共感的スタンスや安定して抱える能力が発展するように育成できるのだろうか。どのようにして未知のものを見出す専心没頭の感覚を刺激できるのだろうか。分析領域での理解や洞察、発展が生じ分析が進展するようにどのように候補生を支えていくのか。スーパーヴァイザーと候補生間の力動を、両者間のパラレルプロセスとして生じる候補生と被分析者《アナライザント》間の諸問題からどのようにして明確に区別するのだろうか。どのようにして、スーパーヴィジョン作業に繰り返し侵入してくる候補生のパーソナリティの問題に対処していくのか。分析とスーパーヴィジョンとの境界はどこにあって、そのふたつの領域はどこで重なっているのか。分析的知識の不足から生じる不安に対処する新人候補生をいかに支えるのか。不安という点では、評価に関わる被分析者《アナライザント》の現実的不安と、被分析者《アナライザント》の性格的な面にその源泉があるために回避されてきた不安とを区別することは重要である。

スーパーヴィジョンに関する文献はこうした諸問題を重点的に扱っており、そこから上級スーパーヴァイザーの経験に学ぶことができる。また、新しいアイディアに開かれている同僚たちとの議論は知識の違いやそれぞれの特徴的な見方に大きな気づきを与えてくれる。

◇スーパーヴィジョン・セッションの観察

研究グループはライヴ・スーパーヴィジョン・セッションを観察し、その後の自由な議論から多くの学びを得ている。

議論は多様な領域へと広がっている。たとえば、スーパーヴィジョンのスタイルと特徴、スーパーヴァイジーの学習欲求、スーパーヴィジョン・セッションで質問するポイントの選択、スーパーヴァイザーとスーパーヴァイジー間の力動などである。経験豊かなスーパーヴァイザーならライヴ・スーパーヴィジョン・セッションを研究グループのメンバーのひとりと行うかも知れないし、研究グループのメンバーがライヴ・スーパーヴィジョン訓練プログラムができあがればスーパーヴィジョン・セッションを他の研究グループのメンバーと行うこともできるであろう。スーパーヴィジョン・セッションのビデオ映像が作られてそれを入手することもできる。スーパーヴィジョンに関する文献には研究に有用なスーパーヴィジョン・セッションの記録が含まれている。[12] また、経験豊かなスーパーヴァイザーを招いてそのスーパーヴィジョンのスタイルを議論するグループもある。

◇候補生のスーパーヴィジョンにおける評価要素

スーパーヴァイザーには、候補生の面接作業を、隠すことなく直接に、公平に評価する責任がある。その責任には、研究所への評価報告と候補生への時宜を得たフィードバックの両方が含まれる。究極の責任は分析家《アナリスト》として未来ある被分析者《アナライザント》に対するものである。スーパーヴァイザーは必然として次の諸機能の間のさまざまな葛藤に直面する。すなわち、候補生の教育やその発展の促進と達成された能力の評価との間の葛藤、候補生と社会および研究所の三者間の配慮に関わる葛藤に直面するのである。

スーパーヴィジョン経験の初期の頃には、分析家《アナリスト》は葛藤の一方の極に引きずられる傾向がとくに強い。たとえば、研究所への評価責任に支配されるかも知れない。あるいはそうした責任を防衛的に回避して候補生の能力促進という側面に焦点づけるかも知れない。

4　スーパーヴァイザーになるための予備資格は上級部門の小委員会（三委員会など）の会議で決定される。会議では、分析家の準備状況、分析家《アナリスト》が重要と考えるスーパーヴィジョン実践におけるテーマ、そしてスーパーヴィジョン過程に関する論文が集中的に検討される。委員会が下す結論は次の三つである。①スーパーヴァイザーになるための予備資格を有する。②不十分な点が見られスーパーヴァイザーになる前にそれらを改善する必要がある。③予備資格を満たしておらず再評価の必要がある。

分析家《アナリスト》が訓練コミュニティにスーパーヴィジョン過程に関する一連の研究を実演発表すると、訓練役員会は正式に当該の分析家《アナリスト》をスーパーヴァイザーに指名し研究所のメンバーとする。

〈スーパーヴァイザーになるための準備プログラムはどのように開発され、策定され、実行されるのか〉。ある程度の構造を提供して、後は個人が自由に自発性を発揮できる余地を残しておくことに、わたしは賛成である。訓練プログラムは当該支部の環境に相応し研究グループが詳細決定の自由を担保された枠組みを開発することになるだろう[13]。本質的な点は、同僚や経験豊かなスーパーヴァイザーとの議論を含む個別およびグループ研究を通して、分析家《アナリスト》が準備プロセスを引き受けていくことにある。スーパーヴィジョンを発展させるプログラムの作成および責任は、そのほとんどがそれぞれの訓練プログラム作成に携わった上級部門にある。しかしながら、当該の部門がその立場を明らかにし枠組みを概説するに従って、その部門は、支部あるいは全国規模で、類似の志向性のあるプログラムに参加し潜在的なスーパーヴァイザーのための研究機会を開発することになるかも知れない。さらには、地方にはないプログラムを提供するために、全国規模および国際規模の会議でシンポジウムやワークショップが企画される可能性もあるだろう。

現在のジレンマ

訓練コミュニティにおいて、誰もが一定期間の準備があればスーパーヴァイザーになれるわけではない。多くの分析家《アナリスト》はプライベートな時間をかなり使って研究に専念し同僚たちとの議論の機会を探し出している。次世代の分析家《アナリスト》に自分たちよりも多くの準備が求められるべきなのだろうか。どのようにその溝を埋めるのであろうか。

スーパーヴィジョンの準備に関して言えば、われわれはまだ、分析家《アナリスト》になるための準備としての分析的訓練プログラムが発展途上にあった今世紀半ばと同じ地平に立っている（一九四七年のロンドン、一九四八年のチューリッヒ）。スーパーヴィジョンの訓練が発展するための作業は、分析の訓練の進展と同じように進んでいくだろう。しかし、スーパーヴァイザーや教師になるための準備を次世代に期待するように、スーパーヴァイザーや教育者として仕事を続けていくために努力することを自戒しなければならない。研究所がスーパーヴィジョンにおける訓練の枠組みを発展させるように、その仕事に従事する上級部門の努力は所定のコミュニティ全員の意識を高めるだろう。手堅く組織化された研究グループは積極的なスーパーヴァイザーや教育者に開かれるべきである。それによって経験や同僚とのやりとりで得た恩恵の寄与がもたらされるのである。そうした関与があれば現在のスーパーヴァイザーは次世代のために提案される準備過程の一翼を担うであろう。

教育の過程はつねに、長期間に亘る広がりをもっている。スーパーヴァイザーになるための教育は、個人分析から始まり、分析家《アナリスト》になるための訓練とともに継続し、分析家《アナリスト》として作業する臨床力の上に築き上げられ、そうしてスーパーヴィジョンを受ける過程のなかで知識や理解、技術の獲得が求められるのである。継続する教育過程というのは、こころに関わることや分析実践、教育についての内省・研究、同僚たちとの議論を続けていく分析家《アナリスト》の専門的な人生全体に亘って拡がっている。

第16章　スーパーヴァイザーと老い

ハンス・ヨワーケン・ウィルキ

老賢者が適齢を過ぎること

アドルフ・グッゲンビュール・クレイグは老賢者元型の「老」と「賢」の間の本質的つながりに疑念を表明する。[1]老人神話それ自体は破壊的なものではない。しかし破壊的に用いられている可能性がある。グッゲンビュール・クレイグは、「老賢者」神話が高齢化は老化という現実を抑圧する代わりに助長して、誤った偏見のある用いられ方をしていると考えている。生物学や医学が教えるのは、個体発生および系統発生の最終地点には、もっとも傷つきやすくダメージを受けやすい衰弱があるという事実である。ただ、分析やスーパーヴィジョンに必要な多くの能力は人生後半に獲得される。したがって、その能力は、齢を重ねていく過程にいっそう影響を受けやすくなる。ダメージを受けたり衰えたりするのである。分析的訓練や教育にとくに必要とされる能力には、わたしの見るところ次の三点が挙げられる。これらが加齢とともに衰えたり損なわれたりすれば、スーパーヴァイザーとしての能力や自尊心に著しい影響を与えるだろう。

1　分析過程にとりわけ涵養される自己批判的感覚および内省力。

2　恥や思慮の感覚に特段の注意を払い、分析およびスーパーヴィジョンにおける社会的相互作用を前言語的感受性によってモニターする能力。この能力は感覚機能の一部である。このおかげで他者の恥の感覚閾を理解し配慮することができ、相手に気まずい思いをさせないように配慮することができる。

3　外的現実世界の詳細に対する外向的な興味を涵養しそれを維持する能力。加齢によってこの能力はしばしば移ろいゆき、態度は内向的になり興味は基本的で一般的な関心へと変わっていく。

若者が加齢過程を予測するのは難しい。その過程に対する個人的体験が皆無だからであり、加齢についての限られた見識しかないからである。世代間のギャップというのは、若者と高齢者の生物学的・心理学的限界を話し合う難しさからすでに始まっているのかも知れない。このギャップに苦痛を感じたりときには悲劇的な様相を呈したりするのを避けたり防いだりしようとして、老いも若きもときに馬鹿げて見える方法に頼ることになる。若者は「老賢者」という老いのマスクに隠されている愚鈍に気づき、訓練生の「少女／少年」様相は老いのもつ道徳的負荷によって無知と軽率とに容易に変貌する。こうした相互作用が破壊的に働くことはよく知られている。ゲーテは、メフィストと彼の弟子（得業士）との対話にそれを生き生きと描いている。

得業士
　……いかがでしょう、人がこれまでに学び知ったことは、
　果たして知るに値したことでしょうか。
メフィストフェレス
　実は私はもうとうからそう思っていた。私は愚か者だったよ。

得業士
　これは御立派ですな。そうこなくちゃいかん。
　僕が出会った最初の分別あるお年寄りだ。
メフィストフェレス
　私は隠れた黄金を探しに出かけて、
　役にも立たぬ炭を得て帰ってきたのだ。
得業士
　どんなものでしょうか、先生の頭の鉢も禿げも、
　あのされこうべ髑髏以上の値打ちはありますまい。
メフィストフェレス（愛想よく）
　君も相当な無礼者ですな。
得業士
　ドイツ人で慇懃なのは腹黒いと相場がきまっています。
　……老齢というやつは冷たい熱病で、
　気紛れという病で寒気がしているのです。
　人間、三十を越したら、
　もう死人同然ですな。
　潮時を見てあなた方は叩き殺してしまうに限る。
　……青年のもっとも高貴なる使命がそれだ。
　世界も、僕が創り出すまでは存在しなかった……。

メフィストフェレス
阿呆めが。いいから威張ってやって行け！
どんなばかなことであろうと、立派なことであろうと、
およそ人間が考えだすことは、もうとうに先人が考えていたということがわかったら、
奴もさぞかしがっかりするだろうて？
……坊ちゃん方のことだ、大目に見て上げましょう。
しかしね、悪魔は年寄りだ、
歳をとったら悪魔の言うこともわかるでしょう。[2]

経験

ひとは皆、教育を受けてきた個人的体験を通して、小中学校や高校そして大学、それから大学院の分析訓練のなかで、一部の年配教師たちがいくぶん滑稽に映る姿を知る。それら年配の教師たちは簡単に馬鹿にされ、教師として身に着けている機能を発揮する能力はしばしば制限されてしまう。このような体験から一般に言えるのは、学生たちによって高齢の教師がもつある種のステレオタイプな反応が引き出され維持されるということである。

スーパーヴァイザーとしておよそ二十五年間の体験を経てきたいま、わたしは、重要な関心を寄せているテーマを訓練生が活性化させることができたとき、少し面白がっている訓練生に気づく。そのテーマについてかなり詳しく話をしていたわたしは、それから突然、自分が滑稽極まりない存在であることに気づく。二、

三十年前であれば、そのような現実に屈辱を感じたことだろう。けれどもいまなら、このような感情に向き合うことができる。わたしがしばしば引き合いに出すセネカは「偉大な天才」を次のように評価していた。〈狂気の混じらない天才はかつて存在しなかった〉[*1]。この評価は、たいていは、天才である当人よりも「偉大な天才」の崇拝者によって否定されるものである。

ひとは、高齢となって羞恥心をかつてほど感じなくなることで、生き生きとした生活機能を発揮する。そうでなければ、おそらく高齢者の自殺率はかなり高くなり平均寿命は低下するだろう。高齢を誤って理想化することは、若者にも高齢者にも意味がない。

訓練生との関係を理解するには、次のような相違を知っておくことが重要である。わたしが訓練生の関心や新たな神経症理論やこころ、さらには人間存在への興味を共有するのは、限られた範囲内のことでしかない。自分の人生のいまの時点でわたしに関心があるのは、概括的で変化のない一貫したことがらである。つまり、単純な物事を明瞭な仕方で表現したり、多様な物事の全体を明瞭にまとめてみせたり、決まり文句を見つけたりすることなのである。人生のこの段階に来て、わたしの視点は「全体の多様性」を端的な決まり文句にまとめることにある。専門職業のなかにあるそのような端的な決まり文句を、訓練生は、「人間の格言」から出てきた詩のようなものに過ぎないと考えている。しかし、そのような決まり文句を見出すことは、人生のこの段階の意味や世界観のたいせつな一部であることはおそらく間違いないのである。そのような端的な決まり文句は、訓練生が高齢者の心理的営みを理解するよりよい一助となることであろう。

わたしの学びは長く持続的な影響をわたしに与えていった。振り返るとわたしは、良識を少し欠いた年配の教師から教えられた多くのテーマを吸収していったと想う。何年も経ってから、それらのことがこころに蘇ってきた。いまだからこそ、それがどれほど重要なことなのかがわかるし、自分の豊穣な人生経験や職業知識をあてにすることができるのである。

権威者からの学びとピア・グループでの学び

伝統的な学びに見るのは、知識やノウハウが年長者から若者へと引き継がれる姿である。いまの時代でら、教師はおおよそ生徒よりも年長である。ただ、いくつかの分野ではこれが逆転している。たとえば、科学における新しい潮流について、わたしは自分よりもずっと若い研究者に情報を提供してもらっている。現代社会におけるこのような方向性の逆転に目を向けさせた最初の人物は、おそらくマーガレット・ミード[3]であろう。

学びの過程は学生と教師すなわち権威者との間で起こるだけではない。同年齢集団においても起こる。子どもというのは通常、「文化的技術」というものを年長者あるいは両親から学ばねばならない。だがしかし、自分の物を守ったり渡したり、隠れたり逃げたりするための反抗的態度や命令といった類の単純なすべての「生き残る技術」は、集団や同年代での遊びのなかで身に着ける。このことは、その後の人生におけるピア・グループの道徳的役割について興味深い問いを提起する。それは、分析について学習している間、ピア・グループにおいて獲得される内容や技術と教師から教えられる内容や技術との間にはどんな関係があるのかという問いである。この問いはもちろん、その教育機関の構造がいかに権威主義的か自由闊達かによって影響を受けるであろう。

自分自身の高校や大学、分析訓練での体験を振り返ってみると、当時のわたしがまなざしていたのは権威ある人物であった。しかし、さまざまな集団における同僚や友人との相互関係からも知識を向上させていた。さまざまな話題を巡って沈思黙考するようになったのは、仲間たちとの際限のない議論があったからである。

教師や同僚そして個人分析が混ざり合った影響を受けて、最終的にわたしは自身の分析心理学理解を発展させることになった。いまになってようやく、訓練のためのピア・グループでの議論の重要性がわかったし、それを評価するようになったのである。

ふたつの提案

1　分析家《アナリスト》の社会的能力に関してはこれまで十分には考えられてきていない。候補生のグループのなかで起こることが学びになる、そのことのたいせつさについてさらに考えていく必要がある。このような教育スタイルが成功している既存の例としては、ケース・スーパーヴィジョン・グループがある。しかし、これもかつては、十分な支持や価値が認められてはいなかった。一般に、グループ・スーパーヴィジョンは三名から四名の、多少なりともグループリーダーを目指す訓練生によって開始される。このピア・グループが発展すると、リーダー役割のいないグループができたりする。また、権威からほどよく自由になって訓練終了後もともに作業を続け同僚や友人として安定した関係に辿り着いたりもする。このようなピア・スーパーヴィジョン・モデルを、訓練終了を目指して組織化することは可能であろう。それは、訓練終了後に、いわゆる「同僚同士のスーパーヴィジョン」と呼ばれる分析家集団におけるピア・グループへとおのずと発展していくものだからである。分析家《アナリスト》としての営みから意味あるものとして実践されてきたこのモデルは、友人と同僚との間の自然で相互的なやりとりに基づいている。

ピア・チュートリアル・モデルが実現した他の組織構造もある。ピア・グループを利用する教育や訓練のパターンは、権威志向的モデルによって訓練されたことから生じる潜在的葛藤を補償する。そうわたしは確信している。ただ、訓練の目的はけっして、葛藤から逃れる場を創り出すことではない。けれども、学生と教師の葛藤の場を別のもの、つまりピア・グループという場によって補完することで、最終的には、より健全な教育風土を創ることになるであろう。

2　より規模の大きな専門機関（たとえば、国際分析心理学会）は、高齢化と専門実践について、明確かつ簡潔で柔軟性のある方針を確立することによって、地方の研究所や部門に微妙な影響を及ぼすことになるだろう。訓練分析家やスーパーヴァイザーが果たすべき責任について同意の共有や確立があるかも知れない。他の多くの訓練分野では、特別な責任で定義される専門家としての機能と年齢との関係が認められる。たとえば、こうした規律の実践がないビジネスや産業といった分野においては、高齢の有力な実業家たちが自分自身のビジネスを破壊し始めている様相を見ることができる。そのような破壊的な力動は、分析的コミュニティにおいても、とくに加齢と退化の過程に関してかなり頻繁に観察されるとわたしは推察している。訓練分析家やスーパーヴァイザー、インストラクターの年齢制限を定めるような提案を国際学会はしていない。そのような制限を受け入れる覚悟はわたしにもできないだろう。そうではなくて、スーパーヴァイザーの高齢化という話題について考える理由は、ひとつに訓練に伴う責任と加齢の過程との関連における心理学的問題をいっそう深く理解する必要性からである。このような理解を通じて、おそらく、分析家《アナリスト》の高齢化にまつわるさまざまな問題に対処していく方途を議論する共通基盤を見出すことができるであろう。国際学会による年齢制限などの統制的決定は、多くの研究所だけでなく、わたしという個人そして同僚や友人にも関わってくる。こうした問題の解決への発見的原理として次のことを提案したい。「国際学会は、研究所に対してだけではなく、学会認定のすべての訓練分析家およびスーパーヴァイザーに対して、年金受給年齢を超えたときに訓練に必要な当人のすべての機能の信頼性と活用可能性、加えて十分な安全性、有用性、かつ人生を見通す視野をもっているかどうかを規則的（定期的）に検証することを推奨する」。けれども、仮にわたしの自己批判的能力がそうした検証に十分に耐えるものではないということになれば、わたしが願うのは、友人の、ないしは機構からの助言ですらも、それを理解し自分がその助言に耐え得ることである。ベルリン・ユング研究所の訓練分析家たちは、この問題について幾多の議論を重ね、最終的に、「訓練分析家の機能と義務」を定義した一論文を著し、研究所にこの原理を導入している。

わたしの意見は、加齢や死の予期について世代間理解がないことは、加齢によって直接的な影響を受ける高齢者以上に、若者によりいっそうの問題を抱えさせることになるというものである。訓練分析家やスーパーヴァイザーの選択の際には、高すぎる理想や間違った意味での厳格さを求めるものであり、それが適齢を過ぎた教育担当者を選ばせるのである。訓練機関としてこの問題に対処するためにもっとも簡潔にして自然な方略は、十分な数のスーパーヴァイザー、訓練分析家、インストラクターを有することである。だが一方で十分な数の教育担当者を揃えようとすると、要求水準の高い資格や経験を求めてしまい、それが実現しないということにもなりかねない。若者と高齢者が互いに理解し合い尊敬し合うこともまた相補的なものなのである。若者は経験不足からそこはかとない困惑を抱えているし、高齢者は偏見に晒される重荷から中庸に振る舞おうとこだわっているのである。

要　約

「老賢者」元型に助けられながら年齢を重ねるという自然な過程を否定することは、世代間ギャップを産み出し得る。それによって、理解や相互交流が妨げられてしまう。スーパーヴィジョンにおける加齢の問題の多くは、自己批判感覚や内省力の低下、羞恥心の閾値低下、内向化傾向によって生じる。その結果として生じる葛藤的力動を減衰させるために、訓練期間中に経験する権威に方向づけられた学びがピア・グループでの学びの導入によって補償されることが必要となる。国際学会の指針を通じて諸様式を学ぶことは、この問題がさらにいっそう意識され続けることになる。加えて、高齢化する専門家に関するガイドラインは、スーパーヴァイザーや訓練分析家が齢を重ねていく過程や年齢制限についてのより大規模な議論のなかで形成されていくことになるであろう。

第Ⅵ部　スーパーヴィジョンと制度

第17章 スーパーヴィジョン、訓練、内的圧力としての研究所

ジェームス・アスター

本章では、心理臨床家や分析家《アナリスト》の訓練の一部であるスーパーヴィジョンと、どんな訓練の要件からも独立して実践的に探究され臨床家自身の発展の一部となったスーパーヴィジョンとを対比させてみる。わたしが活用してきた研究所モデルは分析心理学協会だが、この組織の考え方に独占的なわけではない。本章に先立って読んだ著作には、イザベル・メンジーズ・リス著『研究所に内在する不安』および『社会力動』がある[14][15]。加えて、分析心理学協会とは別の組織で訓練を受けてきた友人や同僚と多くの議論を行ってきた。また、スーパーヴァイザーや教育者として仕事をするなかで、ロンドン心理療法センターや英国心理臨床家協会、児童心理臨床家協会の訓練生と出会ってきた。

序

プロテスタントに対するカトリック教会の歴史ほど非キリスト教的なものはないのとちょうど同じように、分析心理学者に対するその研究所の歴史ほど非分析的なものはない。けれども、精神分析の実践はいまなお

魅力的なものである。スーパーヴィジョンおよび訓練は、発達と個との関係と同様に研究所と個との関係を含みもっている。これから論じるわたしの考えや思想は、研究所の圧力という文脈のなかで、分析過程が優れているという信頼を保つことの難しさを巡って展開する。

精神分析は、ダーウィニズムが宗教に対してそうであったように、かつては革命的なものであった。個人的にはあまりに受け容れがたく、したがってそれは「根本仮説」に対する挑戦であった。仮説が検証されていないとか支配的な体系だとか、そうした言論が集合的になって挑戦する組織や研究所が反対のキャンペーンを張ったのである。

最初、精神分析は非難され、そして否認された。しかし結局は修正され変化し発展していった。だが、こうしたことすべては精神分析を限定的なものにしようとする試みだったとも言える。当時、ヒステリー症状の背後に個人の対人関係を見ようとする精神分析を医師が攻撃した。次いで伝統的な考えをもつ哲学者や心理学者そしてアカデミズムは、精神分析が正確性のない非論理的なものであって、メタファーを用いていると非難した。こうしたいわゆる批判のいくらかは、現在の精神分析にも符合する特徴である。こころは、情動的真実を肥大化させ嘘と自己欺瞞で萎縮してしまうものである。われわれは、科学の用語を使ってこころに関わる発見を表現するけれども、それは素材を寄せ集めて想像したに過ぎない。思考を組み立て仮説を産み出す役に立つために、臨床家は実践のなかで、ときとともに進化する理論を創出し、新たな証拠がもたらされる度にそれを修正してきたのである。

理論と研究所の心理

ユングには多くの理論があった。しかし、自身の学派を立ち上げるような動向を望むことはなかった。この意味で、分析心理学協会（分析心理学の訓練を行う最初の機関）の設立に当たって、ユングは初代代表になることに同意したにもかかわらず、設立者はユングの意志に背いたと言える。学派というのは知識や理論を発展させ、それを正統化することができる。だがそのことで設立時の精神を台無しにもしてしまう。ユングが分析心理学のための研究所の立ち上げを疑問視した理由のひとつには、おそらく理論がそうであるように、研究所というのは発見という革命的な性質を限局化してしまうということがあった。理論は経験や観察を限局化して意識的な知識へと減衰させる傾向をもつ。周知の通り、ユングは不確実性や非合理性に価値を置いていた。個性化に取り組む困難な道のりを重視していたのである。

研究所での教育の難しさはそれが複数の理論に基づくことにあるとの認識があった。これら諸理論はおおよそ相容れるものではないけれども、患者との多くの意識的な交流の基礎になるものとして教えられる。訓練として分析家《アナリスト》やスーパーヴァイザーを選択するということは、しばしばとても神経を使う作業である。訓練過程は訓練生を断片化された状態に導くことに似ている。つまり、専門職としての諸思想、それは思想的特徴として断片化され強調されたものだが、訓練生はそれらを教えられて、断片化されたものを統合するよう期待されるのである。こうした見方はよく知られているし、ヒンシェルウッド博士も論じている[7]。それが表わしているのは、研究所の「シャドウ」の一側面に過ぎない。いまひとつの難しさは、ことばが合意されてきた意味しかもたないように多様性を奪われていくあり方である。それは、分析心理学のなかで起こってきていることである。たとえば「アクティヴ・イマジネーション」(能動的想像)は想像的な活動を指すときに誤用されることがある。[3]「転移」は幼少期に起源をもつコミュニケーションと理解の仕方に何らかの支障を来した在りようを指すとは思われない。フロイトから派生した「投影同一化」という用語は、その当時のメラニー・クラインの思想をもはや意味しない。[10]これらの用語がどのように用いられるのかを述べるのは難しい。というのは、あまりに特異的に使われているからである。しかし一般例を挙げることはできる。「逆転移」に関するフォーダムの先駆的な仕事は現在ではニューヨークの複数の分析心理学者に引用されているが、それは患者のこころの告白の根拠としての使用である。それはさながら、告白のまさにその瞬間に分析的方法が放棄され同調的逆転移が発現すると言わんばかりである。

分析の危険性は、駆け出し分析家の人生の旅のために訓練と準備をすると公言するまさに研究所内のあり方に見出されるべきである。それがここでのわたしの主張である。歴史的に見ると、このことはフロイトにまで遡及できる。フロイトは反体制派に居場所を与えない動きを見せたときに堕落し始めた。そのことをユングは知っていた。けれども、分析心理学者としてのわれわれも、その動きの一部なのである。この動きにはいくつかの問題があるが、そのひとつは、布教聖省という宗教的意味をもつことばであるプロパガンダを求めることにある。[*1]このことは分析家《アナリスト》の個性発達に問題をもたらす。見習い分析家の訓練の一部は、この無意識の過程のために反体制思想が禁じられるなかで、研究所というマザーグースに刻印されその子どもに堕ちないための闘いなのである。[*2]バートランド・ラッセルの機知に富んだ次の警句に耳を傾けるとよいだろう。「もしプロパガンダを始めるなら、ほどよいグースといっしょにするのが肝心だ」(マイケル・フォーダムからの私信)。[*3]

こうした懸念の根底にあるのは、分析的訓練を一般的心理療法の訓練に変えてしまわずに、意識的な動機とくによりよい分析を望む欲求と訓練とをもっとも良好に適合させる方法とは何かという問題である。分析は心理療法のなかの特殊な在りようだとわたしは認識しているが、根本的な相違もある。フォーダムは次のように分析と心理療法とを区別する。

治療者は治療目標をもって自分の活動をコントロールしている。治療目標は、症状の消失から望ましい方向への性格変容まで、さまざまに立てられるだろう。たとえば、適応状態をよりいっそう良好にすることや意識を拡大することなどである。一方、分析家《アナリスト》は患者の「改善」に無関心なのではなく、最初はできる限り平易な用語を使って、自分自身との関係のなかで患者のこころの状態を同定しようとするのである。分析家《アナリスト》が最善を尽くすのは、患者にとっての目標に対してではない。そうではなく、分析的態度を維持しながら自分自身の目標を定めることなのである。[6]

心理療法において患者が耳にするのは治療者の意識的な語りである。それは通常、治療者によって組み立てられ、心理療法のなかで治療者の考えで構成され、おおよそ元型的色彩を帯びている。しばしばそれは、自然のならわしとしての様式、つまり母親や子どもあるいは家族の生活や歴史様式なのである。これはユングが考えた分析の仕方ではない。ユングの考えは、実践家は前もって知るべきではないということであり、ビオンが述べるように記憶や欲望を控えるべきだということである。[2] 分析家《アナリスト》に求められるのは、訓練期間中だけではなく日々の人生、すべての分析セッションにおいて初心のこころを保ち続ける能力なのである。心理療法が運んでくる課題は、患者が心理臨床家の理論を体現できるようになることであり、心理臨床家が思い込みを捨てて客観的になることなのである。このような語りでわたしが意味するのは、自身の理論モデルのメタファーとして患者とのコミュニケーションを心理臨床家が取り扱うことは、主観的体験を守ろうとして防壁を作って自らの「知（別のメタファー）」を用いていることなのだ、ということである。この防壁がある限り心理臨床家はもはや患者に耳を傾けることはない。この客観化を制度として作っていくことが分析という作業を専門職業としていくことになる。メンジーズ・リスは、フェニケルの次の語りを引用する。「人類は欲求充足の努力によって社会的制度を作るけれども、そうなると今度は、人間が個として在るにもかかわらず、制度は個から比較的かけ離れて独立した外的現実となってしまう」[15]。

制度からみたとき、個の危険性は、教育および訓練機能のなかで、個の内部の苦悩から心理臨床家としての骨組みを作っていくというよりもむしろ、「外から学ぶ」といったようにその骨組みを個の外部から技術を習得することで発展させることにある。この、内部から骨組みを作っていく学びについて、マーゴット・ワデルがジョージ・エリオットに関する最近の論文のなかで、「説明や回顧よりも苦悩と前進」として語っている[18]。研究所での学びはしばしば説明や回顧といった類のものであり、過去のものを再構成するという安全な物語に固執しているのである。

フロイトに続いてメルツァーは指摘する。おそらく分析は少しずつではあるがこころの状態を探究するための方法になっていき、かならずしも治療ではなくなっていくであろう[12]。私見だが、この挑発的発言は、「正しい」解釈の探究への道のりを挫く。ただ、この発言はメルツァーの著作に見る、分析が生んだ変化を示す多くの臨床例と矛盾する。けれども、分析というものがひとつのアート（テクネー）であるならば心理療法は〈治療〉となる危険性がある。心理療法の訓練が拡大し続けるのはすでにこのことを示唆しているのである。心理療法は教育され得る。いまやロンドン大学で修士号を取得することもできる。教育の仕方は、おもに行動理論研究の説明から成っている。ここで、患者と心理臨床家が忍従しなければならない問題は、一般的に過去に原因を求めようとすることにある。メルツァーは以下のように記載する。

社会組織としての精神分析は、ビオンの用語を用いると、闘争－逃走という基底想定グループに陥りやすい傾向を持ち、経過と共に絶えず分裂を繰り返してきたが、その一方で次のメシアを待望しているのである。臨床家が生活していく上で、社会的地位を所望することや、口にするのも憚られる経済的要因が存在するため、いわゆる訓練に関しては平生より組織レベルで厳重にコントロールされることになる。あらゆる組織が、創造性ではなく服従を基準に候補生を選択しているのは確実である。それゆえ組織は関心を持つ人々を教育するのではなく、実践家を訓練するという方針を追求することが常となる。その結果、組織は急速に普及することになるのだが、水面の油膜のごとく非常に浅薄なものとなりつつある。このギルド構造は常に「約束の敵」であり、まったく公然の「秘儀」であるにもかかわらず、そのあるはずもない独占を主張している。他方、作業グループとしての諸機能はおよそ一世紀に亘り進歩し続けている。これらの発展は、精神分析の批判者にはほとんど知らせないままである。精神分析の批判者はあらかたフロイトの初期の著作を読むことで満足してしまっているようだ。[13][*4]

研究所の喫緊の課題は、「作業グループ[1]」の原理を具体化する訓練の運用方法である。分析心理学会公認分析家としての専門的・個人的生活が発展することは、奇妙なことだが、学会の組織構造から外れることである。訓練が「完璧」である場合、これ以上の体系的もしくは指導下における研究は、準会員から訓練分析家としての正会員までの組織の階層段階の進展には含まれない。したがって、研究所が育成してきた個としての発展に必要な「作業グループ」のエートスはどこにもないのである。

訓練の一環としてのスーパーヴィジョン

一九六〇年に開催された学会の訓練に関するシンポジウム(一九六一年公刊)において、プラウト[17]とニュートン[16]そしてフォーダム[4]は、スーパーヴィジョンの諸問題の理解に独特の貢献をした。プラウトは、訓練生の学会への入門つまりイニシエーションがスーパーヴァイザーによってもたらされることを指摘し、学生・分析家《アナリスト》・スーパーヴァイザー・訓練事例・先駆者－創設者といった複雑多岐に亘る関係を地形模型のモデルを使って描写してみせ、訓練を求めたところでその当時、訓練を受けた指導者は誰もいなかったこと、したがって世代が進めば次世代が指導者の資格を得ることはほとんどないことを、プラウトにしかできないやり方で指摘してみせた。ニュートンもプラウトと同様に特徴的な貢献をしたが、それは理論と実践の統合という自らの関心に焦点づけられていた。とくに、学生の実践や臨床体験と無関係な理論は迫害的になり得るとした。ニュートンは訓練状況に生まれる他の迫害的要素のコンステレーションを指摘したが、そのなかで注目されたのは、その時代では、訓練生の分析家《アナリスト》は神経症の残滓を表に出してはならず、それに付随して訓練分析家は当然ながらあらゆる神経症から解放されているべきだという理想が世に潜んでいたことである。

さて、訓練とスーパーヴィジョンを区別することの重要性を歴史的に指摘したのはフォーダムの貢献である。フォーダムは候補生のスーパーヴィジョンに生じる転移／逆転移に関する諸問題の議論も続けた。訓練とスーパーヴィジョンを区別する根拠として重要と考えられたのは、スーパーヴァイザーは学会メンバーとして候補生の適格性について意見を具申しなければならないが、それは分析家《アナリスト》の役割ではないという見解であった。すなわち、分析家階層をこの役割から保護しなければならないとしたのである。かつては、分析家《アナリスト》も同様に、被分析者《アナライザント》について専門委員会に報告をしたものだった。ここに潜在する問題は、そうすべきだというこの領域の多数派にあったが、そこに終止符が打たれたことになる。しかし、学会が訓練組織として船出していた頃は、分析家《アナリスト》によるこの報告は、同僚による分析家《アナリスト》の作業の質の監視を可能にしていたのである。こうしたことをその当時に動機づけていたのは、標準的な質を維持することであったが、精神分析研究所は依然として、限定的な範囲ではあるけれども、訓練期間中にこうした報告を要件とし続けている。フォーダムの見解からの発展を跡づける意味で、一九六一年の見解を要約するのは価値あることとである。

候補生は分析家《アナリスト》に転移を向けるが、それにどう干渉するかによってスーパーヴィジョン訓練の効果が現れてくる。その干渉は次の三点によってもたらされる。①転移現象が訓練グループにほのかに漂うこと。②コントロール事例への候補生の投影とその後のスーパーヴァイザーへの転移の発展。③スーパーヴィジョン訓練状況から実際に分析家《アナリスト》が知識を増やすこと。それらは、直接に知覚したことと投影との照合によってなされる。フォーダムはまた、次のようにも明確に述べている。すなわち、候補生は年下の同僚と位置づけられるべきであること、患者に向けられる逆転移は指摘されるべきだが分析されるべきではないこと、スーパーヴァイザーは「あなたは分析家《アナリスト》にそうすべきだと思う」などと言ってスーパーヴァイジーを巧操するのを控えるべきであること、この三点である。この必然的帰結として、分析家《アナリスト》は患者（被分析者《アナライザント》）が選んだスーパーヴァイザーについて意見するのを控えねばならないことになる。フォーダムの省察の根本にあるのは、候補生、分析家《アナリスト》、スーパーヴァイザーの三角関係がどのように刺激されれば候補生自身の技能の発展を破壊するような競争や対立が起こるのかを自覚することである。スーパーヴァイザーは、知識を得ようとする候補生の気持ちに背中を押す必要性があるとフォーダムは強調する。スーパーヴァイザーにとって必要なことは、候補生の神経症の残滓に気づきながらもそれを脇に置いて、候補生の分析家《アナリスト》がよい仕事をしていないなどという考えを控えることである。フォーダムが最終的に見出したのは、当時もいまもそれは真実なのだが、「候補生は訓練されたどんな分析家《アナリスト》よりも強烈なストレスを体験しており、それを和らげる方法を見出す必要がある」ということであった。[4] 以上三者の貢献は、訓練の一環としてのスーパーヴィジョンに言及しており、初心者が内部から骨組みを作っていく仕方で知識を得ながら自分自身の目標を見定めていく過程としてのスーパーヴィジョンの発展の基盤となるものである。このことに異論は見当たらない。けれども、訓練スーパーヴィジョンには問題が山積している。ここで述べてきたことのいくつかも、こうした訓練における卒業後の「作業グループ」にエートスが欠如していることに拠るのかも知れない。

訓練期間中のスーパーヴィジョンにおける協働の難しさ

訓練委員会の評価を受けることがもたらす内的圧力が訓練期間中にこころから離れることはない。スーパーヴィジョンをどのように受けたのかということと、スーパーヴィジョンをどのように行ったのかということの間には親和性もあれば不一致もある。このことは誠実性を巡る葛藤を引き起こす。ときにスーパーヴァイジーの残存する神経症を呼び覚ますことにもなる。このことは、分析のなかで真に生じていることを理解せずに分析作業を防衛的に報告するなかにおのずと露呈し得る。スーパーヴィジョン中にスーパーヴァイザーの語りを書き留めることも同様に誠実性を妨害する。それは、初めから何の考えもなしにスーパーヴァイザーの知見を取り入れる道だからである。スーパーヴィジョンの初期の段階では、これは学習のように見えるかも知れない。しかしそれは、スーパーヴィジョン分析家のこころを投影同一化によって取り入れる投影的な防衛なのである。

たとえば、ある誠実なスーパーヴァイジーがスーパーヴィジョンを受けている事例の素材についてのわたしの考えを手帳に書き留めて適用したということがあった。そうすることではっきりしたのは、わたしの知識がいかに僅かで考えがいかにつまらないかということであった。このように理解もなしに考えを真面目に適用しても臨床的に何の効果もないのは明らかである。スーパーヴァイジーは毎週来室し面接過程を詳細に報告し、わたしの語りを書き留めていく。表面的には分析が進んでいるように見える。けれども、患者が心理療法を受け続けているというのが精々のところで、最悪のところ、注意が払われているにもかかわらずそれに対して誰ひとり何もしていなかったのである。根本の問題点は変化が見られないことにあった。患者は転移をエナクトメントし続け、心理臨床家は他にも難しいことがあったなかで、性愛的部分対象としての幼児を全体対象のように取り扱い続けたのである。この例が教えてくれるのは、個の外部から骨組みを作るとこのようなことになるということである。ふたりは、スーパーヴィジョンの最中にメモをとることをいっさい止めて患者と治療者との間に在る繊細な情動状態にこころを集中させた。そうして、ここから抜け出したのである。このことがあってから、少しずつではあるが、スーパーヴァイジーの気持ちや思いにいっそう誠実に関わるようになっていった。そしてわたしは、それに価値を認めることができるようになり、患者との相互作用の解釈の根拠としてそれを用いることができるようになっていったのである。

これはまた別の例だが、訓練中のスーパーヴィジョンにありがちな問題が最近起こった。あるスーパーヴァイジーが、患者を置き去りにしたと言いながら面接を記録せずに来室してきた。それは、前の週の分析作業で患者がしっかりと反応した様子の説明を受けた翌週のことだった。患者の反応にはさらにその前の週でのスーパーヴィジョンにおけるスーパーヴァイジーの洞察の大半が含み込まれていた。したがって、スーパーヴィジョンにおけるコンステレーションは否定的治療反応として起こっていたことになる。わたしはこれが患者にも起こっているのかどうか把握するために経過を見ることにした。それからスーパーヴァイジーが語ったのは、その後のセッションでも患者は訓練生に知識があることをどんなにか不快に思っているということだった。それはちょうど、訓練生がわたしを不快に思っているのと同じことなのだった。そしてここから、訓練生による患者との同一化によって置き去りにされてしまっていた記録が結びついたのである。このセッションに関するスーパーヴィジョンは、投影という様態ではあったが、わたしに向けられた訓練生の転移／逆転移の分析によって展開した。わたしが指摘するのではなく訓練生が同一化に気づいていくように進んだのである。わたしはいっさいの解釈をしなかった。強調しなければならないのは、訓練生を分析しているのではなく事例を議論するために自分の分析的理解を用いているということである。たとえば、患者が父親との困難を抱えているという場合、患者と訓練生との関係という脈絡のなかで訓練生とわたしとの関係に言及することはいっさいない。ただ、この点にこころを寄せるのは言うまでもない。

投影、同一化、そして訓練

訓練期間内に他の治療者の分析作業をスーパーヴィジョンすることとの根本的な難しさは、訓練生がまだ初心の段階で作業を行っていることにある。傷ついた癒し手元型の下で、訓練生がある種の個人的な修復作業に携わっているという場合があるが、もしそういう場合であれば創造的共感と患者の万能感に同一化することとの境界は不鮮明になり得る。[7] とりわけスーパーヴァイザーに知識があることでスーパーヴァイジーが自信をなくしているのであれば、ことはさらに厄介になる（心理療法を専らとする生活を治療の成功で始めることはかなり珍しいからである。また、良好な結果はその定義が難しいだけではなく、作業が終了してしばらく経ってもはっきりしないこともよくある）。訓練中にスーパーヴィジョンを受けたり行ったりした経験を振り返れば、スーパーヴィジョンにもスーパーヴァイザーにもうんざりしていた自分がいる。ほんとうにそんな気分だった。

子どもの分析訓練を受けていたときに精神病の少年を分析したことがある。その少年はわたしには理解不可能な、常軌を逸した世界でわたしを包み込んだ。わたしのなかに徐々に、スーパーヴァイザーは役に立たないという気持ちが芽生えていった。わたしは、毎回、何が起こっているのか自分の感じていることを話していた。けれども、とてもたいせつなことなのに、スーパーヴィジョンに対する絶望感を話すことはなかった。ここに子どもへの転移が現れていた。とうとうわたしは感情を爆発させた。スーパーヴァイザーは用なしだ、自分よりも知識があるわけじゃないし、いつも良い考えをもてたことがない。そう話したのである。まったくもって安心したことに、スーパーヴァイザーは成熟した熟練の臨床家だった。出口の見えない曖昧なことに耐える現実的な臨床力があり、わたしの感情の爆発を不快そうにしながらも忍耐強く受け止めたのである。感情の爆発は投げ返されることはなく悪意や敵意なく受け容れられた。わたしは徐々に、取り憑かれていた投影同一化という無意識の働きに気づくことができていったのである。ふたりにとってはとても安心などできない感情体験だったけれども、その状況を生き延びたのである。そして、この精神病の子どもと分析作業をする臨床力が増大していった。この状況でわたしが訓練生として行ったことはいくぶん予期せぬ仕方ではあった。ただ、それはスーパーヴァイザーへの信頼と安心をもたらしたし、報復とは反対の結果を導いたのである。

スーパーヴァイジーにのしかかるプレッシャーにも関心がある。とくに分析家《アナリスト》としてスーパーヴァイジーが抱く有価値観である。スーパーヴィジョンの訓練を受けている初期の頃は、一方で自分たちに向けられる患者の批判と、また一方で正しいことをしていないとスーパーヴァイザーが伝えてくる感情との間で板挟み状態になる。必然的帰結として、スーパーヴァイザーにとってみれば、スーパーヴァイジーには自分はさほど役に立ってはいないのだという気持ちに耐えていけることが求められることになる。フォーダムが提言するように、スーパーヴァイジーは年下の同僚として扱われなければならない。ちょうど、わたしがスーパーヴァイザーに感情を爆発させたときのわたしのような存在である。この年下の同僚という位置づけを訓練構造に組み込むひとつの方法は、ベリー・プロナーが言うように（口頭での私信）、スーパーヴィジョンで取り扱う訓練事例の選択を訓練生に任せることなのかも知れない。

スーパーヴィジョン、ペルスヴァル卿の課題と隠修士の役割

初学者の訓練生が分析家《アナリスト》になっていくという課題があったのと同じように、ペルスヴァル卿[*5]は聖杯探求という課題を抱えていた。ジンキンは「聖杯探求と分析設定」[21]と題した論文のなかでペルスヴァル卿の成長について要約している。ペルスヴァル卿の課題は、わたしが研究所と個人の相互作用から生じると述べたことに類似している。ペルスヴァル卿の奮闘、それは訓練を意味しているのだが、その奮闘が終盤に向かうとき、ペルスヴァル卿は隠修士を見出す。隠修士という重要な人物の存在は、ここで試みようとしている比較の上で意義深い。隠修士はペルスヴァル卿にとって老賢者の如き存在であり、事を促していく。そしてどんな判断もしない。隠修士は、「正しい」解釈の探究から「もち堪える能力」(negative capability)[9][*6]へと向かう動きを表象している。

ペルスヴァル卿はまず始めに、自分が望むものを手に入れる手段は奪うことだと考える。実際にも、少女の指輪をご所望ならその指から奪うべきだと母親から入れ知恵され、すぐに事を起こす。それから、赤の騎士を殺害してその鎧を身に着ける。そのときも決闘のルールではなく鎧を身に着けたいという欲求のみに従って行動するのである。激怒した赤い騎士が味方とともに立ち向かったとき、ペルスヴァル卿は投げ槍で赤の騎士を殺害する。こうしたことのすべてはその経歴のごく初期段階に起こった。その後はルールや礼儀作法、淑女や敵対する騎士への敬意を身に着けなければならなくなる。聖杯探求の適格者となるためには円卓の騎士にならねばならない。そうなった後も成長し続けなければならない。実際ペルスヴァル卿はあまりに不作法だったため、コベニク[*7]に到達するという

最初の課題にほとんど興味を示さずそれを重要とも考えていなかった。そうして聖杯を軽んじるペルスヴァル卿は、ふたたび聖杯を見出すまでに、長い年月に亘って困窮のときを送るのである。その間ペルスヴァル卿は母や妻に甘えたいという欲求を諦めなければならないどころか、聖杯の真の性格やその歴史、聖金曜日[*8]の意味を隠修士から学ばなければならなくなる。こうしたことはすべて、ペルスヴァル卿をして聖杯に値する者[*9]とするための長く苛酷な訓練の物語なのである。[21]

ここに分析家訓練との類似を見ることができる。粗雑な始まり、訓練の必要性、相手に合わすこと、主導権を握ったり好奇心を抱いたりすることが訓練によってなくなること、こうした類似である。ここから回復することで分析をさらに退行的に切望することを諦めるのであるが、それからも隠修士と出会い新たな学びへとつながっていくのである。

つい最近まで、将来性ある訓練生は分析訓練を始めるに先立って患者との分析作業をしないように強く勧められてきた。いまは、事態は逆である。将来性ある訓練生は分析訓練を志願する前に、心理療法の経験をある程度積んでおくことを勧められる。そうなると、分析訓練機関に辿り着くまでに、候補生には隠修士と出会う準備ができているのかという議論が出てくるであろう。ただ、訓練生は新たな学びを求めてやって来るのだろうかとの疑問がある。たとえば、分析心理学会内では訓練生はユングの思想を求めてやって来るのだろうかとの議論が続けられてきた。一歩進んで提議されたのは、これはひとつの選択だということである。すなわち、フロイトの先駆的な臨床研究や、投影同一化や妄想分裂態勢、抑うつ態勢といったクラインの感銘的な仕事を研究した結果、そうしたことが起こったのだというものである。けれども、結果論だが、訓練生時代や訓練終了後のわたしの体験で言えば、学会への評価は何をおいても自分の潜在的な発展可能性からなされるものだということである。何が言いたいのかというと、はじめに分析的思想の先駆者たち（フロイト、ユング、クライン、ビオン、フォーダム、メルツァー）の研究に触れて、そこから候補生が分析訓練を選択的に求めることは稀だということである。さらに言えば、訓練終了後の分析作業において、患者の素材を精神分析的に概念化するのか、あるいは分析心理学的に概念化するのか、どちらかに自信があるなどといった経験はわたしにはないのである。

分析心理学会の課程を終える訓練生はどのような心理学の学派となるのかについてある当惑が表明されてきた。訓練のなかに訓練の欠如が密封されているという見解である。もしそういうことなら、分析心理学会における訓練はユング思想の臨床適用と発展に関心のある人びとの臨床力を伸ばしていこうとするほどの訓練とはなってはおらず、当惑の尺度は小さいながらも、他にどんな良い訓練があるのかを考えることにその代償が支払われることになる。しかしながら、学生たちが基礎力動心理学の土壌を十分に耕していないという危機感はあってしかるべきである。転移という現象のなかには思考の美がある。転移は通常、精神分析を連想させるのだが、ユングを理解しユングに愛情を抱くことはこの思考の美にもっともこころ揺さぶられる仕方で転移を表現する価値を認めることなのである。まったく同じように、クライン夫人に愛情を抱くことは、転移という現象のなかで分析作業をするのと同様に、文献研究や描画制作に表現され得るのである。自分たち自身の学会というミクロコスモスのなかにある未解決の課題は、訓練生に提供しようとしている内的構造にとって必要な要素として、精神分析の一部が訓練の役割を果たしているということにある。訓練生に臨床訓練を提供しているのであれば、その役割が必要だということに疑問の余地はない。ただ、その程度には検討の余地がある。分析心理学と精神分析に偽りの対立が作られてはいないだろうか。当面、この対立が有効だというのは本当だろうか。これらの問いは、心理学装置に自分たちは何が必須と考えているのかという議論を避けて通れないことを意味している。たとえばわたしは、対象関係論の基礎やポスト・クライン派の展開は必要な基本であると考えている。仮に分析という作業が、部分的にでも、複雑な構造をもっとも簡潔なものにしていくことを含むのであれば、わたしが考えている必要な基本を適用すれば、幼児期の身体表象に対する元型的行動の理解は弱くなるであろう。[10] 心理療法の実践家やその特殊スタイルを採る分析家《アナリスト》であれば誰しも、複数の考え方を理解することに異論はないだろう。われわれの訓練以上に厳格な臨床訓練では、訓練生は、スーパーヴァイザーにそうするのと同様に複数の臨床セミナー指導者に訓練事例を報告することになっている。それによって、それぞれの持ち味をもった分析家《アナリスト》の経験、患者と分析家《アナリスト》の相互作用の理解を訓練生にもたらすであろう。訓練中にユングの業績研究に入れ込む場合がある。同意できなくはないが、こう問いかけるだろう。性格発達や精神病理学を学んだ後に、こころの対象関係モデルにユングの業績研究を有効に活用することなどできないのではないか。ユングに志向性をもつことは、訓練という制約から自由になってひとつの臨床経験に基礎を置いてさらに学びを深めるとき、それに関心のある実践家にとっては必要な没入と言えるであろう。実践においてこのことの意味は、成人分析家の訓練がフォーダムのかつての考案を手本にしていることに見ることができる。[6]

さて、ペルスヴァル卿の物語に戻ろう。ペルスヴァル卿が成し遂げなければならない段階は初心の分析家《アナリスト》の課題と比較することができる。ペルスヴァル卿が最初に指輪と鎧を奪ったことは、スーパーヴァイザーの思想と知識をあまりにも性急に身に着けようとする姿に例えられる。確たる信念もなく分析作業に適用され追証されることもなく失われてしまう。それらはスーパーヴァイザーに同化してスーパーヴァイジーにもたらされたものではないからである。「他の分析家《アナリスト》のように作業をしたいという欲求」が高まり、はなはだしく軽率にスーパーヴァイザーに癒着するような同一化過程が起こった結果なのである。スーパーヴァイジーは時間をとってスーパーヴァイザーと同化する必要がある。

聖杯探求の要件を満たすことは学会へのイニシエーションと等価である。諸々の会議に出席したり、分析家《アナリスト》を理解する別の視点をもったり、セミナーを開始したり、新しい友人を作ったりすることである。これまであった独創性や興味は失せていく。それは訓練期間中に身に着いた基本仮設を真実と思い込むことである。このことは、研究所は個人の内的構造に避けようのない影響を与えるとフェニケルが発した警告である[2]。それが現実となるのは、「制度化の快適さ」の言い回しで企業の精神構造が表わされるときである。このことは、学会のための委員会業務と専門家としての進展が連結するさまざまな声明に端的に表われる。ここでの基本仮設は、昇進できる会員は、「ここにいる誰か」に違いないという思い込みである。

円卓の適切な席の確保を学ぶ難しさは、分析訓練の必要要件になぞらえると、その要件を満たす学生の反応に見ることができる。要件をご都合主義であしらうことは真実を置き換えることを可能にする。たとえば、規範は時間を計測するようなものであり、患者の時熟を待つものではない。厳密に言えば、これは学習過程が倒錯した在りようである。そこでは、倒錯は、「自己の破壊的側面を活性化させ……歪曲に盲進し真実を攻撃する」[20]悲観的で風刺的な機能と理解される。訓練の必要要件は面倒でつまらない作業になってしまい反抗的な態度を助長したりする。また、真の自立を気取ったりするのである。こうしたことがスーパーヴィジョンで見られるのは、学生が不定期に来室したり時間内に扱いきれない素材を提示したりする姿である。スーパーヴィジョン分析家はあたかも排除されたかのようになる。スーパーヴァイジーは「真の作業」をし、スーパーヴァイザーは知的防衛の上下を着せられ権威に頼る風刺的で孤立した分析家《アナリスト》風情になってしまうのである。また、ほとんどのスーパーヴァイザーが遭遇したことのある、これとはまた別の極端な在りようがある。それは、スーパーヴァイジーの報告が患者の観察よりも自分自身のことに多くを費やしている場合である。つまり患者ではなくスーパーヴァイジーの報告になっているのである。

ペルスヴァル卿は「甘えたい思い」に悩まされる。これは、さらに分析作業を重ねさえすればより良い分析家《アナリスト》になれるという訓練生の気持ちに近いと理解することができる。訓練生が上首尾に分析を行ったと仮定すると、このことはとりわけ性的欲求を意味する。訓練生はスーパーヴィジョンでやる気がなくなると分析的に考えることを止めてしまう。つまり、患者との作業のなかで生起する困難を考える仕方でスーパーヴィジョンについて考えなくなってしまうのである。

さて、とくに興味深いのは、ペルスヴァル卿が隠修士に教えを受けたことである。それは、訓練およびその限界と効果がひとたび体験されると、自分でスーパーヴァイザーを探し求めることに例えられるであろう。単独であるいはそれが可能な数の集団で探すかも知れない。さらにまた、ユングの著作に熱中することからそれが起こるかも知れない。分析家《アナリスト》がそうであるように、ペルスヴァル卿の発達は、粗野な振る舞いから始まり、最終的に隠修士の価値に気づくまでの苛酷な修業を経て、聖杯を探求し続けるという全体過程を必要とするのである。このイメージは直線的である。言うまでもなく、ひとは数秒から何日も何週間も続くときのなかで、こうしたこころの状態を行き来するのである。ある局面が別の局面に置き換わることはない。この隠修士との第二の新たなスーパーヴィジョンに目標はない。あるのは方向だけである。目標に到達したとか見失ったとかいうのではなく、ひとつの過程として、価値判断からの独立という変化があるのである。この変化はスーパーヴァイジーの内なる気づきであり患者の内なる気づきである。〈そして、スーパーヴィジョン分析家の内なる〉気づきなのである。スーパーヴィジョン・セッションは、そこにおける相互作用を咀嚼・内省・精査するようになり、さながら、他の分析家《アナリスト》が自分自身の素材を聴くようなものになる。[11] まるで、マーゴット・ワデルの次の語りをスーパーヴァイザーが話しているようなものである。「ここですが、ここは自分でどうするかということです。ここを自分なりの仕方でさらにはっきりと理解できるようになれますか[19]」。そうなってくると、報告されるのはまるで夢の素材のようであって、スーパーヴァイザーはそれを自分の理解のために自分で作ったようになるのである。この過程で重要なことは、分析作業を報告する分析家《アナリスト》は、そこに自分自身の意見を入れ込まないということである。[11]

それはまるで、画家が絵画を描くその肩越しに作品を眺めるようなものである。描き方を学ぶためには画家の描線を目でなぞらなければならない。また、悪戦苦闘の最中にはまた別の想いがふと浮かび、実はそれが実を結ぶことに気づいたりする。つまりそれは分析家《アナリスト》の仕事なのであり行為それ自体で完全なのである。

聖職者が柔軟性を失うと公然の真実が独占される危険性を帯びるが、創造的な不確実性によって保証されるのは、そうした聖職者の硬直化が防止されることである。本来的に言えば、ひとりの分析家《アナリスト》になっていくためには、初心者としての自分を楽しむことがたいせつである。真に精神病でないならば、学生は患者であっても良くなっていく。それは、学生にそのようなスキルがあるからではなくてその病いに関心を抱いているからである。訓練というものは、この関心に付随する独創性を潰してしまいがちである。そうではなくて、スーパーヴィジョンの機能はこの独創性の涵養にあるべきなのである。隠修士は内在化した対象となり、分析作業の方法はそうした患者の対象に分析家《アナリスト》の対象を引き合わせることとなる。表現を換えて言おう。われわれ分析家《アナリスト》が統括するのは、分析家《アナリスト》のあまりに不安定でもろい人間性と分析家《アナリスト》に向かう患者の強烈な転移感情とをまさに引き合わせて、全体としてできる限り改善へと向かわせることであり、つねに上手くいくとは限らないまでも、そうしたいと想った良き仕事への関心の契機となった体験へと遡って、その体験を見出していくことなのである。これら対象の内なる世界はまさに大いなる神秘であり不朽の聖杯探求なのである。

要約と結論

出発点に回帰したのかも知れない。ユング研究所は望んでいないけれども、本小論で議論するために提起したかったことが何なのかはユングそのひとは知っていた。すなわち、われわれがたましいを理解するに当たってユングが成した特異な貢献は訓練としては到底教えられるものではないということを。分析心理学における訓練は、せいぜいのところ、その初期は徹底的な個人分析を基礎として、それから、ユングの生き方や独創的思想に関連する精神分析の重要な知見の研究が続く。実践家がこれら思想を体験していくようになるにつれて、内的に分析家《アナリスト》としての全体像が形をなし始める。研究所の重要な機能が新人専門家に厳格性、規律、規範、規則を涵養しようとすることにあるのは違いないのだが、このことは分析作業の職業的側面と関わる個としての困難を産むことにもなるのである。

訓練が終了した後は、回復のためのときが必要となる。けれども、修了生の分析作業をスーパーヴィジョンしたり、自分がスーパーヴァイジーとして分析作業をスーパーヴィジョンしてもらったりした体験からすると、この第二のスーパーヴィジョンやそれに付随する専心没頭は、それがひとたび生じるや、個としての発展は自分自身の分析における導きの声が聴こえる地平へと誘うのである。われわれは誰しも、内的な組織化の圧力に対抗するためにスーパーヴィジョンを必要とする。聖杯探求の旅のなかでは、作業とこころの欲求がほのかに混じり合う絶えざる創造的緊張の辺縁で、分析作業をすることが必要なのである。

追記

ユングはベルンハルト・ラングに宛てた手紙のなかで、信仰と神についてのブーバーとの論争について次のように書いている。

信奉者は知と不可知の主張から始めますが、わたしは無知と不可知から信仰告白を始めようと思います。いまや真実はたったひとつです。それが何なのかと信奉者に問うたならば、彼らは、確信をもって言えるのは自分が真実と信じて止まないことだけであると、それぞれに答えるのです。信奉者に代わって記しておきたいのですが、わたしは個人的に、彼らがそう言うのはむべないことだと思います。そうであるなら、他の誰もがごく自然に間違いを犯していることになるのです。

同じ手紙の後半にユングは以下のように記す。

> わたしが信奉者なる絶対主義者の主張をもつ人物に近づくとして、いったいどのようにことばを交わすことができるでしょうか。わたしは主観的な体験に確信をもっています。けれども、その体験を解釈しようとすると、考えられ得るあらゆる制約を自分に課さねばなりません。主観的な体験に自分を同一化する想いを抑えなければならないのです。[8]

体験からの学びは教えられるものではない。

第18章 臨床スーパーヴィジョンのモデル

ジーン・カー

臨床スーパーヴィジョンはスーパーヴァイザーとスーパーヴァイジー間に生じるさまざまなプロセスである。しかし、この関係はスーパーヴィジョン・プロセスの諸側面を検討できる枠組みを提供するための広範なシステムの一部に過ぎない。スーパーヴィジョンはすべての訓練と継続的な専門家育成の本質要素である。システム全体を概観すると、そこにはさまざまな貢献のあることがわかる。本章では貢献するシステムの概要を示すことにしたい。

以下に、さまざまな構成要素とそれらの間の関係のアウトラインを示しながらスーパーヴィジョン・システムのモデルを概説する[*1]（図4）。

システムの参加者は次の通りである。

〈スーパーヴァイジー〉。心理療法の訓練を受けることができる者。スーパーヴィジョンのためのさまざまな機関要件に従う者ないしは機関で雇用されている者。病院や診療所などに何らかの形で属している。多様な例があるが、おそらくもっとも一般的なのは、個人開業心理臨床家である。ここに該当する参加者は、施設や訓練機関からの要請もなく自らの成長のために純粋にスーパーヴィジョンを受ける。

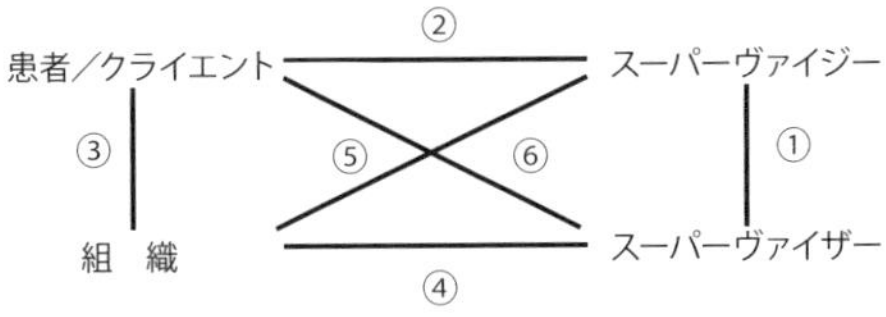

図４　スーパーヴィジョン・システムのモデル

〈組織〉。社会福祉部門の病院、診療所、任意団体等。またはその必要条件を備えた訓練機関。ここには、「心理療法」の全機構が含まれる。これは、一連の理論や行動、訓練などと関連している。したがって、個々人によって異なる意味をもっている。あるひとにとっては、望んではいるが排他的な「クラブ」になっているかも知れない。けれども、怖れてはいてもここに参加することは、自分の人生や専門家としての仕事を統合、発展させることを可能にする。

〈スーパーヴァイザー〉。スーパーヴァイジーと同じ機関に雇用され、スーパーヴァイジーはそこからスーパーヴァイザーを選択できる。訓練期間では、スーパーヴァイジーはスーパーヴァイザーを自ら選択でき、スーパーヴィジョンの設定以外のさまざまな状況でお互いに知り合うことができる。スーパーヴァイザーというのは、さまざまな方法で実際に他の点でも目にする存在である。たとえば、評判の良い専門家であったり、その足元に座ることができる礎石となる人物であったりする。そうでなければまた、親転移や教師転移が非常に発展しやすくなる。

〈患者／クライエント〉。患者やクライエントの治療はこのシステムの中核である。しかし、その治療はけっしてシステムを動かす唯一の動機づけになっているのではない。

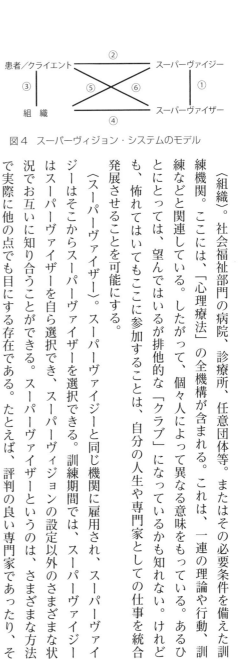

治療者が個人分析をしている場合、また別の要因がシステムに影響してくる。しかしこのことは異なる関係の在りようを創ることになるので、この場合は考慮外ということになるだろう。

このモデルはそれぞれの要因が独自の特徴をもって二者ないしは三者関係をつないで、ネットワーク全体に影響を及ぼしている。それぞれの要因は合理的水準にあり、また無意識プロセスによっても決定されてくる。転移と逆転移の要素、自我とシャドウそれ自体の関わり合い、個人的・集合的在りよう、儀式的行動、明白なあるいは隠蔽された欲求の組み合わせ、同盟などといった、それぞれに独自の要因がある。

もっとも重要なのは、「関係のなかで起こること（1）」[*2]がシステムの他の部分に影響を与えるということである。スーパーヴァイジーの視点からシステムを眺めることによって、多様な関係を特定し検証することができる。

スーパーヴァイザーとスーパーヴァイジーとの関係①

スーパーヴァイジーの視点からは別の学習状況が見えてくる。すなわち自分自身や教師が学習成果について抱く願望や恐怖である。こうした関係は、分析作業に対する意識的かつ合理的な反応なりその発展や変化のプロセスから生まれてくる。これらのプロセスに有用な議論は、『学習と教育の情動体験』に著されている。[1] スーパーヴァイジーは過去とくに親との関係からさまざまな恐怖や期待を抱えている。しばしば見られるパターンだが、すべての知と善の根源にある「全知なる教師」という信仰は、心理療法を組織化することによってさらに増幅することすらある。一方、学生はそんなことは何も知らない。心理療法のスーパーヴィジョンは、その作業の本質と親密性と学習状況の深度からして、とりわけあらゆる教育／学習状況の諸要素を活性化し得る。心理療法はいかに役立つのか、何が治癒要因になるのか、治療者の人格はどのような役割を演じるのか。これらすべての議論は、スーパーヴァイジーにとっては、自分自身および自分の分析作業について激しい疑念をもたらす可能性がある。実際に自分自身が傷つくという強烈な感情は心理療法過程における学習を連想させるのだが、そうした感情体験がなければ、物理学理論や文学テクストを理解することは困難でありときに不可能ですらあり得る。その一方で、時間の経過とともに、心理療法のスーパーヴィジョンが積極性や固有性をもってくると、それは強力なコンテイナーとして機能し、より開かれた集団や教室状況のなかで生まれるコメントに伴ういっそう対処困難な恐怖を最小限に抑えることができるようになる。この恐怖はスーパーヴァイジーによって「ほどよい」ものかどうか判断されることになる。スーパーヴァイジーは批判的なコメントに過敏になってそれが患者との分析作業に影響を与えたりするかも知れない。また、それを単純に聞き流せなくなったり、ときには「スーパーヴァイザーがいなくても、とにかくどうすればいいのか知っている」と考えたりするかも知れない。他の分野の専門訓練では、あまりに多くをさらけ出されたり「立ち入ったり」されることなくそれを行うことができるけれども、こと心理療法においてはそうではない。

スーパーヴァイジーはスーパーヴァイザーに深い称賛を体験できるが、この称賛はある程度は避けようもなく羨望につながっている。このことは、同一化を通して学習を肯定的に体験することにつながり得るが、理想化や英雄崇拝に近いものになったりもする。羨望がこれ以上はないというところまで発展すると、スーパーヴァイザーのコメントを攻撃し破壊するようになっていく可能性がある。なかには、これらの問題との格闘を回避しようとして、スーパーヴィジョンはたんに要件でありその体験は訓練過程の一部であると自ら想定する学生がいる。しかしそれはスーパーヴィジョンに真に関わっている姿ではない。

トライアングル関係①②⑥

このネットワークのひとつの要素は、形成されるトライアングル関係の数と複雑さである。この特別なトライアングルの力動については、マッティソン著『内省の過程』[2]のなかでその一部が探究されている。その中心となる論点は「クライエントと作業者との関係における作業プロセス」である。「クライエントと作業者[*3]との関係②」はしばしば「作業者とスーパーヴァイザーとの関係①」に反映される。②と①とが影響し合う関係が、次いで「患者とスーパーヴァイザーとの「関係」⑥」に影響されていく。このトライアングル関係に留意することが必要である。スーパーヴァイザーが患者と出会わない可能性は非常に高いのだが「想像上の」患者との強い関係が発展し得るのである。

しばしば議論される問題のひとつに、治療者が訓練を受けていることを患者が知っているのかどうか、治療者をスーパーヴィジョンする人物がいるのかどうかということがある。この問いに直接答えるのではなくて、その問題が治療とスーパーヴィジョンのプロセスに影響を与える仕方を検討することは意味あることである。患者が治療者の背後に存在するスーパーヴァイザーを知っている場合、強力なエディプス転移を誘発する。患者にとってみれば、治療者の背景には権力と知識を兼ね備えた人物がいるのだが、その人物と接触することは禁じられていることになる。患者は感情を分裂させ、悪意をスーパーヴァイザーに向け善意を治療者に向ける。たとえばこういうことである。「あなたはわたしの治療者でしょ。もしすべきことをあなたに背後から伝える権威者がいなければ、あなたはもっとわたしの役に立つしわたしを愛してくれたりするわよ」。患者が恐れているのは、治療者とスーパーヴァイザーが患者と治療者以上に関心深くわくわくする関係にあるのではないかという可能性である。もうひとつわたしが見出したのは、このようなトライアングル関係が存在すれば、境界例患者の何人かはこれらふたりの存在によっていっそう「抱え続けられ」ることになり、このような家族状況の再現を体験する有効な分析作業がそこに生まれ得るということである。

きわめて異質な性質のあるトライアングル関係①⑤④

訓練組織は、スーパーヴァイザーとスーパーヴァイジーの関係に影響を及ぼす現有勢力である。両者はともに、審査中のスーパーヴァイジーの分析作業だけではなく、スーパーヴィジョンという作業に伴って、さまざまな仕方で評価判断されていると感じる。スーパーヴァイジーはスーパーヴァイザーと訓練機関との間に強い結束があると感じるし、子どもが大人の関係から外されるようにスーパーヴァイジーはこの強い結束から除外されるのである。スーパーヴァイジーと訓練機関との間に厄介なことが起こる場合がある。スーパーヴァイジーが訓練機関との密接な関係にスーパーヴァイザーを巻き込もうとする可能性である。スーパーヴァイザーは学生と過度に同一化することができるし、学生はまだガチョウの自分たち皆が白鳥であるスーパーヴァイザーと気心を通じさせることができる。スーパーヴァイジーに焦点を当てたこの節における作業者と組織との関係⑤は複雑であり、システムの残存部分を反響させる力動性を有している。スーパーヴァイジーは訓練課程への参加に感謝しており、専門家として発展し認識されるためにその課程に依存している。おそらく費用がかかっているし、まちがいなく時間と労力を費やしている。このような状況は、しばしば、怒りと反抗的な思考ないしは行動を活性化させる。スーパーヴァイジーは制約から自由になって「自分のことをやりたい」と思えても、訓練の範囲内に留まらなければならない場合が出てくる。ただそれは、他のときは支持的かつ包容的なものとして体験され得る。

この関係には学習と評価プロセスを超えた次元が含まれている。それは「心理臨床家になる」という儀式的要素である。各組織には学生が通過しなければならないプロセスがあり完遂する必要のある要素がある。

まったくもって合理的かつ作業指向的である一方、より原始的な「通過儀式」の要素も含まれているのである。これらが抱える課題のいくつかは、ビオンによる作業グループおよび基底想定グループの知見を用いつつ、精神分析をひとつの社会組織として見るメルツァー[3]によって特定されている。

さて、スーパーヴァイザーの視点からシステムを見ると、関係①はスーパーヴァイジーとは非常に異なる経験になると言うことができる。ある著名なフロイト派の分析家《アナリスト》がいた。この分析家《アナリスト》は、自分がまだ不十分な臨床力しかもたずいわば「ほんの少年」でしかないと感じていることも知らずに、患者と同僚が援助と助言を求めて自分のところにやって来ることによもや驚きを隠すことなどなかった。スーパーヴァイザーは、個人的かつ職業的生活のさまざまなときに、さまざまな状況で、多少なりとも傷つきやすくなっていて、それがスーパーヴィジョンにおけるストレスになったり力動を産んだりすることにもなるのである。これはとくに新人スーパーヴァイザーにとっては④の関係に顕著である。訓練組織によって評価されているのであり、おそらくはスーパーヴァイジーの訓練分析家によっても評価されているであろう。つまりスーパーヴァイザーが排除された議論によって評価されているのである。スーパーヴァイザーは訓練基準についてさまざまに意見が異なる。その基準が自らの組織内のものかどうかによっても異なるだろうし、多様な水準での関わりがあるだろうし、スーパーヴァイジーにとっての許容範囲の実践基準に応じた意見があるだろう。スーパーヴァイザーが組織の要件をどのように見ているかは、期待される分析作業の種類や訓練生の能力の認識に影響を与えるであろう。

スーパーヴァイザーは、いつもそうだという訳ではないが、たいていは患者とは直接に接触しない。だが、詳細な患者イメージを創り上げている。つまりスーパーヴァイザーは、自分自身の「想像上の」患者とともに作業しているのである。

スーパーヴァイジーの作業について、とくに訓練組織内において判断が成されていることは否定できない事実である。それは、労働者にとって、それぞれの所属する会社が定める作業基準を満たすという要件があることと同様である。問題が起きればスーパーヴァイザーはしばしばそれを棚上げにしておく。言い換えれば事態が好転することや最善を尽くそうとすることを願うのである。「誰の失敗？」ということばがある。これは、心理療法の作業において理論的かつ実践的な諸問題を把握できていなかった訓練生がいるのか、という問いである。あるいは、スーパーヴァイジーと個人的な葛藤関係にあり「教えることのできない」スーパーヴァイザーはいるのか、という問いでもある。別の言い方をすれば、「ある意味、患者なの？」ということでもある。あり得ることだが、スーパーヴィジョン関係のなかで、未確認ないしは取り扱いが難しい、患者の側に投影されるような問題が見出されたとき、患者は「境界例」だの「難しい」などといってスケープゴートにされるのである。

本章で焦点づけたのは、スーパーヴァイザーとスーパーヴァイジーの視点である。他にも、スーパーヴァイザーとスーパーヴァイジーが第三者つまり患者との現在進行中の作業について話し合い理解していこうとするための枠組み構築の探求に影響を与える多くの視点がある。諸々の困難が特定されているにもかかわらず、日常的にスーパーヴィジョン作業は行われ、その計り知れない影響のなかで心理療法の実践に有益な援助を可能にしている。おそらくもっとも重要なのは、可能な限り多くの力動を理解し、そのスーパーヴィジョンへの影響を理解しようとしながら、当を得た限界設定をすることであり、そして、スーパーヴァイジーが心理療法の作業を引き受けるための十分な知識と技量を身に着けたかどうか、ある程度まで個人で賢明に同定しようとすることである。

第19章
スーパーヴィジョン　その不可能な職業

ルイス・ジンキン

本書を手にするのは、ある時期スーパーヴァイザーないしはスーパーヴァイジーであったりしたひとたちであろう。いずれの役割を担うにせよ、スーパーヴィジョンは喜びであったり、ときには苦痛になったりもすることを知っている。スーパーヴァイザーとして、いくらかの社交辞令を交わしてから、ことばが開かれるまでの静謐なときにこころを向かわせていると、スーパーヴァイジーが記録を開き始めて落胆したという経験は誰しもあるだろう。スーパーヴァイジーとして、スーパーヴィジョンのときに、記録を家に置き忘れて来なかったことに安堵し、スーパーヴァイザーにわかってもらえるように、記録をもとにその患者との分析的出会いをどう説明したらよいのか考え始めて気が重くなったという経験を誰しも想い出すであろう。スーパーヴァイジーが口を開くまで、スーパーヴァイザーはおそらくこれ以上はないというほど親身になって励ますようにスーパーヴァイジーにこころを寄せる。けれどもスーパーヴァイジーはスーパーヴァイザーの期待に応えられない。それでもなお、スーパーヴァイザーはスーパーヴァイジーに何かを期待している。そう思われる。われわれの誰もがスーパーヴィジョンに賛同するのは当然のことである。スーパーヴィジョン以上にこころの交流、心理療法のアート（テクネー）と科学を学ぶ方法はおそらくないだろうと誰もが思っている。しかし、スーパーヴィジョンは同時に、苦悩の感覚を味わうよう求めてくるのである。

伝統的な指導方法、それは最善かも知れないが実際には適切でないことを認めよう。実のところ、伝統的な指導方法をなくしてしまいたいがそうするのは不可能だと認める方がさらに良い。このように認めて落胆を産むことはない。この状況をうまく利用する余地があるからである。そうすれば、苦痛でなくなるかも知れない。よりよい呼称があればそれに越したことはないのだが、「スーパーヴィジョン」の呼称で複数の分析協会が何を発展させてきたのかが分かってしまえば、それを楽しむことすらできるかも知れない。パートナーの一方は「スーパーヴァイザー」と呼ばれ、他方は悪しき呼び名で「スーパーヴァイジー」などと呼ばれる。「スーパーヴァイジー」という呼称を用いることの難しさは、スーパーヴィジョンの対象が、治療という枠組みで行われる作業での治療者とは別の個人になるところにある。ただ、このことばを用いなければ、他のあらゆる文脈のなかでスーパーヴィジョンが意味することに実際に接近することはできない。たとえば、それは自動車の練習のようなものなどではない。たしかに自動車の練習も苦痛だろう。しかし、運転の上手下手にかかわらず、練習する側は自分が「指導を受けていること」(being supervised)をよく知っている。このようなことから、スーパーヴィジョンに関する本書の最後にあたって、本稿がわれわれに課せられた仕事の不可能性をよりいっそう理解する一助になればと思う。

さて、答えの出ない問いよりも難問から始めるのがよいだろう。何が力量のあるスーパーヴァイザーを作るのか。この問いは次の四グループにとって重要である。①そもそもスーパーヴァイザーを任命する訓練委員会。②正当なスーパーヴァイザーを探す訓練生。③スーパーヴァイジーが担当する患者のためにスーパーヴァイザーを推薦する責任のある分析家《アナリスト》。④スーパーヴァイザーそのひと。

ここで、四グループすべてにとって、〈力量のあるスーパーヴァイザーを評価する〉ことを妨げるきわめて不利な問題がある。とりわけ訓練委員会は重い責任を負う。とくに候補生のスーパーヴァイザーは通常は終身制だからである。実際のところ、他のどんな職業とも異なり、スーパーヴァイザーという職業は有能だという説得力ある証拠を明示することなく選ばれる。スーパーヴァイザーの訓練を受けた者など誰もいない。訓練委員会は投票を旨としているが、投票者の決定理由は根本からして十分でない。治療者としての資格を認める判断とまったく同じ方法で訓練生に諾否の判断を下し、多数決でもって決定するのである。そもそも、治療者としての基準を満たしているかどうかの決定すら非常に難しい。しかし、そうは言っても、少なくとも訓練は行われ、分析作業の準備期間を通して終始綿密にその資格の有無が検討される。このような訓練には比較的明確な基準があり、その基準は将来の治療者に適用される。だがこのことが、研究所によるスーパーヴァイザー資格認定に適合されることはない。

第二のグループは、力量のあるスーパーヴァイザーをどう評価するのかを知る必要がある。このグループは訓練生で構成されていて、それぞれがひとりのスーパーヴァイザーを選択するよう求められている。候補生が前提とするのは、すべてのスーパーヴァイザーは訓練協会によって有能と判断されているということである。では、これからスーパーヴァイジーになる候補生にとって、スーパーヴァイザーに求める要素とは何なのだろうか。著名なスーパーヴァイザーが備える顕著な治療的評価なのか。スーパーヴァイザーの著作や論文なのか。そのような要素のある分析家《アナリスト》は、力量ある教師や良質なメッセージを伝える人物になることもできるのだろうか。あるいは、スーパーヴァイジーになろうとする候補生は、自分の気持ちを楽にしてくれる親切で支持的なスーパーヴァイザー、あるいは高度な基準を設定し要求水準を高くもつ、やりがいを与えてくれるスーパーヴァイザーを探すのだろうか。これらは、スーパーヴァイジーになろうとする候補生が直面する二、三の課題である。他に、スーパーヴァイザーと個人分析家との関係という問題も含まれている。スーパーヴァイザーは分析家然《アナリスト》としているべきなのか。それとも、まったく異なる人物であるべきなのか。スーパーヴィジョンを受けるために、候補生はあちこちのスーパーヴァイザーの内見を許されるのか。そして、スーパーヴァイザーとスーパーヴァイジーには、相性が良くないと感じるときには互いに関係を解消する自由が与えられているのだろうか。
スーパーヴァイジーになろうとする候補生がこれらの疑問をどのように考えるにせよ、そこにほとんど価値あるものはない。最悪の場合、スーパーヴァイジーになろうとする候補生はゴシップと噂に影響されてしまう。せいぜいのところが、楽しい体験をしたいくつかのセミナーの担当者のところに行くくらいであろう。

第三のグループにとっては、この問いはまったく簡単に対処可能である。このグループを構成しているのは、被分析者《アナライザント》からスーパーヴァイザーの推薦依頼を受けている個人分析家である。試行錯誤し熟慮した結果、わたしが到った結論は、被分析者《アナライザント》は自らの分析家《アナリスト》にスーパーヴァイザーの推薦依頼をしたりすべきではないということである。そのような依頼をすれば分析に計り知れないダメージを与える一因となる。もしスーパーヴァイザーが分析家《アナリスト》の同僚であるというメリットをある程度考慮したとしても、それは分析家《アナリスト》が妥協してしまうということではない。たとえ理想的な組み合わせに見える場合ですら、しばしばいかんともしがたい過ちを犯してしまうことがあるからである。

だがもちろんのこと、スーパーヴァイザーの選択ができれば候補生の困難が解消されるわけではない。第四のグループはスーパーヴァイザー自身によって構成されている。わたしの経験を語ろう。スーパーヴィジョンを行うとき、わたしはできる限り良質なスーパーヴァイザーであろうと努める。スーパーヴィジョンを始めるとき、自分が訓練を受けているときにわたしを評価したスーパーヴァイザーの在りようがスーパーヴィジョンを導く主要な要素となった。ただ、分析家《アナリスト》としての訓練を受けたわたしはスーパーヴァイザーになるための訓練を受けてはいなかった。長年に亘るスーパーヴィジョン体験を振り返り、スーパーヴァイジーとの作業のなかで数多くの困難な事態に遭遇したときにはとくに自分の体験を振り返ったものだが、そうするなかでわたしが下した結論は、われわれは現実に不可能なことをやろうとしているのだということである。困難な事態が訪れるのは、いまわれわれに必要なのはスーパーヴィジョンで議論することなのだと思う瞬間であり、そうすることは不可能なのだということを忘れてしまう瞬間である。スーパーヴィジョンというものは、実際の患者を理解するために議論するものなのであって治療の方向性を決定するものではない。難しい事態は、スーパーヴァイザーの役割が臨床上の注意点に基づいてスーパーヴァイジーの治療が悪化している流れを正しい流れに導くことであると考えるときに生じる。問題が生じるのは、治療者だけが実際に何が起こっているのかを知っており治療者だけが状況を正すことができるのだということを忘れるときなのである。*1

もしスーパーヴィジョンができないのならば、何ができるであろうか。何にしても教えることは数多くある。その過程を通して自分の担当するスーパーヴァイジーの分析作業の仕方を学ぶのである。患者の夢や連想といったいくつかの素材にもアクセスして解釈を提案するだろう。個人的には解釈を正確なことばに置き換えることを強調するであろう。セッションを通して活性化しているテーマが取り上げられる。それによって転移の問題や神話あるいは過去の再構築といった議論がなされ、事例素材に新しい視野が開けるだろう。治療に関わるふたりに生じる交流や分析過程のなかで取り上げられてきた治療者にとっての日頃の困難が観察されるだろう。そしてまた、介入のときと方法、逆転移の用い方、解釈の組み立て方といった技術について、休日、料金、待合室、騒音、キャンセルなどのケースマネージメントのメカニズムの扱い方について、スーパーヴァイジーに教えることもあるだろう。アクティングアウトの微妙な在りようを採り上げ、その取り扱い方法を提案するかも知れない。このようにして、治療で何が起こっているのかわからない訓練生を支持しその背中を押すことができる。そして、不確かなことや曖昧なこと、さらには混乱に耐えるために援助することができるのである。何か問題が起こったときは、スーパーヴィジョンに関連する文献をスーパーヴァイジーに紹介することもあるだろう。結局のところ、普段の振る舞いがひとつのモデルになるのであり、スーパーヴァイザーが成し得る価値ある機能のリストは、専門知識のそれを訓練生が取り入れるのである。スーパー

「こつ」を教えることから、スーパーヴァイジーに分析過程の真の美しさを呼び起こすことにまで及ぶのである。

それでは、どうしてわたしはスーパーヴィジョンを不可能な職業と呼ぶのであろうか。その理由は文字通りわれわれの作業がスーパーヴィジョンだからである。分析という作業を真にスーパーヴィジョンすることはできない。そのためには実際に面接室に居なければならないだろう。もしそうするなら、治療過程はもはや分析ではなくなる。録画や録音やワンウェイ・スクリーンなどのどんな機械装置もこの問題を解決できない。〈分析作業はけっしてスーパーヴィジョンされることはない〉。現行の方法が文字通りスーパーヴィジョンであると考えるところにひとつの誤りがある。いまや〈いわゆるスーパーヴァイジー〉と呼称されるスーパーヴァイジーは治療中に起こっていることを何度も書き留め、スーパーヴィジョンでこれら事例記録を報告することができると思っていることが間違いなのである。スーパーヴィジョンを行うことによって分析作業をスーパーヴィジョンできると思い込んでいる。それが間違いなのである。わたしは、たんに、患者の語りを正確に記憶するよく知られる難しさを指摘しているのではない。あるいはまた、面接室内の雰囲気、頻繁に起こる微妙な非言語的交流、直観的予測といったことをスーパーヴァイザーに伝えることができないと指摘しているのでもない。すべての分析家《アナリスト》が声を大にして認めていることは、スーパーヴィジョンで行っていることは「真実」の貧弱な近似に過ぎないということである。むしろわたしは、スーパーヴィジョンされた分析は分析と呼ぶものではなく、ふたりの個人的なことがらか何かなのであると提案している。スーパーヴァイザーがつねに存在していても、存在していなくても、スーパーヴィジョンは不可能なのである。

最近、「ただ訓練生である」という理由だけで、いわゆるスーパーヴァイジーから個別事例のスーパーヴィジョンを依頼されたことがあった。当該の訓練生はスーパーヴィジョン事例であれば医療過誤のクレームに対処できるという保険をかけていたのである。その保険会社は医長が研修医を指導するという医療モデルを用いていた。しかし、医長であればいつでも自分で患者を診たり、X線や採血サンプルの報告書を見たりできる。医長は研修医と同じ素材に当たっていつでも治療を引き継ぐことができる。このモデルはどれひとつをとっても、分析スーパーヴァイザーは患者とはけっして会わないし、それはまったく気乗りのしないことになるだろう。それは徒弟制度のようなものである。けれども普通は、車輛整備士と呼ばれる見習い工は仕事の対象である車輛に向き合って仕事をする。上級の車輛整備士も同じようにその車輛を目で見て向き合い仕事をするのである。

スーパーヴィジョンにおいて、こうした相違の重要性をつねに十分に意識しているわけではないけれども、ときに非常に強烈にそれを思い出すことがある。現在、わたしは病院臨床のなかで、若い女性患者の分析的心理療法をスーパーヴィジョンしている。最初のアセスメントのために、自分自身が患者に会った。それから、スーパーヴィジョンのなかでこの患者のことを聴き始めてみると、同じ患者ではないのではないかと不安定な気持ちを抱くようになった。スーパーヴァイジーが説明するその患者を想い描きながら何週間かが過ぎた。そして、わたしの患者イメージはいっそう鮮明になっていった。けれども、事例提示される患者イメージは、わたしのこころのなかで、自分が実際に会って記憶していた患者とは異なっていくのである。ときおり、患者を誤解していたのではないかとわたしは思い始めた。わたしの診断的定式化は完全に間違い続けていたのかも知れない。結局のところ、たった一度しか患者に会っていないが故に、容易に判断を誤ってしまったに違いない。アセスメント面接においてその患者と良好なラポールを築くことができたと想起したのだが、いま残っている事実は、治療者によって報告された患者イメージとラポールを築くことに最大の困難を伴うことになったということなのである。

スーパーヴィジョンでは、通常、患者イメージを豊かにして、治療者が報告した患者のことばや行動を通して来談してきたひとの声を聴こうと努める。だがこの事例ではそれが不可能だとわかった。次第にわたしは、患者自身を診たことを忘れることで、はじめて患者をイメージできることを理解するようになった。患者の最初の記憶を脇に置いておくことによって、新たな患者イメージのための余地を作ることができたのである。このことは、見た目も声音も異なる別の女性のイメージが生まれたことを意味するのではなく、スーパーヴィジョンにおけるこのイメージが最初のアセスメントとは異なる診断を求めた結果なのである。それでもなおわたしが確信しているのは、仮に再度この患者に実際に会ったとしても、最初の患者のイメージは蘇ってくるであろうということである。

この経験が端緒となって、わたしは、訓練生がこれから担当する事例の適性を査定者（インテーク分析家）に評価させるという分析協会の慣習に疑問を抱くようになった。インテーク分析家のアセスメント報告に目を通し、協会が認めた分析作業を行う候補生の患者報告をイメージすると、査定者と治療者のふたりは同一の患者に会ったのだろうかと不思議に思うことがしばしばある。査定者が「判断を間違えた」とか新人治療者が事例を理解していなかったということではない。そうではなくて、他者と関わるという文脈からはひとりの個人そのものを見ることはできないということなのである。

類似の体験はスーパーヴァイジーが分析セッションを録音し始めるときに起こる。およそ十八ヶ月の間スーパーヴィジョンを共にしてきたある治療者は、とても才能に恵まれ豊かな経験を有していた。たぐいまれなる記憶力の持ち主だったこの治療者は、セッション中に書き留めることもなく、しばしば取り消されたことや自分が患者に語った詳細も含めて、セッションを逐語のように報告することができた。こうしたすべてのことにもかかわらず、この治療者とわたしは行き詰まりを感じるようになった。患者も分析作業はさほど進展していないと感じていた。議論を重ねた末、治療者はセッションの録音を始めた。スーパーヴィジョンでふたりは一緒に録音を聴いた。聴き始めて数分で、わたしは先の例と同じような奇妙な体験をした。録音から流れてくる声は、わたしがイメージしていた患者とは似ても似つかなかった。わたしはまさに録音の声からイメージされるその人物を好ましく思った。そして、以前はそのひとがわたしを苛立たせ、わたしはそのひとに共感できなかったことを理解したのである。わたしは無意識裡に治療者の否定的な逆転移を取り上げたのであろうか。そうだとすれば、治療者にとってもそれは無意識だったのである。仮に、録音を文字に起こしてみれば、治療者が以前に報告したものとほぼ同じ文面になったであろう。では、何が違うのだろうか。非言語的な領域に、患者の声の調子のニュアンスやことばに詰まったり沈黙したりしたことがあったのだろうか。わたしの耳に妙な音が入ってきた。わたしは尋ねた。「その咳は何?」「何の咳?」と。その治療者は、自分が実際に聴いたのはほんの僅かな咳払いだったが録音ではとても大きな音だったと答えた。この咳払いは患者の神経質な癖であることがわかった。患者がそこはかとない不安を抱いたとき、とくに攻撃的な考えと空想とがつながり合っているときには、いつもそうなったのである。治療者はそのことにまったく気づかなかった。だから報告されなかったのである。

スーパーヴァイザーはときには多少なりとも自信や共感をもって、また多少とも混乱や明晰さをもってイメージしてきたことと、治療者の奏でる語りがいかに異なるものかを録音からもまた聴くのである。相互交流はすべてまったく異なる響きとなる。録音使用の良し悪しを議論しているのではない。むしろわたしが指摘したいポイントは、たとえ物理的に同じ部屋にいたとしても、あるいは同一の患者に面接するにしても、誰もけっして医長の位置や見習い工と仕事を共にする上級車輌整備士の位置に足を置くことはできないのだということである。それは、どうしても、不可能なのである。

そうであるなら、スーパーヴィジョンという考え方を捨てて、この営みをコンサルテーションなりの言い方を使って呼ぶべきなのであろうか。「スーパーヴィジョン」という用語を巡るひとつの問題は、ヴィジョンというメタファーに潜んでいる。それは、スーパーヴァイザーが分析に「出会い理解する」というメタファーである。いまひとつの問題は「スーパー」という接頭語である。この意は、スーパーヴァイザーが「高い（superior）位置」から見下ろすことであり、師が弟子を見下ろすことなのである。スーパーヴァイザーは、たしかに、何かをスーパーヴィジョンしている。けれども、たしかに、分析をスーパーヴィジョンしているのではないのである。

それにもかかわらず、候補生の訓練機関を主張する協会が候補生の入会を評価する時期になると、セミナーにおける候補生の実績やレポート執筆能力、訓練分析家または候補生の個人分析家の見解がその指針となる。だが、わたしには候補生のスーパーヴァイザーの経験が最良の指針になるように思われる。訓練生がどの程度分析的に作業を行い得るのかは実際には誰にもわからない。しかし、クライエントとのセッションの間に、もし透明人間のような存在になれるとしたら、訓練生は次のことを理解するだろう。訓練生の全体をもっとも良く知る人物は、長い時間をかけて訓練生のセッションの報告を聴き、訓練生とともにセッションを検討した者である。この判断の責任が付与されることによって、スーパーヴァイザーは（訓練生を広い視野で見つめるという意味において）スーパーヴァイザーなのであり、後になって職業生活において同情し合える同僚となり得る可能性のある、親切で友好的な援助者などではあり得ないのである。

しかしながら、あらゆる訓練委員会に周知のように、スーパーヴァイザーが一致して同一の候補生を認めるわけではないであろう。また、そのような見解の不一致は不可避であって見解をひとつに決定することはできないのである。

教師、友人、父親、母親、老賢人、鏡映する鏡、原告・被告の弁護人、判事と陪審員。これらのうちただひとつではなくすべての機能を担おうとするスーパーヴァイザーは、どうしようもない立場にいる、訓練など受けたことのない者である。良きにつけ悪しきにつけ、スーパーヴァイザーは不可能な職業を実践する「可哀想な（poor devil）」存在なのである。

追　記

本章を書き終えてからわたしは、「スーパーヴィジョン」という提起された課題に答えることができるとわかった。われわれが「スーパーヴィジョン」と呼び続けようとするものは、実際にはひとつの分有されたファンタジーだと思う。訓練生は患者とともに何をしてきたのかをイメージしようとし、スーパーヴァイザーもまたそれをイメージしようとする。そのプロセスの結果なのである。スーパーヴィジョンは、スーパーヴァイザーとスーパーヴァイジーの両者が、ともにイメージしていることが真実ではないと気づき続けるのであれば、最良に機能する。しかも、お互いに豊かな恩恵をもたらしてくれる。両者にできるのは難事に苦悩し経験を楽しむことである。さらにまた、想像上の冒険に参与し、教えられ学ばされる営みを見出すことになる。もちろんわたしは、本章を手がける前からこのことすべてを直観的に知っていた。けれども、このテーマに意識的に取り組むという課題を与えられたことで、いまのわたしの理解はさらに少し進んだのである。

原註・文献

第I部　背　景

第2章　歴史的覚書

(1) Astor, James (1991). "Supervision, training, and the institution as an internal pressure". *J. Analyt. Psychol.*, 36-2, 177-191.

(2) Beebe, John (1991). Sustaining the potential analyst's morale. *IFPE Newsletter*, 1-1, 16-17. 訳註3

(3) Bostrom-Wong, Susan (1991). (Untitled.) *IFPE Newsletter*, 1-1, 17-19.

(4) Fleming, Joan & Benedek, Therese (1966) . *Psychoanalytic Supervision: A Method of Clinical Teaching*. New York: Grune & Stratton.

(5) Hannah, Barbara (1976) . *Jung: His Life and Work*. New York: Putnam.

(6) Harding, M. Esther (n.d.) . Unpublished typescript, 101 pp., in the Kristine Mann Library, Analytical Psychology Club of New York.

(7) Harding, M. Esther & Mann, Kristine. Unpublished typescript, 38 pp., in the Kristine Mann Library, Analytical Psychology Club of New York.

(8) Hillman, James (1962) . *J. Analyt. Psychol.*, 7-1, 3-28.

(9) McGuire, William(1984) . *Introduction to Dream Analysis: Notes of the Seminar*.

(10) Notes of the Seminar Given in 1928-29 by C. G. Jung. Bollingen Series XCIX. Princeton, NJ: Princeton University Press.

(11) Moore, Norah (1986). "Michael Fordham's theory and practice of supervision." *J. Analyt. Psychol.*, 31-3, 267-273.

(12) Plaut, Alfred, Newton, Kathleen & Fordham, Michael (1961) . "Symposium on training." *J. Analyt. Psychol.*, 6-2, 95-118.

（13） Plaut, Alfred; Dreifuss, Gustav; Fordham, Michael; Henderson, Joseph; Humbert, Elie; Jacoby, Mario; Ulanov, Ann; Wilke, Hans-Joachim（1982）. *J. Analyt. Psychol.*, 27-2（April）, 105-130.
（14） Speicher, Marga（1991）.（Untitled）. *IFPE Newsletter*, 1-1,17.

第Ⅱ部　個人スーパーヴィジョン

第3章　スーパーヴィジョン理論への提言

（1） Emch, M.（1955）."The Social Context of Supervision." *Int. J. Psycho-anal.*, 36, 4 and 5.
（2） Fordham, M.（1957）. *New Developments in Analytical Psychology*. London: Routledge & Kegan Paul.

第4章　マイケル・フォーダムの理論とスーパーヴィジョンの実践

（1） Fordham, M.（1958）.A suggested center for analytical psychology. In *The Objective Psyche*. London: Routledge & Kegan Paul.
（2） ──（1961）."Suggestions towards a theory of supervision." *J. Analyt. Psychol.*, 6, 2.
（3） ──（1966）.（Personal Communication.）
（4） ──（1969）."Technique and countertransference." *J. Analyt. Psychol.*, 14, 2.
（5） ──（1969）. Review of Racker's Transference and countertransference. *J. Analyt. Psychol.*, 14, 2.
（6） ──（1970）. "Reflection on training analysis." *J. Analyt. Psychol.*, 15, 1.
（7） ──（1970）. "Notes on the transference." In *New Developments in Analytical Psychology*. London: Routledge & Kegan Paul.
（8） ──（1972）. "The interrelation between patient and therapist." *J. Analyt. Psychol.*, 17, 2.
（9） ──（1975）. "On interpretation." *Zeitschrift fur analytische Psychologie*, 6, 2.
（10） ──（1978）. *Jungian psychotherapy, a Study in Analytical Psychology*. Chichester: John Wiley.〔氏原寛・越智友子訳『ユング派の心理療法──分析心理学研究』誠信書房、一九九七年〕
（11） ──（1978）. "Some idiosyncratic behavior of therapists." *J. Analyt. Psychol.*, 23, 2.

(12) —— (1982). "How do I assess progress in supervision." *J. Analyt. Psychol.*, 27, 2.

(13) Hillman, J. (1962). "Training and the C.G. Jung Institute, Zurich. "*J. Analyt. Psychol.*, 7, 1.

(14) Jung, C. G. (1931). "Problems of modern psychotherapy." *Coll. Wks.* 16.

(15) Racker, H. (1968). *Transference and Countertransference.* London: Hogarth.〔坂口信貴訳『転移と逆転移』岩崎学術出版社、一九八二年〕

第5章　スーパーヴィジョンとメンター・アーキタイプ

(1) Burton, A. (1979). *The psychoanalytic Review*, Vol.66, no. 4, 507-517.

(2) Levinson, D. J. (1978). *The Seasons of a Man's Life.* NY: Ballantine.〔南博訳『人生の四季——中年をいかに生きるか』講談社、一九八〇年。『ライフサイクルの心理学 上・下』講談社学術文庫、一九九二年〕

(3) Paterson, T. T. (1966). *Management Theory*. London: Business Publication.

(4) Stolorow, R. D. & Atwood, G. E. (1992). *Context of Being: The Intersubjective Foundations of Psychological Life.* Hillsdale: Analytic Press.

第7章　スーパーヴィジョンにおける転移性投影

(1) Frijing-Schreuder, E. (1970). "On individual supervision." *Int. J. Psycho-Anal.*, 51, 363.

(2) Greenberg, J. & Mitchell, S. (1983). *Object Relations in Psychoanalytic Theory*. Havard Univ. Press.〔横井公一監訳、大阪精神分析研究会訳『精神分析理論の展開——「欲動」から「関係」へ』ミネルヴァ書房、二〇〇一年〕

(3) Greenberg, L., (1963). "Relations between psychoanalysts." *Int. J. Psycho-Anal.*, 44, 362-367.

(4) Greenberg, L., (1970). "The problems of Supervision in Psychoanalytic Education." *Int. J. Psycho-Anal.* 51, 371-383.

(5) Ingram, D. (1989). "Legitimate intimacy in analytic therapy." Panel discussion on erotic transference and counter-transference, the 33rd. annual meeting of the American Academy of Psychoanalysis. San Francisco: May.

(6) Kugler, P. (1988). "Essays on the supervision of training candidate". Unpublished.

(7) Kugler, P. (1992). "Essays on the supervision of training candidates". Vol. 2, Unpublished.

(8) Redfearn, J. (1983). "Ego and Self : terminology. " *J. Anal, Psychol,*. 28, 2, 91-118.
(9) Wakefield, J. (1992). "The supervisor, "in *Closeness in Personal & Professional Relationships*. ed., Wilmer H., Shambhala, 216-238.
(10) Wilmer, H. ed. (1992). *Closeness in Personal & Professional Relationships*. Shambhala.

第9章　潜在的な分析家の士気を維持すること

(1) Hillman, James (1965)."Betrayal. "*Spring*.
(2) Beebe, John, (1981). "The Trickster in the Arts," *The San Francisco Jung Institute Library Journal*. Winter.
(3) Bateson, G., Don. D, J., Haley, J., and Weakland, J. H. (1968). "Toward a Theory of Schizophrenia," in Don D. Jackson, ed. *Communication, Family and Marriage*. (Human Communication, Vol.1) Palo Alto. California: Science and Behavior Books, pp. 31-54.〔佐藤良明訳『精神の生態学（改訂第2版）』新思索社、二〇〇〇年〕

第Ⅲ部　ケースコロキアム

第10章　ケースセミナー・スーパーヴィジョンの陶酔と苦悩

(1) Otto Kernberg は多数の訓練プログラムにおける理想化と妄想的／被害的雰囲気に関心を抱いてきた。そして「構造的に彼ら（参加者）自身の目的に合わない」訓練組織内にスモールグループセミナーが存在するという事実からこの雰囲気を理解している。Kernberg, O. (1986). "Institutional Problems of Psychoanalytic Education." *J. Amer, Psychoanal. Ass.,* Dec., 799-834.
(2) Carr, J. (1988). "A Model of Clinical Supervision. " in *Clinical Supervision: Issue and Techniques*. Special printing by J. C. Press, London.
(3) Levenson, Edgar A. (1984). "Follow the Fox: An Inquiry into the Vicissitudes of Psychoanalytic Supervision." in *Clinical Perspectives on the Supervision of Psychoanalysis and Psychotherapy*, Edited by Caligor, Brombert, Meltzer. New York: Plenum Press. 153 ff.
(4) Zinkin, L. (1988). "Supervision: The Impossible Profession." in *Clinical Supervision: Issues and Techniques*, Special printing by J. C. Press, London, and reprinted in a modified form as chapter 19 of this book.

第12章　臨床プロセスに関する論考

（1）簡略化のために代名詞「彼」を用いたが、「彼」は「彼女」の意でもあり逆もまたしかりである。

（2）Plaut, A. (1982). "How do I assess progress in Supervision?", *J. Analyt. Psychol.*, Vol. 27, p. 107. Society of Analytical Psychology. London: Academic Press.

（3）Mattinson, J. (1975). *The Reflection Process in Casework Supervision*, Institute of Marital Studies. Tavistock Institute of Human Relations, 13.

第Ⅳ部　スーパーヴィジョンの進展状況の評価

第13章　シンポジウム――スーパーヴィジョンの進展状況の評価

C　マイケル・フォーダム

（1）Fordham, M. (1961). "Suggestions towards a theory of supervision." *J. Analyt. Psychol.*, 6, 2.

（2）Fordham, M. (1978). *Jungian Psychotherapy*. Chichester: Wiley.〔氏原寛・越智友子訳『ユング派の心理療法――分析心理学研究』誠信書房、一九九七年〕。

D　ジョセフ・ヘンダーソン

（1）Henderson, J. L. (1967). *Thresholds of Initiation*. Middletown, Conn. Wesleyan University Press.〔河合隼雄・浪花博訳『夢と神話の世界――通過儀礼の深層心理学的解明』新泉社、一九七四年〕。

（2）Jung, C. G. "The psychology of the transference." *Coll Wks*, 16.〔林道義・磯上恵子訳『転移の心理学』みすず書房、一九九四年〕

（3）Neumann, E. (1961). "The significance of the genetic aspect for analytical psychology," in Gerhard Adler (Ed.), *Current Trends in Analytical Psychology*. London: Tavistock.

（4）Stevens, A. (1981). "Attenuation of the mother-child bond and male initiation into adult life." *Journal of Adolescence* 4, 131-148.

（5）Weston, J. L. (1913). *The Quest of the Holy Grail*. London: Bell.

G アン・ウラノフ

(1) Baynes, H. G. & D. F. (1928). *Contributions to Analytical Psychology*. London: Kegan Paul Trench Trubner.

(2) Farber, L. H. (1976). *Lying, Despair, Jealousy, Envy, Sex, Suicide, Drugs, and the Good Life*. New York: Basic Books.

(3) Fordham, M. (1961). "Suggestions Toward a Theory a Theory of Supervision." *J. Analyt. Psychol.*, 6,2.

(4) Humbert, E. (1982)."How Do I Assess Progress in Supervision?." *J. Analyt. Psychol.*, 27, 2.

(5) Kohut, H. (1962). "*The Psychoanalytical Curriculum.*" *The Search for the Self, Selected Writings of Heinz Kohut 1950-1978*, Vol. 1 of 4, ed. Paul H. Ornstein. New York: International Universities Press.

(6) —— (1978)."Introductory Remarks to the Panel on Self Psychology and the Science of Man." *The Search for the Self, Selected writings of Heinz Kohut 1978-1981*, Vol. 3 of 4, ed. Paul H. Ornstein. Madison: International Universities Press.

(7) —— (1984). *How Does Analysis Cure?*. Chicago: Chicago University Press.

(8) Ulanov, A. (1979). "Follow-up treatment in cases of patient/therapist sex." *Journal of American Academy of Psychoanalysis*, 7, 1, 101-110.

(9) Ulanov. A. & B. (1987). *The Witch and the Clown: Two Archetypes of Human Sexuality*. Wilmette: Chiron.

(10) Winnicott, D.W. (1975). *Through Pediatrics to Psycho-Analysis*. New York: Basic Books, 194-204.

(11) —— (1971a). *Therapeutic Consultations in Child Psychiatry*. New York: Basic Books. 〔橋本雅雄・大矢泰士訳『新版 子どもの治療相談面接』岩崎学術出版社、二〇一一年〕

(12) —— (1971b). *Playing and Reality*. London: Tavistock. 〔橋本雅雄・大矢泰士訳『改訳　遊ぶことと現実』岩崎学術出版社、二〇一五年〕

第V部　スーパーヴァイザーのライフステージ
第15章　スーパーヴァイザーの教育

（1）候補生あるいはスーパーヴァイザーは女性でも男性でもあり得る。この論文で代名詞を使う際には、彼／彼女（he/she）という扱いの難しい融合形の使用を止め女性形の代名詞を使っている。

（2）Speicher, M. (1993). "Selection and Training of Supervisors," *Proceedings of the Twelfth International Congress for Analytical Psychology*, ed. Mary Ann Mattoon. Einsiedeln, Switzerland: Daimon, 536-539.

（3）ポール・クーグラーは国際分析心理学会で発表した論文「訓練候補生からスーパーヴィジョン分析家への移行」（pp. 528-535）のなかでこの移行期間に関する問題に取り組んでいる。この論文は、加筆修正を施され原書第14章（本書第V部第14章）所収。

（4）その理事会は訓練を管理する指針や決定をするもので、他の研究所の機能にある訓練理事会や訓練委員会に相当する。

（5）一九九一年、その理事会と部門の週末懇話会でスーパーヴィジョンについての議論が行われた。その結果、スーパーヴァイザーになろうとする分析家は、分析家としての訓練を終えた後、五年間の経験を積まねばならないということになった。さらに、スーパーヴァイザーになるための準備に必要な議論や公的ガイドライン作成のために、職能団体（ニューヨーク分析心理協会〈NYAAP〉）によって「スーパーヴィジョン継続教育委員会」（Committee on Continuing Education in Supervision）が設立された。

（6）ニューヨーク市にはスーパーヴィジョンのための構造化された訓練を提供する以下の三つの精神分析的訓練機関がある。国立心理療法研究所（National Institute for the Psychotherapies）、精神衛生大学院（Postgraduate Center for Mental Health）、ワシントン精神分析・心理療法スクエア（Washington Square Institute in Psychoanalysis and Psychotherapy）。

（7）国立心理療法研究所（National Institute for Psychotherapies）の代表フォッシャージュ（James L. Fosshage）と大学院（Postgraduate Center）の代表クレシ（Mary Beth Cresci）は一九九二年に開催された国際精神分析教育合同年次集会（Annual Conference of the International Federation for Psychoanalytic Education）〈IFPE〉においてそれぞれが考えるプログラムを議論した。また、同会議では、サンフランシスコのユング派分析家アルフィン（Claire Allphin）がサンフランシスコでのスーパーヴィジョン訓練プログラムの議論を行った。これら三者の論文は、IFPEのニュースペーパー（一九九三年春期号、二巻）に公表された。このニュースペーパーは、ＩＦＰＥの会員にのみに配布されるものであるが、請求があればコピー提供の用意がある。
（8） 合宿会議（Board Retreat）のために選択されたユング派文献のほとんどは本書に再録されている。
（9） 会議（Retreat）の素材を準備した委員会は次のふたつの出版物を推奨している。
①『精神衛生大学院誌』（*The Journal of the Postgraduate Center for Mental Health*）。ここでは一九九〇年の春期および夏期号がスーパーヴィジョンに充てられている。そこに、「精神分析過程のスーパーヴィジョン」（Supervision of the Psychoanalytic Process）と題して大学院（Postgraduate Center）メンバーによる十一論文が掲載されている。*Psychoanalysis and Psychotherapy*, Volume 8 Spring/Summer 1990, NewYork: Brunner/Mazel.
②『精神分析および心理療法のスーパーヴィジョンに関する臨床的展望』（*Clinical Perspective on the Supervision of Psychoanalysis and Psychotherapy*）は、キャリゴール（Leopold Caligor）、ブルームバーグ（Phillip M. Bromberg）、メルツァー（James D. Meltzer）が編集し、一九八四年にプリナム社（Plenum Press）から出版された。そこには、ニューヨークのウィリアム・アランソン・ホワイト研究所のシニアスーパーヴァイザーによって執筆された十六論文が含まれている。執筆者個々は自らのスーパーヴィジョンの実践から得られた素材を用いてスーパーヴィジョンに対する理解やスタイルを論じている。序文のなかで編者は一九七九年のホワイト研究所設立およびスーパーヴィジョンに関する研究グループの仕事について概説している。この研究グループは一九八〇～一九八一年、ウィリアム・アランソン・ホワイト学術会議（William Alanson White Professional Society）のために一連のプログラムを組織し、その会議において、自分たちのオフィスでの実践と同じ仕方で、五人のシニア分析家がひとりの候補生のスーパーヴィジョンを行った。スーパーヴィジョン過程についての議論は、その後、スーパーヴィジョンについて同僚たちと研究グループを設立し論文を編纂する方向へと進んでいった。論文の何編かは雑誌からの再録だが、ほとんどは書き下ろしであった。

委員会のメンバーは精神分析誌におけるスーパーヴィジョンに関する最近の文献目録を用意した。加えて、コンピューターで「心理学アブストラクト」（Psychology Abstracts）を検索し「スーパーヴィジョン」を調べてみた。すると、一九六六～一九九一年の間に出版された一三二の注釈付の文献目録が見つかったが、それらすべては精神分析的スーパーヴィジョンに関するものではなかった。

（10）この問題はシカゴで開催された「スーパーヴィジョンに関するワークショップ」で発表した。註（2）前掲書、五三八－五三九頁参照。

（11）スーパーヴァイザーになったばかりでは、新人スーパーヴァイザーは自分の個人的体験が吟味されないままなので、自分好みのスーパーヴァイザーをやってみたり、自分がもっとも非生産的だと感じたスーパーヴィジョン体験とは反対のことを反射的にやってみたりしまいがちである。したがって、自分が受けたスーパーヴィジョン体験を吟味することは、スーパーヴァイジーが求めている学びの方向へとスーパーヴィジョン作業を進めていくための基礎として不可欠になる。

（12）Roy Shafer,"Supervisory Session with Discussion. "*Clinical Perspectives on the Supervision of Psychoanalysis and Psychotherapy*, op. cit., 207-230.（註9前掲書）。

（13）そのような枠組みを考案しようとする分析家にはジョアン・フレミングの論考が役に立つだろう。それは、一九七九年にシカゴで開催されたスーパーヴィジョンに関するシンポジウムにおいて発表された「スーパーヴァイザーの教育（The Education of a Supervisor）」と題した論文である。そのシンポジウムはアメリカ精神分析学会の主催によるもので、この論文は『精神分析を教えることと学ぶこと——ジョアン・フレミング論文選集』（*The Teaching and Learning of Psychoanalysis: Selected Papers of Joan Fleming*）（スタンリー・S・ワイス編、ニューヨーク、ギルフォード社、pp.143-165）に再録されている。フレミングの論文はスーパーヴァイザーの内なる教育能力の発達促進の必要性に焦点を当てたものである。教育における落とし穴や障害について述べられており、スーパーヴァイザーの教育的サポートに向けた努力が再考され、さらに支部レベルでのスーパーヴァイザーの教育に対するアプローチの重要な要素が概説されている。

第16章　スーパーヴァイザーと老い

（1）Guggenbühl-Craig, A.（1986）. *Die närrischen Alten. Betrachtungen über modern Mythen*. Schweizer Spiegelverlag AG. Zürich.〔山中康裕監訳『老愚者考』新曜社、二〇〇七年〕。

（2）Goethe, *Faust/Part Two* .(1950). Penguin Classic, 96-99.〔高橋義孝訳『ファウスト［二］』一六六－一七〇頁、新潮文庫、二〇一一年〕。

（3）Mead, M.（1971）. *Der Konflikt der Generationen, Jugend ohne Vorbild*. Olten,Freiburg i.B.

第17章　スーパーヴィジョン、訓練、内的圧力としての研究所

(1) Bion, W. R. (1961). *Experiences in Groups*. London: Tavistock.〔ハフシ・メッド監訳、黒崎優美・小畑千晴・田村早紀訳『集団の経験――ビオンの精神分析的集団論』金剛出版、二〇一六年〕。
(2) ―― (1970). *Attention and Interpretation*. London: Tavistock.
(3) Fordham, M. (1956). "Active imagination and imaginative activity." *J. Analyt. Psychol.*, 1, 2.
(4) ―― (1961)."Suggestions towards a theory of supervision." *J. Analyt. Psychol.*, 6, 2.
(5) ―― (1989). "Some historical reflections." *J. Analyt. Psychol.*, 34, 3.
(6) ―― (1991). "The supposed limits of interpretation." *J. Analyt. Psychol.*, 36, 2.
(7) Hinshelwood, R. (1985). "Questions of training." *Free Associations*, 2.
(8) Jung, C. G. (1957). "Letter to Bernhard Lang," *C. G. Jung Letters*, Vol. 2. London: Routledge & Kegan Paul.
(9) Keats, J. (1817). "Letter to his brothers" (No.32), in *Letter of John Keats*, Ed. M. B. Forman. Oxford University Press, 1960.
(10) Klein, M. (1946). "Notes on some schizoid mechanisms." *Int. J. Psycho-Anal.*, 27, 99-110.
(11) Meltzer, D. (1967). *The Psychoanalytical Process*. London: Heinemann.〔松木邦裕監訳、飛谷渉訳『精神分析過程』金剛出版、二〇一〇年〕。
(12) ―― (1973). *Sexual Atates of Mind*. Strath Tay: Clunie Press.〔古賀靖彦・松木邦裕監訳『こころの性愛状態』金剛出版、二〇一二年〕。
(13) Meltzer, D., & Harris Williams, M. (1988). *The Apprehension of Beauty*. Strath Tay: Clunie Press.〔細澤仁監訳、上田勝久・西坂恵理子・関真粧美訳『精神分析と美』みすず書房、二〇一〇年〕
(14) Menzies Lyth, I. (1988). *Containing Anxiety in Institutions*. London: Free Association Books.
(15) ―― (1989). *The Dynamics of the Social*. London: Free Association Books.
(16) Newton, K. (1961). "Personal reflections on training." *J. Analyt. Psychol.*, 6, 2.

(17) Plaut, A. (1961). "A dynamic outline of the training situation." *J. Analyt. Psychol.*, 6, 2.
(18) Waddell, M. (1989). "Experience and identification in George Eliot's novels." *Free Associations*, 17.
(19) —— (1990). "The vale of soul making." Unpublished public lecture.
(20) Waddell, M., & Williams, G. (1991). "Reflections on perverse states of mind," *Free Associations*, 2, 2.
(21) Zinkin, L. (1989). "The grail quest and analytic setting." *Free Associations*, 17.

第18章　臨床スーパーヴィジョンのモデル

(1) Salzberger-Wittenberg, G. Henry & Osborne, E. (1983). *The Emotional Experience of Learning and Teaching*, London: Routledge and Kegan Paul.
(2) Mattinson, Janet (1975). *The Reflections Process in Casework Supervision*, Institute of Marital Studies. Tavistock Institute of Human Relations.
(3) Meltzer, D. & Williams, M. Harris (1988). *The Apprehension of Beauty*. Strath Tay: Clunie Press.〔細澤仁監修、上田勝久・西坂恵理子・関真粧美訳『精神分析と美』みすず書房、二〇一〇年〕

訳註

第I部　背景

第1章　イントロダクション

＊1　Training Committee for the Inter-Regional Society of Jungian Analysis

＊2　第5章訳註1参照。

＊3　次の「歴史的覚書」のなかでマトゥーンも述べているが、本書で用いられる「コントロール」「コントロール分析」ということばは「スーパーヴィジョン」のことである。また、第9章のキーワードにもなっている「コントロール分析家」は「スーパーヴァイザー」の意である。

＊4　第5章訳註5参照。

第2章　歴史的覚書

＊1　ファニー・ボウディッチ（Fanny Bowditch）はユングの治療を受けていた。その経緯を克明に記す当時の資料やボウディッチとユングの往復書簡、ユングの直筆、ボウディッチの講義ノート、『分析心理学』誌創刊に当たってのチラシ、当時の新聞記事などがハーバード大学医学部図書館（Countway Library of Medicine）のアーカイヴに現存する。監訳者は実際にそのすべてに目を通したが、それらはきわめて貴重な精神分析・分析心理学の歴史的資料である。

＊2　公式には一九五五年である。

＊3　ユング心理学では心理療法の技術の習得よりもむしろ、各自の在りようと体験から治療者のスタイルを発展させることを重要視している。その発展過程のなかで、現実には何の関係もない複数の事象がある関係をもっていることに気づき、事象の背後に在る意味が見えてくることがある。それを「コンステレーション」と呼ぶが、この体験は意識的干渉が強いと妨げられる。すなわち窮屈に縛られたスーパーヴィジョン体験では、コンステレーションの体験が妨げられ、治療者としてのスタイルが発展しない。

＊4　この文献は本文中に出てこないが原書記載通りに載せた。なお、同名の論考は本書第9章に収められている。

第Ⅱ部　個人スーパーヴィジョン

第5章　スーパーヴィジョンとメンター・アーキタイプ

＊1　スプリッティング、羨望という防衛機制では、対象との関係のなかで、自他を完全に異なるものと認識するため、そこにシャドウの問題がつねに生じる。すなわち「シャドウ」とは無意識に潜む意識とは正反対の行動様式を言う。さまざまな学派が存在するなかからひとりのスーパーヴァイザーを選択することは、他を否定することでもあり、そこにシャドウの問題がコンステレーション（第2章　訳注3参照）として生まれてくるのだが、それがスーパーヴィジョンのなかで取り上げられない事態が起こるとコルベットは述べている。

＊2　原註2前掲書、九九頁。

＊3　一九五〇年代初頭にアメリカで流行した、アマチュアでもプロ並みの油絵が描けることを売り物にした絵画キットのこと。「ペイント・バイ・ナンバー」と英語をなぞった訳が通例と思われるが、それではここでは意味が通じないので、この語の意と

文の流れを考慮して「型にはまったアプローチ」と訳した。

＊4　本書「文献」に精神分析学派によるスーパーヴィジョン関連の著書・論文が掲載されている。

＊5　セルフの顕現は自我を超えた体験であるため、主体はそれと気づくことができない。したがって、スーパーヴァイザーはそれを伝えることが重要となる。そのときに、「ヌミノース」が明らかな基準となる。すなわち、ヌミノースとは、合理的には説明の困難な、非合理的で主体の意志にかかわりなく生じる体験であり、主体に特異な変容をもたらし、ときに魅惑的で神秘的な力を感じさせる。コルベットは、そのような体験とはセルフの顕現であるとしている。

＊6　本文には"volume 16"とのみ記載されており、それが何を意味するのか不明である。ただ、文脈からはユング全集の16巻ではないかと推測される（*The Collected Works of C. G. Jung, Vol. 16: The Practice of Psychotherapy: Essays on the Psychology of the Transference and other Subjects*. Princeton University Press.）。ちなみに「神秘的融即」を扱っているのは全集の14巻である（*The Collected Works of C. G. Jung, Vol. 14: Mysterium Coniunctionis: An Inquiry into the Separation and Synthesis of Psychic Opposites in Alchemy*. Princeton University Press.）。以下に全集16巻に掲載されている論文を掲げた。

・General Problems of Psychotherapy: *Principles of Practical Psychotherapy*（1935）; *What Is Psychotherapy?*（1935）; *Some Aspects of Modern Psychotherapy*（1930）; *The Aims of Psychotherapy*（1931）; *Problems of Modern Psychotherapy*（1929）; *Psychotherapy and a Philosophy of Life*（1943）; *Medicine and Psychotherapy*（1945）; *Psychotherapy Today*（1945）; *Fundamental Questions of Psychotherapy*（1951）

・Specific Problems of Psychotherapy: *The Therapeutic Value of Abreaction*（1921/1928）; *The Practical Use of Dream-Analysis*（1934）; *Psychology of the Transference*（1946）

・Appendix: *The Realities of -Practical Psychotherapy*（1937）

第7章　スーパーヴィジョンにおける転移性投影

＊1　原文ではこの文章に続けて（Corbett & Kugler, 19）と記載されているが、この文献は原書の本章末尾の文献欄にはない。同本書末尾の文献にも見当たらないので何らかの誤植と思われる。

＊2　ここで、エナクトメントしないとは、スーパーヴァイザーとスーパーヴァイジーが、それぞれの役割から逸脱して引き起こさ

れる感情を、スーパーヴィジョンのなかに持ち込まないという意味である。「エナクトメント」は現代精神分析の概念。

＊3　トマス福音書の引用は、村本詔司訳『心理学と宗教』（人文書院、一九八九年、一七八頁）の訳文に従った。

第8章　スーパーヴィジョンのスタイル

＊1　〈権利付与〉と〈促進〉の原語はそれぞれ、enabling と facilitating である。

第9章　潜在的な分析家の士気を維持すること

＊1　第Ⅰ部「第1章　イントロダクション」の訳註3参照。

＊2　テロスは「目的」と同じ語源のギリシャ語。ここでは「究極の目的」を指している。

第Ⅲ部　ケースコロキアム

第10章　ケースセミナー・スーパーヴィジョンの陶酔と苦悩

＊1　「パラレルプロセス」（parallel process）は精神分析の概念で、クライエントと治療者との間に生じた転移／逆転移関係がスーパーヴィジョンにおけるスーパーヴァイザーとスーパーヴァイジーとの間にもち込まれること。本書の「スーパーヴィジョン関連文献」では「並行プロセス」「並行過程」「パラレル・プロセス」の訳語も見られる。

第12章　臨床プロセスに関する論考

＊1　このプラウトの基準は本書第Ⅳ部第13章のプラウトの論考に、前後の脈絡を含んで取り上げられている。

第Ⅳ部　スーパーヴィジョンの進展状況の評価

第13章　シンポジウム——スーパーヴィジョンの進展状況の評価

E　エリ・アンバー

＊1　原書本文にはこの箇所に括弧書で une curieuse estimation とフランス語が記載されている。「好奇心の高さを評価する」といった意である。

G　アン・ウラノフ

＊1　原書本文にはこの文章に続けて（Searles 1979: 78-79）と記されているが、この文献は論文末尾には掲載されていない。原

書の不備と思われる。

＊2　原書本文にはこの文章に続けて（Winnicott 1947: 196）と記されているが、この文献は論文末尾には正確には掲載されていない。おそらく文献10と思われる。

＊3　原書本文にはこの文章に続けて（Winnicott 1971: 1-2）と記されているが、文献にはWinnicott（1971a）および（1971b）の二種類の記載があり、本文の記載がこのいずれを指しているのかは不明である。したがって、ここでは二種類とも註番号を付すことにした。なお、頁数を示す1－2は註には記載していない。

＊4　原書本文にはこの語句に続けて（Winnicott 1971: 6）と記されているが、文献にはWinnicott（1971a）および（1971b）の二種類の記載があり、本文の記載がこのいずれを指しているのかは不明である。したがって、ここでは二種類とも註番号を付すことにした。なお、頁数を示す6は註には記載していない。

H　ハンス・ヨワーケン・ウィルキ

＊1　原語はadjunctであり援助者の意もある。この項の最初に出てくる「補佐官」の原語はadjutantであり、これを意識してadjunctが用いられている。

＊2　「助ける」の意。adiutoの変化形adiutorを用いた有名なことばにdominus michi adiutorがあるが、これは「主よ、我を助けたまえ」の意である。adiutorは英語でassistantであり「援助者」を意味するところから、著者はここでadiutoを引き合いに出したものと考えられる。また、「勤勉性」の原語はassiduousnessであり、これはラテン語では「勤勉な」を意味するassiduusである。また、assiduousの語源はラテン語のsedereであり「座って相談する」の意である。この意はとなりに誰かがいることを連想させ、assistantとつながりadiutorさらにadiutoとつながる意と理解できる。おそらく著者が「興味深い」と語るのは、adjunct, adjutantにスーパーヴァイザーの本質としての「援助」を見、adiuto, adiutor, assistantにも同様の意を見ているからであり、それを反映させるようにassidousnessの語を用いたのではないかと考えられる。

第V部　スーパーヴァイザーのライフステージ

第14章　訓練候補生からスーパーヴィジョン分析家への移行

＊1　シジギーとは、対立するものの対すべてに当てられることば。元型的シジギーも同意。ここでは「学生－教師」がそれに当たる。

第15章　スーパーヴァイザーの教育

＊1　第14章冒頭のクーグラーの論述を参照のこと。
＊2　Faculty Retreat を「研修合宿」と訳した。
＊3　本書には、日本におけるスーパーヴィジョンに関する文献の一覧を掲げた（「スーパーヴィジョン関連文献」）。

第16章　スーパーヴァイザーと老い

＊1　*Nullum magnum ingenium sine mixture dementiae* この訳文は以下を引用。大西英文訳『生の短さについて　他二篇』「心の平静について」一二九頁、岩波文庫、二〇一〇年。

第Ⅵ部　スーパーヴィジョンと制度

第17章　スーパーヴィジョン、訓練、内的圧力としての研究所

＊1　布教聖省は a congregation for propagating the faith の訳。プロパガンダ（propaganda）ということばは、一六二二年に設置されたカトリック教会の布教聖省（ラテン語では、Congregatio de Propaganda Fide）、現在の福音宣教省の名称に由来する。ここで著者が「宗教的意味をもつことばである」と述べているのは、研究所という組織の問題を扱う著者が、プロパガンダということばに宗教組織名称の由来があることを意識してのことである。
＊2　マザーグースという表現が用いられているが、これはマザーグースの物語に母親が子どもを殺すという内容があることになぞらえて、マザーグースを研究所に見立てて、研究所が見習い分析家の個性を殺す危険性を暗示していると思われる。
＊3　ここでの「ほどよいグース」というのは、研究所のプロパガンダに殺されなかった、個性のある分析家を意味すると思われる。すなわち、ここでのプロパガンダは宗教的な由来からの意味ではなく、研究所内でのあり方を問いかける意味として用いられている。
＊4　原注（13）前掲書の日本語訳から当該箇所の訳文をそのまま引用した（vii - viii頁）。
＊5　原語は Perceval で、「パーシヴァル」とも訳される。アーサー王伝説における円卓の騎士のひとりで、聖杯探求で有名な人物。
＊6　詩人のジョン・キーツが不確実・不確定の状況を受容する能力として用いた語。精神医学領域ではビオンによって再発見され

た。ここで著者は隠修士を「もち堪える能力」の表象としているが、それはこの語に込められた、正解を追求し得ることで安定するのではなく、不確かな状態に在ることに安住できる能力を指している。

＊7 原語はGrail Castle すなわち聖杯の城（聖杯を収める城の意）であるが、その城の名は「コベニク Corbenic」と呼ばれているので、ここではコベニクと訳した。

＊8 「聖金曜日 Good Friday」はキリスト教用語でイエス・キリストの受難と死を記念する日のこと。

＊9 文脈的には「聖杯探求に相応しい者」と訳すのが適切と思われるが、ここでは「聖杯 Grail」となっており、聖杯すなわち命を授けるものという意を汲むことがスーパーヴィジョンにおける訓練との比較の上で妥当だと思われ、この訳文にした。

第18章　臨床スーパーヴィジョンのモデル

＊1 原書にはこのモデルとなる図に数字は付されていない。しかし、本文中にそれを示すと思われる数字で表現・説明されている箇所があるので、本文中の意をもとに監訳者がこの図に数字を付した。これによって本文の理解が深まると思われる。

＊2 以下、本文中に両括弧で示した数字は図の数字と符合している。

＊3 「作業者」とはスーパーヴァイジーを指すが、この存在は（1）の関係の場合の呼称であり、（2）の関係の場合は「治療者」となる。これを考慮して著者は「作業者 worker」と表現している。以下、「作業者」の表現はこの意図による。

第19章　スーパーヴィジョン　その不可能な職業

＊1 ここで言う「問題」とは、端的にスーパーヴァイザーは治療者ではないということの意を内包している。すなわち、心理療法という実際の土俵に上がっているのは患者と治療者であってスーパーヴァイザーではないのであり、そのことをスーパーヴァイザーが忘れてしまう危険性を指摘している。

文献一覧

著書

・Alonso, A. *The Quiet Profession: Supervisors of Psychotherapy.* Mcmillan, New York: 1985.
・Caligor, L., Bromberg, P. and Meltzer, J. *Clinical Perspectives on the Supervision of Psychotherapy.*

New York: Plenum Press, 1984.

- Dewald, Paul. *Learning Process in Psychoanalytic Supervision: Complexities and Challenges: A Case Illustration*. Madison, Connecticut: International Universities Press, 1987.
- Fleming, Joan and Benedek, Therese. *Psychoanalytic Supervision*. Grune & Stratton, New York: 1966. *Papers of Joan Fleming, M.D.* New York: Guilford Press, 1987.
- Hess, A. K. *Psychotherapy supervision: Theory, research, and practice*. New York: John Willy & Sons, 1980.
- Lane, Robert. *Psychoanalytic Approaches to Supervision*. New York: Brunner/Mazel, Publishers, 1970.
- Langs, R. *The supervisory experience*. New York: Jason Aronson, 1979.
- Lewin, B. D. and Ross, H. *Psychoanalytic Education in the United States*. New York: Norton, 1990.
- Meisels, Murray and Shapiro, Ester. *Tradition and Innovation in Psychoanalytic Education*. Hillsdale, New Jersey: Lawrence Erlbaum Associates, Publisher, 1990.
- Wallerstein, R. S. *Becoming a psychoanalyst: A Study of psychoanalytic supervision*. New York: International University Press, 1981.
- Weiss, Stanley (ed) ., *The Teaching and Learning of Psychoanalysis*. New york: Guilford Press, 1987.

論文

- Ackerman, N.W. (1953) . Selected problems in supervised analysis. *Psychiatry* 16, 283-290.
- Anderson, A. R. and McLaughlin, F. (1963) . Some observations on psychoanalytic supervision. *Psychoanalytic Quarterly*, 32, 77-93.
- Angel, Valerie (1990) . Discussion. *Psychoanalysis and Psychotherapy, Special Issue: The supervision of the psychoanalytic process,* 1990, 8 (1) , 46-50.
- Arkowitz, Sydney (1990) . Perfectionism in the supervisee. *Psychoanalysis and Psychotherapy, Special Issue: The supervision of the psychoanalytic process,* 1990, 8 (1) , 51-68.

・Arlow, J. A. (1963). The supervisory situation. *Journal of the American Psychoanalytic Association*, 11, 576-594.
・Anderson, Marvin (1990). A group therapist's perspectives on the use od supervisory groups in the training of psychotherapists. *Psychoanalysis and Psychotherapy, Special Issue: The supervision of the psychoanalytic process,* 1990, 8 (1), 88-94.
・Atwood, Joan (1986). Self-awareness in supervision. *Clinical Supervisor*, 4 (3), 79-96.
・Bagarozzi, Dennis (1980). Wholistic family therapy and clinical supervision: Systems, behavioral and psychoanalytic perspectives. *Family Therapy*, 7 (2), 153-165.
・Balint, M. (1948). On the psychoanalytic training system. *International Journal of Psychoanalysis*, 29, 163-173.
・Beckett, Thomas (1969). A candidate's reflections on the supervisory process. *Contemporary Psychoanalysis,* 5 (2), 169-179.
・Berger, Simmons, Gregory, and Finestone (1990). The supervisors, conference. *Academic Psychiatry,* 14 (3), 137-141.
・Bernstein, A. E. and Katz, S. C. When supervisor and therapist dream: The use of an unusual countertransference phenomenon. *Journal of the American Academy of Psychoanalysis*, 15 (2), 261-271.
・Bibring, E. (1937). Methods and technique of control analysis: Report of Second Four Countries Conference. *International Journal of Psycho-analysis,* 18, 369-372.
・Blitzsten, N. L. and Fleming, J. (1953). What is a supervisory analysis? *Bulletin of the Menninger Clinic*, 17, 117-129.
・Blomfield, O. H. (1985). Psychoanalytic supervision: An overview. *International Review of Psycho-analysis*, 12 (4), 401-409.
・Bromberg, P. (1981). The supervisory process and parallel process. *Contemporary Psychoanalysis*, 18, 92-111.
・Bush, George (1969). Transference, countertransference, and identification in supervision. *Contemporary Psychoanalysis,* 5 (2), 158-162.
・Caligor, Leopold (1981). Parallel and reciprocal processes in psychoanalytic supervision. *Contemporary*

Psychoanalysis, 17 (1), 1-27.
- Carifio, M. S. and Hess, A. K. (1987). Who is the ideal supervisor? *Professional Psychologist*, 18 (3), 244-250.
- Cohen, Larry (1980). Behavioral and analytic supervisees, evaluations of the desirability of certain characteristics in the ideal and typical supervisor. *Dissertation Abstracts International*, 41 (4-B), 1946.
- Cohn, Odette (1982). Analytic candidate, experiences: Internalization and supervisory styles. *Dissertation Abstracts International*, 53 (6-B), 3150.
- Cole, Phillip (1989). The impact of an empathic orientation in a psychoanalytically oriented supervisory role on the accuracy and depth of the evaluative process. *Dissertation Abstracts International*, 49 (9-B), 3997.
- Cook, Harold (1990). Countertransference in psychoanalytic supervision. *Psychoanalysis and Psychotherapy, Special Issue: The supervision of the psychoanalytic process*, 8 (1), 77-87.
- Cooper, A. and Witenberg, E. G. (1983). Stimulation of Curiosity in the supervisory process of psychoanalysis. *Contemporary Psychoanalysis*, 19, 249-264.
- Davidson, Leah (1987). Integration and learning in the supervisory process. *American Journal of Psychoanalysis*, 47 (4), 331-341.
- DeBell, D. E. (1963). A critical digest of the literature on psychoanalytic supervision. *Journal of American Psychoanalytic Association*, 11, 546-575.
- Deutsch, H. (1983). On supervised analysis. *Contemporary Psychoanalysis*, 19 (1), 67-70.
- —— (1983). Control analysis. *Contemporary Psychoanalysis*, 19 (1), 59-67.
- Dewald, Paul (1969). Learning problems in psychoanalytic supervision: Diagnosis and management. *Comprehensive Psychiatry*, 10 (2), 107-121.
- Doehrman, M. Parallel processes in supervision and psychotherapy. *Bulletin of the Menninger Clinic*, 40, 3-104.
- Emch, M. (1955). The social context of supervision. *International Journal of Psycho-Analysis*, 36, 298-306.
- Epstein, L. (1986). Collusive selective inattention to the negative impact of the supervisory interaction.

Contemporary Psychoanalysis, 22 (3), 389-409.

・Felner, A. H. (1986). Discussion: Collusive selective inattention to the negative impact of the supervisory interaction. *Contemporary Psychoanalysis*, 22 (3), 389-409.

・Feixas, Guillem (1992). A Constructivist approach to supervision: Some preliminary thoughts. *International Journal of Personal Psychology*, 5 (2), 183-200.

・Fiscalini, John (1985). On supervisory parataxis and dialogue. *Contemporary Psychoanalysis*, 21 (4), 591-608.

・Fleming, Joan and Weiss, Stanley (1978). Assessment of progress in a training analysis. *International Review of Psycho-Analysis*, 5 (1), 33-43.

・Frayn, Douglas (1991). Supervising the supervisors: The evolution of a psychotherapy supervisors' group. *American Journal of Psychotherapy*, 45 (1), 31-42.

・Frijling-Schreuder, E. C. M., Isaac-Edersheim, E. and Van Der Leeuw, P. J. (1981). The supervisor's evaluation of the candidate. *International Review of Psycho-analysis*, 8 (4), 393-400.

・Frijling-Schreuder, E. C. M. (1970). On Individual Supervision. *International Journal of Psycho-Analysis*, 51, 363-370.

・Galler, Roberta (1990). Thoughts on the impact of psychoanalytic theory. *Psychoanalysis and Psychotherapy, Special Issue: The supervision of the psychoanalytic process*, 8 (1), 37-45.

・Gaoni, Bracha (1974). Supervision from the point of view of the supervisee. *American Journal of Psychotherapy*, 28 (1), 108-114.

・Gediman, H. and Wolkenfeld, F. (1980). The parallelism phenomenon in psychoanalysis and supervision: Its reconsideration as a triadic system. *Psychoanalytic Quarterly*, 49 (2), 234-255.

・Glenn, Jules (1987). Supervision of child analyses. *Psychoanalytic Study of the Child*, 42, 575-596.

・Grinberg, L. (1970). The problems of supervision in psychoanalytic education. *International Journal of Psycho-Analysis*, 51, 371-383.

・Grossman, William (1992). Comments on the concept of the analytic instrument. *Journal on Clinical Psychoanalysis*,

1 (2), 261-271.
- Harris, Adrienne (1985). "The rules of the game": Discussion. *Contemporary Psychoanalysis,* 21 (1), 17-26.
- Isakower, Otto (1992). The analyzing instrument: An illustrative example: A student's account of a period of analysis and supervision: "The Mona Lisa Theme." *Journal of Clinical Psychoanalysis,* 1 (2), 209-215.
- Issacharoff, A. (1982). Countertransference in supervision. *Contemporary Psychoanalysis*, 23, 407-422.
- Jackson, Jonathan (1989). Supervision and the problem of grandiosity in novice therapists. *Psychotherapy Patient*, 5 (3-4), 113-124.
- Josephs, Lawerence (1990). The concrete attitude and the supervision of beginning psychotherapists. *Psychoanalysis and Psychotherapy, Special Issue: The supervision of the psychoanalytic process*, 8 (1), 11-22.
- Kavaler-Adler, Susan (1990). The supervisor as an internal object. *Psychoanalysis and Psychotherapy, Special Issue: The supervision of the psychoanalytic process,* 8 (1), 69-76.
- Keiser, S. (1956). Panel Report: The technique of supervised analysis. *Journal of the American Psychoanalytic Association*, 4, 539-549.
- Lambert, M. J. and Arnold, R. C. Research and the supervisory process. *Professional Psychology*, 18 (3), 217-224.
- Lane, Robert (1985). The recalcitrant supervisee: The negative supervisory reaction. *Current Issues in Psychoanalytic Practice*, 2 (2), 65-81.
- Langs, Robert (1982). Supervisory Crises and dreams from supervisees. *Contemporary Psychoanalysis*, 18 (4), 575-612.
- Langs, Robert (1994). Supervision in training institutes. *Contemporary Psychoanalysis,* 30 (1), 75-82.
- Langs, Robert (1989). Reactions of supervisees (and supervisors) to new levels of psychoanalytic discovery and meaning. *Contemporary Psychoanalysis*, 25 (1), 76-97.
- Lawner, Peter (1989). Counteridentification, therapeutic impasse, and supervisory process. *Contemporary Psychoanalysis*, 25 (4), 592-607.

- Leavy, Stanley (1985). The rules of the game. *Contemporary Psychoanalysis*, 21 (1), 1-17.
- Lebovici, S. (1983). Supervision in French psychoanalytic education: Its history and evolution. *Annual of Psychoanalysis*, 11, 79-89.
- —— (1970). Technical remarks on the supervision of psychoanalytic treatment. *International Journal of Psycho-Analysis*, 51, 385-392.
- Lederman, Selwyn (1982-83). A contribution to the theory and practice of supervision. *Psychoanalytic Review*, 69 (4), 423-439.
- Lesser, Ruth (1983). Supervision: Illusions, anxieties and questions. *Contemporary Psychoanalysis*, 19, 1.
- Levenson, Edgar, A. (1982). Follow the fox: An inquiry into the vicissitudes of psychoanalytic supervision. *Contemporary Psychoanalysis*, 18, 1-15.
- London, Alana (1989). Unconscious hatred of the analyst and its displacement to a patient and supervisor. *Modern Psychoanalysis,* 14 (2), 197-220.
- Lubin, M. (1984-85). Another source of danger for psychotherapists: The supervisory introject. *International Journal of Psycho-Analysis and Psychotherapy*, 10, 25-45.
- Martin, Gary; Mayerson, Peter; Olsen, Homer; and Wiberg, Lawrence (1978). Candidates' evaluation of psychoanalytic supervision. *Journal of the American Psychoanalytic Association*, 26 (2), 407-424.
- Mendell, Dale (1986). Cross-gender supervision of cross-gender therapy: Female supervisor, male candidate, female patient. *American Journal of Psychoanalysis,* 46 (3), 270-275.
- Moulton, Ruth (1969). Multiple dimensions in supervision. *Contemporary Psychoanalysis*, 5 (2), 163-168.
- Newman, Carl (1986). Psychoanalytic supervision and the larger truth. *American Journal of Psychoanalysis*, 46 (3), 263-269.
- Olivieri-Larsson, Rudolf (1993). *Group Analysis*, 26 (2), 169-176.
- Paidoussi, Rea (1969). Varied experiences in supervision. *Contemporary Psychoanalysis*, 5 (2), 163-168.

· Pedder, Jonathan (1986). Reflections on the theory and practice of supervision. *Psychoanalytic Psychotherapy*, 2 (1), 1-12.
· Rilton, Annastina (1988). Some thoughts on supervision. *Scandinavian Psychoanalytic Review*, 11 (2), 106-116.
· Robiner, William and Schofield (1990). References on supervision in clinical and counseling psychology. *Professional Psychology*, 21 (4), 297-312.
· Roazen, P. (1983). Introduction to H. Deutsch's "On Supervised analysis." *Contemporary Psychoanalysis*, 19 (1), 53-59.
· Salvendy, John (1993). Control and power in supervision. *International Journal of Group Psychotherapy*, 43 (3), 363-376.
· Schlierf, Christa (1982). A critical remark on supervisory technique. *Psychosomatic Medicine*, 2 (2), 48.
· Schneider, Stanley (1992).Transference, contertransference, projective identification and role responsiveness in the supervisory process. *Clinical Supervisor,* 10 (2), 71-84.
· Searles, H. F. The informational value of the supervisor's emotional experiences. *Psychiatry*, 18,135-146.
· —— (1962). Problems of psychoanalytic supervision. In H. F. Searles, *Collected Papers on schizophrenia and related subjects.* New York: International University Press.
· Shechter, Roberta (1990). Becoming a supervisor: A phase in professional development, *Psychoanalysis and Psychotherapy, Special Issue: The supervision of the psychoanalytic process*, Vol. 8 (1), 23-28.
· Sloane, P. (1957). Panel Report: The technique of supervised analysis. *Journal of the American Psychoanalytic Association*, 5, 539-547.
· Solnit, A. J. (1970). Learning from psychoanalytic supervision. *International Journal of Psycho-Analysis,* 51, 359-362.
· Spotniz, H. (1976). Trends in modern psychoanalytic supervision. *Modern Psychoanalysis*, 2, 210-217.
—— (1982). Supervision of psychoanalysts treating borderline patients. *Modern Psychoanalysis,* 7 (2), 185-213.
· Springman, Rafael R. (1986). Countertransferene: Clarifications in Supervision, *Contemporary Psychoanalysis*, 22,

253-277.

・Szecsody, Kächele, H. amd Dreyer, K.（1993）. Supervision: An intricate tool for psychoanalytic training. *Zeitschrift für Psychoanalytische Teorie und Praxis*, 8（1）, 52-70.

・Szecsody, Imre（1990）. Supervision: A didactic or mutative situation. *Psychoanalytic Psychotherapy*, 4（3）, 245-261.

・Teitelbaum, Stanley（1990）. The Impact of psychoanalytic supervision on the development of professional identity: Introduction. *Psychoanalysis and Psychotherapy, Special Issue: The supervision of the psychoanalytic process,* 8（1）, 3-4.

・――（1990）. Aspects of the contract in psychotherapy supervision. *Psychoanalysis and Psychotherapy, Special Issue: The supervision of the psychoanalytic process*, 8（1）, 95-98.

・――（1990）. Supertransference: The role of the supervisor's blind spots. *Psychoanalytic Psychology*, 7（2）, 243-258.

・Treese, Gary（1990）. The phenomenon of shame in supervision and its role in the development of professional identity in psychologists. *Dissertation Abstracts International*, 51（1-B）, 445.

・Weiss, Stanley and Fleming, Joan（1975）. Evaluation of progress in supervision. *Psychoanalytic Quarterly*, 44（2）, 191-205.

・Widlocher, Daniel（1983）. The supervisee and the supervisor: Interpretation and intervention. *Annual of Psychoanalysis*, 11, 91-98.

・Windholz, E.（1970）. The theory of supervision in psychoanalysis education. *International Journal of Psycho-Analysis*, 51, 393-406.

・Wolstein, Benjamin（1972）. Supervision as experience, *Contemporary Psychoanalysis*, 8, 165-172.

・――（1984）. A proposal to enlarge the individual model of psychoanalytic supervision, *Contemporary Psychoanalysis*, 20, 131-155.

・Yerushalmi, Hanoch（1992）. Psychoanalytic supervision and the need to be alone. *Psychotherapy*, 29（2）, 262-268.

・Zaphiropoulos, M. L.（1983）. An appraisal of H. Deutsch's "On supervised analysis." *Contemporary Psychoanalysis*,

19, 67-70.

スーパーヴィジョン関連文献

ここに挙げた文献は、京都大学大学院教育学研究科臨床教育学専攻臨床実践指導学講座（現・教育学環専攻臨床心理学講座臨床実践指導者養成コース）における研究のなかで、当時、社会人大学院生であった日下紀子（現・ノートルダム清心女子大学人間生活学部准教授）が制作したものに、本人自身が加筆し最新版としたものを、監訳者が読者の便宜をはかって監修したものである。なお、掲載文献のスーパーヴィジョン学への学問的貢献については、制作者も監修者もこれを判断する立場ではない。あくまでスーパーヴィジョン学を研究する際の関連文献であることを断っておく。

再構成に当たっては次の諸点を原則とした。

（1）原著との重複の見られる英語文献もそのまま掲げた。

（2）英語文献は、著書・論文・学会発表ドラフトをアルファベット順に掲げた。

（3）日本語著作は、書名に「スーパーヴィジョン」ないしはそれを指す用語使用のあるもの、スーパーヴィジョン学の内容を豊富に含むと判断されたものを「専門文献」として出版年の古い順に掲げ、それ以外は「関連文献」として出版年の古い順に掲げた。

（4）翻訳書については、初版本からの訳出であっても原書が再版（再刷）になっているものは、新しい原書題名を付した。そのため翻訳書と原書の出版年に不整合が生じている箇所がある。

（5）日本語文献の配列は、アルファベット順とした。

（6）編集本について、そのなかのタイトルを明示した方がよいと判断した論文は「日本語文献」に掲げた。

〔英語文献〕

・Arlow, J. A.（1963）. The supervisory situation. *Journal of the American Psychoanalytic Association,* 11, 576-594.

・Debell, D. E.（1963）. A Critical digest of the literature on psychoanalytic supervision. *Journal of the American*

Psychoanalytic Association, 11, 546-575.
- Ekstein, R., and Wallerstein, R. S. *The teaching and learning of psychotherapy*. International Universities Press : 1972.
- Haesler, L.（1993）. Adequate distance in the relationship between supervisor and supervisee. *International Journal of Psycho-Analysis*, 74, 547-555.
- Issscharoff, A.（1982）. Countertransference in Supervision. *Contemporary Psychoanalysis*, 18, 455-472.
- Ogden, T. H.（2005）. On Psychoanalytic supervision. *International Journal of Psycho-analysis*, 86, 1265-1280.
- Robsrow, T.（1997）. From parallel process to developmental process. *Progress in Self Psychology*, 13, 149-164.
- Searles, H.（1965）. *Collected papers on schizophrenia and related subjects*. New York: International Universities Press.
- Takahashi, Y., Kaji, M., and Takazawa, T.（2017）. Supervision of Psychologocal Assessment Related to Projective Methodology and Its Clinical Application. *International Congress of Rorshach and Projective Methods*. In Paris. Programme & Book of Absiracts, 193.
- Wakerfield, J. C.（2008）. Little Hans and the thought police. *International Journal of Psycho-Analysis*, 89, 71-88.
- Zaslavsky, J., Nunes, L. and Eizirik, L.（2005）. Approaching countertransference in psycho-analytical supervision. *International Journal of Psycho-Analysis*, 86, 1099-1131.

〔専門文献〕

- 土居健郎『精神療法の臨床と指導』医学書院、一九六七年。
- 河合隼雄『カウンセリングの実際問題』誠信書房、一九七〇年。
- 前田重治『個人的分析——ある分析医の情景』誠信書房、一九八八年。
- 中野良平『精神分析のスーパーヴィジョン』金剛出版、一九九三年。
- 氏原寛（編）『ロールプレイとスーパーヴィジョン　カウンセリングを学ぶ人のために』ミネルヴァ書房、一九九七年。
- 鑪幹八郎・滝口俊子（編）『スーパーヴィジョンを考える』誠信書房、二〇〇一年。
- 東山紘久（研究代表者）『心理臨床教育におけるスーパーヴィジョンの方法と成果に関する多角的検討』科学研究費補助金研究報

告書（146・811H53）、二〇〇三年。
・鑪幹八郎『鑪幹八郎著作集Ⅲ　心理臨床と倫理・スーパーヴィジョン』ナカニシヤ出版、二〇〇四年。
・藤原勝紀（編）『現代のエスプリ別冊　臨床心理スーパーヴィジョン』至文堂、二〇〇五年。
・氏原寛『カウンセリングマインド再考――スーパーヴィジョンの経験から』金剛出版、二〇〇六年。
・山中康裕『深奥なる心理臨床のために　事例検討とスーパーヴィジョン』遠見書房、二〇〇九年。
・成田善弘『精神療法面接の多面性――学ぶこと、伝えること』金剛出版、二〇一〇年。
・松木邦裕『精神分析臨床家の流儀』金剛出版、二〇一〇年。
・平木典子『心理臨床スーパーヴィジョン　学派を超えた統合モデル』金剛出版、二〇一二年。
・皆藤章（編）『心理臨床実践におけるスーパーヴィジョン――スーパーヴィジョン学の構築』日本評論社、二〇一四年。
・高橋靖恵（編）『臨床のこころを学ぶ心理アセスメントの実際――クライエントの理解と支援のために』金子書房、二〇一四年。
・京都大学大学院教育学研究科臨床実践指導学講座（編）『心理臨床スーパーヴィジョン学』創刊号、二〇一五年。
・京都大学大学院教育学研究科臨床実践指導学講座（編）『心理臨床スーパーヴィジョン学』第二号、二〇一六年。
・京都大学大学院教育学研究科臨床実践指導学講座（編）『心理臨床スーパーヴィジョン学』第三号、二〇一七年。
・京都大学大学院教育学研究科臨床実践指導学講座（編）『心理臨床スーパーヴィジョン学』第四号、二〇一八年。
・京都大学大学院教育学研究科臨床実践指導学講座（編）『心理臨床スーパーヴィジョン学』第五号、二〇一九年。
・松木邦裕『耳の傾け方』岩崎学術出版社、二〇一五年。
・植田寿之『日常場面で実践する対人援助スーパービジョン』創元社、二〇一五年。
・奥村茉莉子・統合的心理療法研究会（編）『村瀬嘉代子のスーパーヴィジョン――事例研究から学ぶ統合的心理療法』金剛出版、二〇一五年。

〔関連文献〕

・森省二（編）『子どもと精神療法――症例とスーパーヴィジョン』金剛出版、一九九一年。
・田中千穂子『心理臨床への手引き――初心者の問に答える』東京大学出版会、二〇〇二年。

・遠藤裕乃『ころんで学ぶ心理療法――初心者のための逆転移入門』日本評論社、二〇〇三年。
・成田善弘『セラピストのための面接技法――精神療法の基本と応用』金剛出版、二〇〇三年。
・岡野憲一郎『自然流精神療法のすすめ』星和書店、二〇〇三年。
・窪田由紀（編）『学校コミュニティへの緊急支援の手引き』金剛出版、二〇〇五年。
・津川律子・橘玲子（編）『臨床心理士をめざす大学院生のための精神科実習ガイド』誠信書房、二〇〇九年。
・鵜飼奈津子『子どもの精神分析的心理療法の基本』誠信書房、二〇一〇年。
・平井正三『精神分析の学びと深まり』岩崎学術出版社、二〇一四年。
・皆藤章（監修）、松下姫歌・高橋靖恵（編）『いのちを巡る臨床　生と死のあわいに生きる臨床の叡智』創元社、二〇一八年。

〔翻訳文献〕

・Balint, M. (1948). On the psychoanalytic training system. International Journal of Psycho-Analysis. 29, 163-173.〔森茂起・中井久夫・桝矢和子訳『一次愛と精神分析技法』所収、みすず書房、一九九九年〕
・Bruch, H. Learning psychotherapy. Harvard University Press: 1974.〔鑪幹八郎・一丸藤太郎訳『心理療法を学ぶ』誠信書房、一九七八年〕
・Casement, P. *On learning from the patient.* NY, Guilford Press: 1985.〔松木邦裕訳『患者から学ぶ――ウィニコットとビオンの臨床応用』岩崎学術出版社、一九九一年〕
・Casement, P. *Further Learning from the Patient.* The Analytic Space and Process: 1990.〔矢崎直人訳『さらに患者から学ぶ――分析空間と分析過程』岩崎学術出版社、一九九五年〕
・Casement, P. *Learning from our Mistakes: Beyond dogma in Psychoanalysis and psychotherapy.* The Guilford Press: 2002.〔松木邦裕監訳、浅野元志・川野由子・日下紀子・永松優一訳『あやまちから学ぶ――精神分析と心理療法での教義を超えて』岩崎学術出版社、二〇〇四年〕
・Casement, P. *Learning from Life: Becoming a psychoanalyst.* Routledge: 2006.〔松木邦裕監訳、山田信訳『人生から学ぶ――一人の精神分析家になること』岩崎学術出版社、二〇〇九年〕

・Coltart, N. *How to survive as a psychotherapist*. Sheldon Press: 1993.〔館直彦・藤本浩之・関真粧美訳『精神療法家として生き残ること――精神分析的精神療法の実践』岩崎学術出版社、二〇〇七年〕

・Davison, G.C., Neale, J. M. and Kring, A. M. *Abnormal Psychology*. Wiley: 2004.〔高橋美保訳「心理療法の効果研究」下山晴彦編訳『テキスト臨床心理学 2』誠信書房、二〇〇七年、四〇‐九七頁〕

・Fleming, J.（1953）. The role of supervision in psychiatric training. *The bulletin of Menninger Clinic*, 17, 5.〔小此木啓吾訳「精神医学の学習訓練における監督教育制度（スーパー・ヴィジョン）の役割について」『現代精神分析２』誠信書房、三七一九七一年、二一‐三八八頁、〕

・Frawley-O'dea, M. G., and Sarnat, J. E. *The Supervisory Relationship: A Contemporary Psychodynamic Approach*. The Guilford Press: 2000.〔最上多美子・亀島信也監訳、神澤創・岩本沙耶佳訳『新しいスーパービジョン関係――パラレルプロセスの魔力』福村出版、二〇一〇年〕

・Ganzarain, R.（1993）. Education and Training in psychoanalysis and psychotherapy. *Academic lecture; The 49th Japanese Psychoanalytical Association*.（日本精神分析学会第四九回大会学術講演）。〔小此木啓吾訳「精神分析と精神療法における教育と訓練」『精神分析研究』第三九巻第一号、一九九五年、一‐一一頁〕

・Halton, W. Some Unconscious Aspects of Organizational Life; Contributions from Psychoanalysis. Obholzer, A., Roberts, V. Z., Eds. *The unconscious at Works; Individual and Organizational Stress in the Human Service*. Routledge: 1994.〔武井麻子監訳、鷹野朋実訳「組織生活における無意識の諸相――精神分析からの寄与」『組織のストレスとコンサルテーション』金剛出版、二〇一四年、一五‐二五頁〕

・Hawkins, P. and Shohet, R. *Supervision in the helping professions; 4th Revised ed.; Supervision in Context Series*. Open University Press: 2012.〔国重浩一・バーナード紫・奥村朱矢訳『心理援助職のためのスーパービジョン――スーパービジョンの受け方から、良きスーパーバイザーになるまで』北大路書房、二〇一二年〕

・Hess, A. K. *Supervision and training*. Model Press: 1986.〔亀口憲治訳「スーパーヴィジョンにおける成長」岡堂哲雄・平木典子編訳『心理臨床スーパーヴィジョン』誠信書房、一九九〇年、六五‐八五頁〕

・Kaslow, F. W., Ed. *Supervision and Training; Models, Dilemmas, and Challenges*. Routledge:1986.〔岡堂哲雄・平木典子

訳編『心理臨床スーパーヴィジョン』誠信書房、一九九〇年〕
・Madanes, C. *Behind the one-way mirror advance in the practice of strategic therapy*. Josey-Bass: 1984.〔佐藤悦子訳『戦略的セラピーの技法——マダネスのスーパービジョン事例集』金剛出版、二〇〇〇年〕
・Minuchin, S., Lee, W.Y., and Simon, G. M. *Mastering family therapy*. Wiley: 1996.〔亀口憲治監訳『ミニューチンの家族療法セミナー——心理療法家の成長とそのスーパーヴィジョン』金剛出版、二〇〇〇年〕
・Neufeldt, S. A. *Supervision strategies for first practicum*. American Counseling Association; 3rd. edition: 2007.〔中澤次郎監訳、林潔・沢田富雄・宮城まり子訳『スーパービジョンの技法——カウンセラーの専門性を高めるために』培風館、二〇〇三年〕
・Richard, R., Ed. *Power Games Influence, Persuasion and Indoctrination in Psychotherapy Training*. Other Press: 2006.〔太田裕一訳『スーパーヴィジョンのパワーゲーム——心理療法家訓練における影響力・カルト・洗脳』金剛出版、二〇一五年〕
・Robert, E. L. and Crag, A. E. *The Integrative Family Therapy Supervisior; A Primer*. Routledge: 2003.〔福山和女・石井千賀子監訳『家族療法のスーパーヴィジョン——統合的モデル』金剛出版、二〇一一年〕
・Schltz, D. Suggestions for supervisors when a therapist experiences a client's suicide. Weiner, K. M., Ed. *Therapeutic and legal issues for therapists who have survived a client suicide*; *Breaking the silence*. Haworth Press: 2005.〔高橋祥友訳『セラピストが患者の自殺を経験した際のスーパーバイザーに対する提言　患者の自殺——セラピストはどう向き合うべきか』金剛出版、二〇一一年〕
・Sedlak, V. The development of the mature psychotherapist —— the need to mourn valued objects. *Academic lecture; The 58th. Japanese Psychoanalytical Association*, 68-97.〔日本精神分析学会第五八回大会学術講演、二〇一二年)。松木邦裕監訳、木下直紀訳「成長した心理療法家における発達——大切な対象の哀悼が必要なこと」『精神分析研究』第五七巻第三号、二〇一三年、二二〇 - 二三三頁〕
・Tarachow, S. *An introduction to psychotherapy*. International Universities Press: 1963.〔児玉憲典訳『精神療法入門』川島書店、一九八二年〕
・Tracey, T-J-G., Bludworth, J. and Tracey, C-E-G.（2012）. Are there parallel processes in psychotherapy supervision.

An empirical examination. *Psychotherapy*, 49, 330-349.〔岩壁茂訳「臨床心理学・最新研究レポート（第4回）並行プロセスは実在するか　スーパービジョンの実証研究」『臨床心理学』第一三巻第四号、二〇一三年、五八〇‐五八五頁〕

・Wachtel, P. L. *Therapeutic communication knowing what to say when.* Guilford Publications: 1993.〔杉原保史訳『心理療法家の言葉の技術——治療的なコミュニケーションをひらく』金剛出版、二〇〇四年。

・Zaro, J. S., Barach, R., Nedelman, D.J. and Dreiblatt, I. S. *A guide for beginning psychotherapists.* Cambridge University Press: 1977.〔森野礼一・倉光修訳『心理療法入門——初心者のためのガイド』誠信書房、一九八七年〕

〈日本語文献〉

・相田信男「スーパービジョンの終結をめぐって」『精神療法』第二〇巻第一号、一九九四年、三二‐三九頁。

・青木省三「今日これからのスーパーヴィジョン　第3回　精神科臨床におけるスーパーヴァイザー」『臨床心理学』第一〇巻第六号、二〇一〇年、九二五‐九二九頁。

・青木滋昌「スーパービジョンにおけるパラレル・プロセスについて」『精神分析研究』第四三巻第四号、一九九九年、三七四‐三七六頁。

・新居みちる「芸術療法の教育とスーパーヴィジョンの意味——スーパーヴィジョンを通した〝心理的プロセス〟と〝表現をサポートする機能〟の考察」『心理臨床スーパーヴィジョン学』創刊号、京都大学大学院教育学研究科臨床実践指導学講座、二〇一五年、三四‐四八頁。

・浅田剛正「心理臨床実践とスーパーヴィジョンシステム」皆藤章（編）『心理臨床実践におけるスーパーヴィジョン学の構築』日本評論社、二〇一四年。

・浅田剛正「『心理臨床スーパーヴィジョン学』刊行に寄せて」『心理臨床スーパーヴィジョン学』創刊号、京都大学大学院教育学研究科臨床実践指導学講座、二〇一五年、二‐六頁。

・馬場禮子「スーパーヴァイザーとスーパーヴァイジーの相互関係」鑪幹八郎・滝口俊子（編）『スーパービジョンを考える』誠信書房、二〇〇一年、四二‐五一頁。

・馬場禮子「精神分析をどう学んだか」『精神分析研究』第五七巻第二号、二〇一三年、一二六‐一三〇頁。

・馬場天信・岩田直威・間塚愛「〈速報〉臨床心理士資格検討のための基礎資料Ⅲ　第1種指定大学院の現状調査報告」『心理臨床学研究』第二三巻第五号、二〇〇五年、六二八－六三三頁。
・大学院カリキュラム委員会「臨床心理士養成システムと大学院カリキュラムの検討」『心理臨床学研究』第一九巻特別号、二〇〇一年、一四－一六頁。
・土居健郎「精神療法の教育と訓練」『精神分析研究』第一一巻第四号、一九六五年、三－五頁。
・土居健郎「治療学序論」土居健郎・笠原嘉・宮本忠雄・木村敏（編）『異常心理学講座Ⅸ　治療学』みすず書房、一九八九年、三－一四頁。
・藤沢敏幸「大学院における心理臨床教育・訓練に関する一考察（4）」『心理教育相談研究』第七号、二〇〇八年、一五－二六頁。
・深沢道子「心理療法におけるスーパービジョン」『早稲田心理学年報』第二六巻、一九九四年、七五－八三頁。
・深沢道子「心理療法におけるスーパービジョン　スーパービジョン・コンサルテーション実践のすすめ――実践と対応」『現代のエスプリ』三九五、至文堂、二〇〇〇年、六四－七二頁。
・福岡県臨床心理士会（編）『学校における緊急支援の手引き』福岡県臨床心理士会、二〇〇五年。
・藤居尚子「スーパーヴァイジーの独り立ちを考える――第二言語を用いたオンライン・スーパーヴィジョンの経験を通じて」『心理臨床スーパーヴィジョン学』第三号、京都大学大学院教育学研究科臨床実践指導学講座、二〇一七年、九五－一〇八頁。
・藤居尚子「クライエントの自殺に際してのスーパーヴィジョンに期待されること――スーパーヴァイジーのニーズに着目して」『心理臨床スーパーヴィジョン学』第四号、京都大学大学院教育学研究科臨床実践指導学講座、二〇一八年、七一－八四頁。
・藤森和美・澤地都志子・土岐祥子・松浦庄一「学校緊急支援における『心理教育のあり方』」『学校危機とメンタルケア』第七巻、二〇一四年、四〇－五四頁。
・藤山直樹「精神療法の公開スーパービジョン――その機能を高めることに向けて」『精神科治療学』第一八巻第四号、二〇〇三年、三九一－三九五頁。
・福島章「スーパーヴィジョンの現状と日本の風土」『精神療法』第二〇巻第一号、一九九四年、四〇－四三頁。
・橋本尚子「事例――スーパーヴァイジーとしての体験を中心に」小川捷之・横山博（編）『心理臨床の実際第6巻　心理臨床の治療関係』金子書房、一九九八年、二八五－二九五頁。

・長谷綾子「スーパーヴィジョンの構造をめぐる一考察――生き残りの過程と父性的機能」『心理臨床スーパーヴィジョン学』第三号、京都大学大学院教育学研究科臨床実践指導学講座、二〇一七年、四‐一九頁。
・長谷綾子「ケアに生きる臨床とスーパーヴィジョン――セラピストは無用であることの苦痛にどう持ち堪えるか」皆藤章（監修）、松下姫歌・高橋靖恵（編）『いのちを巡る臨床　生と死のあわいに生きる臨床の叡智』創元社、二〇一八年。
・羽下大信・一丸藤太郎・名島潤慈「スーパーヴィジョン事例検討会　教育分析」鑪幹八郎（監修）、一丸藤太郎・名島潤慈・山本力（編）『精神分析的心理療法の手引き』誠信書房、一九九八年。
・原田和典「心理臨床初心者から見た心理臨床教育について」川畑直人（編）『心理臨床家　アイデンティティの育成』創元社、二〇〇五年、一三二‐一三八頁。
・東山紘久「スーパービジョンのジレンマ」『精神療法』第二〇巻第一号、一九九四年、二〇‐二六頁。
・東山紘久「心理療法におけるスーパーヴィジョン」氏原寛・亀口憲治・成田善弘・東山紘久・山中康裕（編）『心理臨床大辞典改訂版』培風館、二〇〇四年、二四八‐二五一頁。
・平木典子「臨床実習とスーパーヴィジョン」藤原勝紀（編）『現代のエスプリ別冊　臨床心理スーパーヴィジョン』二〇〇五年、四九‐五七頁。
・平木典子「心理臨床スーパーヴィジョン1」『精神療法』第三五巻第一号、二〇〇九年、一〇六‐一〇九頁。
・平木典子「心理臨床スーパーヴィジョン3」『精神療法』第三五巻第三号、二〇〇九年、七三‐七七頁。
・平木典子「心理臨床スーパーヴィジョン8」『精神療法』第三六巻第二号、二〇一〇年、九三‐九八頁。
・平野学「院生・初心の臨床心理士に向けて――特にスーパーヴィジョンを中心に」広島大学大学院心理臨床教育研究センター紀要、第八号、二〇〇九年、二六‐二九頁。
・平野学「臨床感覚　そして事務局感覚も大切に」日本臨床心理士会（編）『臨床心理士の基礎研修』創元社、二〇〇九年、二〇六‐二〇八頁。
・樋渡孝徳・窪田由紀・山田幸代・向笠章子・林幹男「学校危機時における教師の反応と臨床心理士による緊急支援」『心理臨床学研究』第三四巻第三号、二〇一六年、三一六‐三二八頁。
・細貝菜穂子「スーパーヴィジョンを受けることによる気付き――一年間のグループ活動を通じて」『地域病院精神医学』第四二巻

第四号、一九九九年、四三九-四四二頁。
・堀越あゆみ・堀越勝「対人援助専門職の基礎にあるもの」『精神療法』第二八巻第四号、二〇〇二年、二九-四六頁。
・五十嵐透子「文献展望　心理臨床家の養成課程におけるスーパーバイザーに求められること――関連文献による主要概念の整理から」『心理臨床学研究』第三五巻第三号、二〇一七年、三〇四-三一四頁。
・池田政俊「精神療法のトレーニングについて――精神分析的精神療法スーパービジョンの観点から」『帝京大学文学部紀要　心理学』第八巻、二〇〇四年、三-三一頁。
・石附敦・河合隼雄「非行少年とスーパーバイズ体験」河合隼雄・佐治守夫・成瀬悟策（編）『臨床心理ケース研究1』誠信書房、一九七七年、六一-八六頁。
・石関ちなつ「スーパーヴィジョンについて考える――スーパーヴァイジーの立場から」『心理臨床』第五巻第三号、一九九二年、一七四-一八〇頁。
・石田敦「スーパーヴィジョンにおける倫理的原則の応用に関する研究」『吉備国際大学研究紀要』第二四巻、二〇一四年、一-一一頁。
・一丸藤太郎「教育分析とスーパーヴィジョン」鑪幹八郎・滝口俊子（編）『スーパーヴィジョンを考える』誠信書房、二〇〇一年、一一〇-一二二頁。
・一丸藤太郎「特集　スーパーヴィジョンをめぐる諸問題（その1）――その概念について」『日本心理臨床学会報』第八巻、二〇〇三年、二-四頁。
・一丸藤太郎「臨床心理実習Ⅰ　スーパーヴィジョン」下山晴彦（編）『臨床心理学全第4巻　臨床心理実習論』誠信書房、二〇〇三年、三三五-三六七頁。
・伊藤研一「フォーカシングによるパラレルプロセスの気づき――スーパーバイザー自身の体験の吟味」『人文』第一二巻、二〇一三年、二二七-二三七頁。
・伊藤直文・村瀬嘉代子・塚崎百合子「臨床教育における臨床実務実習の役割と課題（第一報）――各機関における実務実習の実態調査」『大正大学カウンセリング研究所紀要』第二二巻、一九九九年、一七-二三頁。
・伊藤直文・村瀬嘉代子・塚崎百合子・片岡玲子・奥村茉莉子・佐保紀子・吉野美代「心理臨床実習の現状と課題――学外臨床実習

に関する現状調査」『心理臨床学研究』第一九巻第一号、二〇〇一年、四七－五九頁。
・伊藤良子「学会発表もしくは誌上でのコメントのもつ教育的（反教育的）効果について――誌上での事例報告とコメント〈他者〉の場における対話」『精神療法』第一六巻第四号、一九九〇年、一九－二〇頁。
・乾吉佑「クリニカル・サイコロジストの卒後教育研修」『精神分析研究』第二三巻第四号、一九六五年、一六六－一七〇頁。
・乾吉佑「スーパーヴィジョンの現況と問題点――現任者アンケートの再分析から」『心理臨床学研究』第四巻第二号、一九八七年、七九－八六頁。
・乾吉佑「日本における臨床心理専門家養成の展望と課題」『心理臨床学研究』第二一巻第二号、二〇〇三年、二〇一－二一四頁。
・乾吉佑「スーパーヴィジョン体験をみつめる――私の受けたスーパーヴィジョン体験と指定大学院の臨床教育」藤原勝紀（編）『現代のエスプリ別冊　臨床心理スーパーヴィジョン』至文堂、二〇〇五年、二五二－二六〇頁。
・乾吉佑「精神分析的アプローチの実践と臨床の「場」を読むこと――心理臨床のコンサルテーションの視点から」『精神分析研究』第五四巻第二号、二〇一〇年、一〇五－一一一頁。
・乾吉佑「治療ゼロ期の精神分析」『精神分析研究』第五四巻第三号、二〇一〇年、一九一－二〇一頁。
・乾吉佑・高良聖「スーパーヴィジョンをとりまく現状と問題点」『心理臨床』第五巻第三号、一九九二年、一四八－一五二頁。
・岩倉拓「心理臨床における精神分析的実践　治療0期の「耕し」と「治水」」藤山直樹・中村留貴子（監修）『事例で学ぶアセスメントとマネジメント』岩崎学術出版社、二〇一四年、九一－一〇五頁。
・岩崎徹也「東海大学精神科教室における精神療法卒後教育」『精神分析研究』第二三巻第四号、一九七九年、一五二－一五六頁。
・岩崎徹也「スーパーヴィジョンをめぐって」『精神分析研究』第四一巻第三号、一九九七年、二六六－二六九頁。
・岩崎徹也「スーパーヴィジョンの役割と方法」『精神分析研究』第四四巻第三号、二〇〇〇年、二六六－二六九頁。
・皆藤章「スーパーヴィジョン関係――スーパーヴァイジーの治療に与える影響」小川捷之・横山博（編）『心理臨床の実際　第6巻、心理臨床の関係』金子書房、一九九八年、二七八－三〇二頁。
・皆藤章「臨床心理アセスメントとスーパーヴィジョン」藤原勝紀（編）『現代のエスプリ別冊　臨床心理スーパーヴィジョン』至文堂、二〇〇五年、五八－六六頁。
・皆藤章・田中慶江・浅田剛正「分科会1・2　合同・臨床心理士の初期研修をめぐって／若手・中堅の指導者養成をめぐって」

『日本臨床心理士会雑誌』第二三巻第一号、二〇一三年、八四 - 八六頁。
・皆藤章「スーパーヴィジョンを再検討する　序論」皆藤章（編）『心理臨床実践におけるスーパーヴィジョン学の構築』日本評論社、二〇一四年、一〇 - 三四頁。
・皆藤章「スーパーヴィジョンにおける臨床性」皆藤章（編）『心理臨床実践におけるスーパーヴィジョン――スーパーヴィジョン学の構築』日本評論社、二〇一四年、一七五 - 二〇八頁。
・皆藤章「スーパーヴィジョン学における今後の課題」皆藤章（編）『心理臨床実践におけるスーパーヴィジョン――スーパーヴィジョン学の構築』日本評論社、二〇一四年、二〇九 - 二一八頁。
・皆藤章「臨床実践指導者養成の根幹にあるもの」『心理臨床スーパーヴィジョン学』第三号、京都大学大学院教育学研究科臨床実践指導学講座、二〇一七年、一頁。
・皆藤章「スーパーヴィジョン学の航海」『心理臨床スーパーヴィジョン学』第四号、京都大学大学院教育学研究科臨床実践指導学講座、二〇一八年、一頁。
・皆藤章「出会いを生きる――いのちを巡る臨床に向けて」『心理臨床スーパーヴィジョン学』第四号、京都大学大学院教育学研究科臨床実践指導学講座、二〇一八年、二 - 一三頁。
・樫村通子「メイヤロフのケア論を再考する――スーパーヴァイザーが「育つのをたすける」視点から」『心理臨床スーパーヴィジョン学』創刊号、京都大学大学院教育学研究科臨床実践指導学講座、二〇一五年、四九 - 六一頁。
・樫村通子「スーパーヴィジョンにおける双方向のパラレルプロセスについて」『心理臨床スーパーヴィジョン学』第二号、京都大学大学院教育学研究科臨床実践指導学講座、二〇一六年、三八 - 五二頁。
・鍛治美幸「スクールカウンセリングを支えるコンサルテーションに関する一考察――スクールカウンセリングの境界性の活用の観点から」『心理臨床スーパーヴィジョン学』第二号、京都大学大学院教育学研究科臨床実践指導学講座、二〇一六年、八二 - 九六頁。
・鍛治美幸「わたしが実践するスーパーヴィジョン――何をどこまで伝えるのか？」『心理臨床スーパーヴィジョン学』第四号、京都大学大学院教育学研究科臨床実践指導学講座、二〇一八年、八 - 二二頁。
・門本泉「非行・犯罪の心理臨床（第11回）トレーニングとしてのスーパービジョン」『臨床心理学』第一六巻第一号、二〇一六年、一〇一－一〇八頁。
・亀口憲治「家族療法のスーパーヴィジョン」藤原勝紀（編）『現代のエスプリ別冊　臨床心理スーパーヴィジョン』至文堂、二〇〇五年、一二九－一三七頁。
・亀口憲治「今日これからのスーパーヴィジョン　第12回スーパーヴィジョンの制度とその質」『臨床心理学』第一二巻第四号、二〇一二年、五六七－五七二頁。
・金沢吉展「心理臨床・カウンセリング学習者を対象とした職業倫理教育」『心理臨床学研究』第二〇巻第二号、二〇〇二年、一八〇－一九一頁。
・金沢吉展・岩壁茂「心理臨床家の専門家としての発達 および 職業的ストレスへの対処について――文献研究」『明治学院大学心理学附属研究所紀要』第四巻、二〇〇六年、五七－七三頁。
・金沢吉展「臨床心理士養成のための大学院付属実習施設におけるスーパービジョンに関する調査」『心理臨床学研究』第三三巻第五号、二〇一五年、五二五－五三〇頁。
・神田橋條治「精神療法Ｉ　神経症」土居健郎・笠原嘉・宮本忠雄・木村敏（編）『治療学』みすず書房、一九八九年、七〇－一一八頁。
・神田橋條治「指導者の要らない事例検討会の手順」『神田橋條治著作集　発想の航跡２』岩崎学術出版社、一九九一年、一三八－一四三頁。
・神田橋條治「対話精神療法の臨床能力を育てる」『治療のこころ』第一三巻、二〇〇七年、花クリニック神田橋研究会。
・神田橋條治「今日これからのスーパーヴィジョン　第６回　スーパーヴィジョンの現場から」『臨床心理学』第一一巻第三号、二〇一一年。
・狩野力八郎「東海大学精神科教室における精神療法卒後教育」『精神分析研究』第三二巻第三号、一九八八年、一九五－二〇三頁。
・狩野力八郎・村岡倫子「並行過程（Parallel Process）の再検討」『精神分析研究』第四三巻第四号、一九九九年、三七六－三七八頁。
・狩野力八郎・佐野直哉・成田善弘・鑪幹八郎・岩崎徹也・小此木啓吾・北山修「スーパーヴィジョンの役割と諸問題――シンポジウム討論記録」『精神分析研究』第四四巻第三号、二〇〇〇年、二七〇－二八〇頁。

・河合隼雄「スーパービジョンに関する一研究（総合・一般研究要約）」『教育心理学年報』第二一巻、一九八二年、一五五-一五六頁。
・河合隼雄「心理療法家の教育と訓練」『心理療法論考』所収、新曜社、一九八七年、二三七-二五八頁。
・河合隼雄「心理療法家の訓練について」『臨床心理事例研究』京都大学教育学部心理教育相談室紀要、第一六巻、一九八九年、一-二頁。
・河合隼雄・増戸肇・西園昌久・下坂幸三・村瀬孝雄「精神療法家の訓練――理想と現実の狭間で」『精神療法』第一六巻第四号、一九九〇年、三五-四九頁。
・河合俊雄「ユング派における訓練――各学派における若手訓練の実情と問題点」『精神療法』第二六巻第二号、二〇〇〇年、三〇-三四頁。
・川嵜克哲「事例研究において何がどのように学ばれるのか」河合俊雄・岩宮恵子（編）『新・臨床心理学入門』日本評論社、二〇〇六年、九〇-九六頁。
・川谷大治「スーパーバイジーからスーパーバイザーへ――その二つの体験をつなぐもの」『精神療法』第二〇巻第一号、一九九四年、一一-一九頁。
・北岡美世香「精神科診療所における事例検討会が多職種チームにもたらすもの」『心理臨床スーパーヴィジョン学』第三号、京都大学大学院教育学研究科臨床実践指導学講座、二〇一七年、一〇九-一二五頁。
・北岡美世香「精神科デイケア臨床とスーパーヴィジョン――エピソードシートを導入したケース検討会から」『心理臨床スーパーヴィジョン学』第四号、京都大学大学院教育学研究科臨床実践指導学講座、二〇一八年、一二九-一四一頁。
・木村晴子「箱庭療法のスーパーヴィジョンを考える」藤原勝紀（編）『現代のエスプリ別冊　臨床心理スーパーヴィジョン』至文堂、二〇〇五年、一二一-一二八頁。
・北添紀子「スーパーヴィジョン　ケースカンファレンスの一研究――スーパーバイジーへのアンケートより」『鳴門教育大学研究紀要』第二〇巻、二〇〇五年、二三-三〇頁。
・北田穣之助「一精神病院における精神分析の教育　研修の実態報告」『精神分析研究』第二三巻第四号、一九七九年、一六三-一六五頁。

・吉良安之「公開でのスーパービジョンの研修上の意義」『精神療法』第一六巻第四号、一九九〇年、三一四‐三一五頁。
・倉光修・青木健次「スーパービジョンに関する一研究」『臨床心理事例研究』京都大学教育学部心理教育相談室紀要、第八巻、一九八一年、二〇一‐二〇六頁。
・慶野遥香「心理職の訓練・養成における倫理」『臨床心理学』第一七巻第二号、二〇一七年、一五七‐一五九頁。
・小谷英文「グループ・スーパービジョンの意義（特集　グループと心理臨床）」『臨床心理学』第四巻第四号、二〇〇四年、四九七‐五〇四頁。
・児玉憲一「調査報告　中国地方の院生・初心の臨床心理士のスーパーヴィジョンの実態とニーズ」『広島大学大学院心理臨床教育研究センター紀要』第八巻、二〇〇九年、一九‐二五頁。
・小早川久美子「「臨床心理実習」導入期の諸問題――小規模大学院でのスーパービジョン・ケースカンファレンスを中心に」『広島文教女子大学心理教育相談センター年報』第一一巻、二〇〇三年、五七‐六八頁。
・小早川久美子「臨床心理士養成指定大学院におけるスーパービジョンシステム――その教育効果と課題」『広島文教女子大学心理教育相談センター年報』第一四巻、二〇〇七年、三一‐一三頁。
・小林志代「ソーシャルワーカーの個人的達成感にみる「共感」と「同情」の違い――「共感性」の発達にスーパービジョンが果たす役割」『臨床心理学研究』第二巻、東京国際大学、二〇〇四年、六五‐七九頁。
・小林孝雄・伊藤研一「スーパービジョンにセラピスト・フォーカシングを用いることの有効性の検討」『人間性心理学研究』第二八巻第一号、二〇一〇年、九一‐一〇二頁。
・古澤平作・小此木啓吾「監督教育 Supervision としての統制分析 Control-analysis としての一症例の報告（その二）」一九五四年。日本精神分析学会編『精神分析研究選集1』日本精神分析学会、二〇〇四年、一四‐二六頁。
・久保陽子「スーパーヴィジョン再考」皆藤章（編）『心理臨床実践におけるスーパーヴィジョン――スーパーヴィジョン学の構築』日本評論社、二〇一四年、三五‐四九頁。
・久保田幹子「森田療法家になるために――資格とその条件」『精神療法』第三八巻第六号、二〇一二年、七九二‐七九八頁。
・熊谷雅美「臨床心理士養成大学院でのスーパーヴィジョン実施報告（2）」『広島文教女子大学心理教育相談センター年報』第一六号、二〇〇八年、一三‐二四頁。

・熊倉伸宏「今日これからのスーパーヴィジョン　第四回　面接技法としてのスーパーヴィジョン」『臨床心理学』第一一巻第一号、二〇一一年、一一五‐一二一頁。
・栗原和彦「心理臨床家の社会性とスーパーヴィジョン」鑪幹八郎・滝口俊子（編）『スーパーヴィジョンを考える』誠信書房、二〇〇一年、六一‐一〇九頁。
・黒田文月「スーパーヴァイザー及びクライアントに育てられること――イニシャルケースにおけるスーパーヴィジョン体験」『人間性心理学研究』第二四巻第二号、二〇〇六年、五九‐六八頁。
・桑本佳代子「スーパーヴィジョンの意義についての考察――パラレルプロセスに注目して」『心理臨床スーパーヴィジョン学』第三号、京都大学大学院教育学研究科臨床実践指導学講座、二〇一七年、八〇‐九四頁。
・前田重治「教育分析――自ら分析を受ける」前田重治・小川捷之（編）『精神分析を学ぶ』有斐閣、一九八一年、二七五‐二九二頁。
・前田重治「私のスーパーヴィジョン」『心理臨床学研究』第四巻第二号、一九八七年、八六‐八九頁。
・牧田清志・小此木啓吾・鹿野達男「大学神経学教室における精神療法監督教育 Supervision の報告」『精神分析研究』第八巻第六号、一九六二年、一‐三頁。
・牧野純「今日これからのスーパーヴィジョン　第9回　産業領域におけるスーパーヴィジョン」『臨床心理学』第一二巻第一号、二〇一二年、一〇一‐一〇七頁。
・増井武士「スーパーヴァイズの上手な受け方――双方の体験を通じて」『心理臨床』第五巻第三号、一九九二年、一四三‐一四七頁。
・松木邦裕「精神分析家の訓練」『精神療法』第三六巻第三号、二〇一〇年、三〇〇‐三〇四頁。
・松木邦裕「心理臨床家の専門性としてのこころの理解」『臨床心理事例研究』京都大学教育学部心理教育相談室紀要、第三九巻、二〇一二年、一‐三頁。
・松木邦裕「精神分析という方法をどう学ぶか」『精神分析研究』第五六巻第四号、二〇一二年、三八五‐三九一頁。
・松木邦裕「毎回の心理療法面接はアセスメントでもある」藤山直樹・中村留貴子（監修）『事例で学ぶアセスメントとマネジメント』岩崎学術出版社、二〇一四年、八七頁。

・松木邦裕「スーパーステイション――スーパーヴァイザーという仕事を省みて」『心理臨床スーパーヴィジョン学』第二号、京都大学大学院教育学研究科臨床実践指導学講座、二〇一五年、三－一二頁。
・松瀬留美子「学生相談を支えたスーパーヴィジョン――境界例心性をもつ青年との心理面接過程から」『心理臨床スーパーヴィジョン学』第四号、京都大学大学院教育学研究科臨床実践指導学講座、二〇一八年、八五－九六頁。
・松田裕之「スーパーヴァイジーから初心スーパーヴァイザーへの歩み――セラピスト像の継承と伝承」乾吉佑（編）『心理臨床家の成長――心理臨床との出会い』金剛出版、二〇一三年、三〇一－三一九頁。
・松山真弓「大学院で学んだことについて」藤原勝紀（編）『現代のエスプリ別冊　臨床心理スーパーヴィジョン』至文堂、二〇〇五年、二一〇－二一四頁。
・溝口純二「スーパーヴィジョンの経験」小川捷之・鑪幹八郎・本明寛（編）『臨床心理学体系13　臨床心理学を学ぶ』金子書房、一九九〇年、二一八－二三二頁。
・水島恵一「第4章　カウンセラー――カウンセリングを受け持つ人　2養成と訓練　3スーパービジョン」水島恵一・岡堂哲雄・田畑治『カウンセリングを学ぶ』有斐閣、一九七八年、五八－六七頁。
・三川俊樹「スーパーヴィジョンに関する一考察――日本産業カウンセリング学会におけるスーパーバイザーの養成・訓練を担当して」『追手門学院大学地域支援心理研究センター紀要』第一一号、二〇一四年、七一－八六頁。
・三川俊樹「スーパービジョンに関する一考察（2）――スーパービジョンの課題とスーパーバイザーの機能」『追手門学院大学地域支援心理研究センター紀要』第一二号、二〇一五年、六四－七三頁。
・皆川邦直「コンサルテーション・スーパーヴィジョン・精神療法」『精神分析研究』第三二巻第一号、一九八八年、四五－五四頁。
・深山富雄「心理劇によるグループ・スーパービジョン」『大谷学報』第四七巻第四号、一九六八年、一－一九頁。
・三輪幸二朗「現場からの精神科実習指導とスーパーヴィジョン」『心理臨床スーパーヴィジョン学』創刊号、京都大学大学院教育学研究科臨床実践指導学講座、二〇一五年、六二－七五頁。
・三輪幸二朗「スーパーヴィジョンと相互参究」『心理臨床スーパーヴィジョン学』第三号、京都大学大学院教育学研究科臨床実践指導学講座、二〇一七年、二〇－三四頁。
・向笠章子「中学校での生徒の自殺後の支援」窪田由紀（編）『学校コミュニティへの緊急支援の手引き』金剛出版、二〇〇五年、七七－八五頁。
・村井雅美「スーパーヴィジョンを受ける前と後――「関係の相互性」が起きること」『心理臨床スーパーヴィジョン学』第二号、京都大学大学院教育学研究科臨床実践指導学講座、二〇一六年、五三－六六頁。
・村瀬嘉代子「今日これからのスーパーヴィジョン　第二回　心理的援助におけるスーパーヴィジョン」『臨床心理学』第一〇巻第五号、二〇一〇年。
・村瀬嘉代子・下山晴彦・廣川進「今日これからのスーパーヴィジョン　第1回座談会――心理臨床において育つということ・育てるということ」『臨床心理学』第一〇巻第四号、二〇一〇年、六〇三－六一三頁。
・森川泉「学校の緊急支援事案における初期対応を考える」『心理臨床スーパーヴィジョン学』第三号、京都大学大学院教育学研究科臨床実践指導学講座、二〇一七年、三五－四八頁。
・永井徹「教育分析　スーパーヴィジョン　コンサルテーションという支援」『臨床心理学』第六巻第五号、二〇〇六年、六一二－六一六頁。
・名島潤慈「スーパーヴィジョンのもつ臨床的意義について」藤原勝紀（編）『現代のエスプリ別冊　臨床心理スーパーヴィジョン』二〇〇五年、二六一－二六八頁。
・中田行重・小野真由子・橘美穂・中野紗樹・並木崇浩・本田孝彰「パーソン・センタード・アプローチにおけるスーパーヴィジョンの基本的考え方――Lambers（２０１３）の紹介」『関西大学心理臨床センター紀要』第七号、二〇一六年、一〇一－一一〇頁。
・中村留貴子「精神分析的心理療法を学ぶ」『精神分析研究』第五八巻第二号、二〇一四年、一六〇－一六五頁。
・中野祐子「臨床実践指導体験を踏まえて」藤原勝紀（編）『現代のエスプリ別冊　臨床心理スーパーヴィジョン』至文堂、二〇〇五年、二二〇－二二三頁。
・成田善弘「名古屋大学精神医学教室並びにその関連での精神療法の研修」『精神分析研究』第三二巻、一九八八年、二一〇－二一二頁。
・成田善弘「スーパーヴィジョンについて――私の経験から」『精神分析研究』第四四巻第三号、二〇〇〇年、二五〇－二五七頁。
・成田善弘「精神科臨床と臨床家教育の経験から」『精神療法』第二八巻第四号、二〇〇二年、四七－五二頁。

・鳴岩伸生「臨床実践教育の中で起こる「学び」について」藤原勝紀（編）『現代のエスプリ別冊　臨床心理スーパーヴィジョン』至文堂、二〇〇五年、二一五‐二二九頁。
・鳴岩伸生・名取琢自・石田美香・岩田直哉・田村知子・平桃子・田中望「〈速報〉臨床心理士資格検討のための基礎資料Ⅱ　臨床心理専門職資格の国際比較」『心理臨床学研究』第二三巻第五号、二〇〇五年、六一五‐六二五頁。
・日本心理臨床学会倫理委員会「臨床心理士養成指定大学院教員の倫理教育に関する意識調査」『心理臨床学研究』第二四巻第五号、二〇〇六年、六二一‐六二七頁。
・日本精神分析学会「シンポジウム特集　精神分析的精神／心理療法と訓練――認定制度の現状と未来」『精神分析研究』第六〇巻第三号、二〇一六年、二九三‐三二八頁。
・西川昌弘「日本に於けるカウンセリングと心理療法　スーパーバイザーの一次的課題」神奈川大学心理相談センター紀要『心理相談研究』第七号、二〇一五年、一三‐二九頁。
・西園昌久「精神療法の教育と訓練」『精神分析研究』第一一巻第四号、一九六五年、一二‐二二頁。
・西園昌久「福岡大学における卒後教育・研修」『精神分析研究』第三二巻第三号、一九八八年、二〇四‐二〇九頁。
・西園昌久「スーパービジョン論」『精神療法』第二〇巻第一号、一九九四年、三‐一〇頁。
・布柴靖枝「スーパーヴァイザーの無意図性――人間性・世界観」皆藤章（編）『心理臨床実践におけるスーパーヴィジョン――スーパーヴィジョン学の構築』日本評論社、二〇一四年、一〇八‐一二二頁。
・野林伸子「グループ・スーパーヴィジョンの経験」『心理臨床』第五巻第三号、一九九二年、一八七‐一九一頁。
・野島一彦「私のスーパーヴァイザー体験――その実際と問題・課題」『心理臨床』第五巻第三号、一九九二年、一六三‐一六八頁。
・野島一彦「グループスーパーヴィジョンの効用と問題点」鑪幹八郎・滝口俊子（編）『スーパーヴィジョンを考える』誠信書房、二〇〇一年、八七‐九五頁。
・野島一彦「今日これからのスーパーヴィジョン　第八回　スクールカウンセリングとスーパーヴィジョン」『臨床心理学』第一一巻第五号、二〇一一年、七四五‐七五〇頁。
・大江ひとみ「心理臨床家としての私が支えられてきたもの」『心理臨床スーパーヴィジョン学』創刊号、京都大学大学院教育学研究科臨床実践指導学講座、二〇一五年、一〇〇‐一〇七頁。

・大江ひとみ「心理臨床家の語りの場としてのスーパーヴィジョン」『心理臨床スーパーヴィジョン学』第二号、京都大学大学院教育学研究科臨床実践指導学講座、二〇一六年、二八－三七頁。
・大野清志「動作法のスーパーヴィジョンについて」『心理臨床学研究』第四巻第二号、一九八七年、九二－九六頁。
・大場登「心理療法の研修における『誌上コメント』の意義と限界」『精神療法』第一六巻第四号、一九九〇年、三一五－三一八頁。
・大森智恵「スーパーヴィジョンに「もの想う」空間が生まれるとき」『心理臨床スーパーヴィジョン学』第四号、京都大学大学院教育学研究科臨床実践指導学講座、二〇一八年、九七－一一一頁。
・大山泰宏「米国における臨床心理士養成とスーパーヴィジョン（その2）――臨床心理士の訓練プログラム」『日本臨床心理士会雑誌』第一七巻第三号、二〇〇八年、五三－五五頁。
・大山泰宏・藤城有美子・平部正樹「臨床心理士の動向ならびに意識調査から見えてくること（その2）――一九九五年から二〇〇七年までのレビュー　職域別の特徴と研修・スーパーヴィジョン」『日本心理臨床会雑誌』第一九巻第四号、二〇一一年、四六－五〇頁。
・大山泰宏「スーパーヴィジョンを夢見ること」『心理臨床スーパーヴィジョン学』第三号、京都大学大学院教育学研究科臨床実践指導学講座、二〇一七年、二－三頁。
・岡昌之「スーパーヴィジョンの基本的問題」『心理臨床』第五巻第三号、一九九二年、一五七－一六二頁。
・岡田康伸「スーパーヴィジョン体験を振り返って」藤原勝紀（編）『現代のエスプリ別冊　臨床心理スーパーヴィジョン』至文堂、二〇〇五年、二四二－二五一頁。
・岡村裕美子「スーパーヴァイザーとスーパーヴァイジーとの関係性――「心理療法の機能」を用いてスーパーヴィジョンにおける関係性を考える」『心理臨床スーパーヴィジョン学』第三号、京都大学大学院教育学研究科臨床実践指導学講座、二〇一七年、六六－七九頁。
・岡村裕美子「私が実践するスーパーヴィジョン――スクールカウンセリングでのコンサルテーションの経験からスーパーヴィジョンを考える」『心理臨床スーパーヴィジョン学』第四号、京都大学大学院教育学研究科臨床実践指導学講座、二〇一八年、一四－一七頁。
・岡本かおり「心理臨床家が抱える困難と職業的発達を促す要因について」『心理臨床学研究』第二五巻第五号、二〇〇七年、五一六‐五二七頁。
・小笠原幸子「スーパーヴィジョンを受けることから得られたもの――イニシャルケースの体験より」広島文教女子大学心理教育相談センター『心理教育相談センター年報』第一四・一五号、二七‐三三頁。
・小川捷之「心理臨床教育の現況――現任者へのアンケート調査から」『心理臨床学研究』第二巻第二号、一九八五年、八七‐九〇頁。
・小倉清「関東中央病院における教育・教育研修」『精神分析研究』第三二巻第三号、一九八八年、二二一‐二二三頁。
・小此木啓吾・土居健郎・前田重治「我々はどんなふうに精神分析を学んできたか」『精神分析研究』第五巻第六号、一九五八年、二五‐四〇頁。
・小此木啓吾「大学精神科教室における精神療法監督教育 Supervision の報告」『精神分析研究』第八巻第六号、一九六二年、一‐三頁。
・小此木啓吾「精神療法の教育と訓練」『精神分析研究』第一一巻第四号、一九六五年、六‐一一頁。
・小此木啓吾・鈴木寿治「逆転移と治療者のパーソナリティの取り上げ方――大学教室における精神療法スーパービジョンのなかで」『精神医学』第一〇巻第一〇号、一九六八年、二九‐三五頁。
・小此木啓吾「逆転移と治療者のパーソナリティの取り上げ方――大学教室における精神療法スーパービジョンのなかで」『精神医学』第一〇巻第一〇号、一九六八年、七八九‐七九五頁。
・小此木啓吾「わが国における精神分析的な精神療法の研修とその問題点」『精神療法』第三巻、一九七九年、一四一‐一四九頁。
・小此木啓吾「慶応大学医学部精神神経科教室における精神分析・精神療法の教育・研修」『精神分析研究』第二三巻第四号、一九七九年、一七一‐一七七頁。
・小此木啓吾「慶応大学医学部精神神経科教室の卒後教育における精神療法研修」『精神分析研究』第三二巻第三号、一九八八年、二一三‐二二〇頁。
・小此木啓吾「スーパーヴィジョン――精神分析の経験から」鑪幹八郎・滝口俊子（編）『スーパーヴィジョンを考える』誠信書房、二〇〇一年、一三‐四一頁。
・小此木啓吾「スーパーヴィジョン」小此木啓吾（編集代表）『精神分析事典』岩崎学術出版社、二〇〇二年、二六一‐二六二頁。

・押江隆「パーソン・センタード・アプローチとスーパービジョン」山口大学大学院教育学研究科附属臨床心理センター紀要、第六号、二〇一五年、二七‐三四頁。
・小野しのぶ「今日これからのスーパーヴィジョン　第11回　スーパーヴィジョンと育つこと」『臨床心理学』第一二巻第三号、二〇一二年、三九七‐四〇三頁。
・斉藤久美子「スーパーヴィジョン」『臨床心理事例研究』京都大学教育学部心理教育相談室紀要、一九八九年、一六‐一八頁。
・佐治守夫・岡村達也・保坂亨『カウンセリングを学ぶ 第二版――理論・体験・実習』東京大学出版会、二〇〇七年。
・酒井敦子「遊戯療法におけるスーパービジョン」神戸親和女子大学研究論叢、第三九号、二〇〇六年、A六九‐A八五頁。
・坂井新「心理臨床のスーパーヴァイザーについての一試論――患者を巡るスタッフとの関わりを事例として」『心理臨床スーパーヴィジョン学』創刊号、京都大学大学院教育学研究科臨床実践指導学講座、二〇一五年、七六‐九〇頁。
・坂井新・高橋寛子・日下紀子・田中久美子・北岡美世香・河本緑「〝生きた体験〟に基づく現場実習指導の在り方――心理臨床実践指導者へのインタビューから考える」日本心理臨床学会、第三一回大会発表論文集、二〇一二年、二八六頁。
・坂井新・高橋寛子・日下紀子・田中久美子・北岡美世香・河本緑「心理臨床実践指導者に必要とされるもの――実習指導から臨床実践へ」『心理臨床スーパーヴィジョン学』創刊号、京都大学大学院教育学研究科臨床実践指導学講座、二〇一五年、九一‐九九頁。
・坂井誠「わたしのスーパーヴィジョン体験――行動療法を中心に」『心理臨床』第五巻第三号、一九九二年、一六九‐一七三頁。
・酒井律子・布柴靖枝「スーパーバイザーの在り方」皆藤章（編）『心理臨床実践におけるスーパーヴィジョン――スーパーヴィジョン学の構築』日本評論社、二〇一四年、九八‐一一八頁。
・坂田真穂「〝職業としてのケア〟がもたらす〝やりがい〟と内的葛藤――ケア従事者への心理的支援に活かすスーパーヴィジョン知の提案」『心理臨床スーパーヴィジョン学』創刊号、京都大学大学院教育学研究科臨床実践指導学講座、二〇一五年、七‐一九頁。
・嵜原和美「〝コンサルテーション〟についての一考察――コンサルテーションとスーパーヴィジョン、その定義と位置づけについて」『心理臨床スーパーヴィジョン学』第二号、京都大学大学院教育学研究科臨床実践指導学講座、二〇一六年、九七‐一〇六頁。
・篠原恵美「わが国における初学者へのスーパーヴィジョンについての展望」『心理臨床学研究』第二八巻第三号、二〇一〇年、三五八－三六七頁。
・下坂幸三 他「〈座談会〉精神療法家の訓練」『精神療法』第一六号、一九九〇年、三二七－三四一頁。
・下山晴彦「臨床心理学の専門性と教育」下山晴彦・丹野義彦（編）『講座臨床心理学Ⅰ　臨床心理学とは何か』東京大学出版会、二〇〇一年、七三－九五頁。
・下山晴彦「今日これからのスーパーヴィジョン　第7回　認知行動療法とスーパーヴィジョン」『臨床心理学』第一一巻第四号、二〇一一年、六一七－六二一頁。
・祖父江典人「転移と逆転移の観点から教師へのコンサルテーションを考える」『子どもの心と学校臨床』第一号、二〇〇九年、六〇－六八頁。
・高澤知子「初心の頃に受けた行き詰まりを助けてくれたスーパーヴィジョンを振り返る――「良いセラピスト」から「対峙できるセラピスト」へ」『心理臨床スーパーヴィジョン学』第三号、京都大学大学院教育学研究科臨床実践指導学講座、二〇一七年、四九－六五頁。
・高橋寛子「心理臨床大学院でのスーパーヴィジョンと体験の言語化における課題」『心理臨床スーパーヴィジョン学』第四号、京都大学大学院教育学研究科臨床実践指導学講座、二〇一八年、二二一－二二六頁。
・高橋美保 他「今日これからのスーパーヴィジョン　第一〇回　座談会「変容」と「成長」――スーパーヴィジョンが教えてくれたこと」『臨床心理学』第一二巻第二号、二〇一二年、二五八－二六九頁。
・高橋靖恵「心理アセスメントの実践と教育をめぐって」藤山英順（監修）、森田美弥子・川瀬正裕・金井篤子（編）『21世紀の心理臨床』ナカニシヤ出版、二〇〇三年、七七－九一頁。
・高橋靖恵「スーパーヴァイザー養成を巡る諸問題」皆藤章（編）『心理臨床実践におけるスーパーヴィジョン――スーパーヴィジョン学の構築』日本評論社、二〇一四年、五〇－六六頁。
・高橋靖恵「スーパーヴィジョン学の発展をめざす」『心理臨床スーパーヴィジョン学』第二号、京都大学大学院教育学研究科臨床実践指導学講座、二〇一六年、一－二頁。
・高橋靖恵・鍛冶美幸・高澤知子「心理アセスメントのスーパーヴィジョン」『心理臨床スーパーヴィジョン学』第四号、京都大学大学院教育学研究科臨床実践指導学講座、二〇一八年、四四－五五頁。

・竹森元彦「スーパーヴィジョンにおける、クライエントとヴァイジーを〝見護る〟眼差し」『心理臨床スーパーヴィジョン学』第四号、京都大学大学院教育学研究科臨床実践指導学講座、二〇一八年、一一一―一一八頁。
・田中久美子「胎教の心理臨床的フィールドワーク研究」『心理臨床スーパーヴィジョン学』第四号、京都大学大学院教育学研究科臨床実践指導学講座、二〇一八年、一四一―一五四頁。
・田中慶江「スーパーヴァイザーの成長という視点から見たスーパーヴィジョン――面接記録について」皆藤章（編）『心理臨床実践におけるスーパーヴィジョン――スーパーヴィジョン学の構築』日本評論社、二〇一四年、一一九―一三三頁。
・田中慶江・浅田剛正「スーパーヴィジョンにおける臨床性を事例から考察する」皆藤章（編）『心理臨床実践におけるスーパーヴィジョン――スーパーヴィジョン学の構築』日本評論社、二〇一四年、一一九―一四八頁。
・田中康裕「スーパーヴィジョンはなぜ必要なのか」『臨床心理事例研究』第三九号、京都大学大学院教育学研究科心理教育相談室紀要、二〇一二年。
・鑪幹八郎・名島潤慈「スーパーヴィジョン分析治療の臨床教育・援助」前田重治・小川捷之（編）『精神分析を学ぶ』有斐閣、一九八一年、二九三―三一三頁。
・鑪幹八郎「広島大学大学院における心理臨床の教育・研修の現状」『精神分析研究』第三二巻第三号、一九八八年、二二四―二二六頁。
・鑪幹八郎「スーパーヴィジョンとコンサルテーション――心理臨床の立場から」『精神医学』第三九巻第八号、一九九七年、八七一―八七七頁。
・鑪幹八郎「心理臨床における「倫理感覚」の育成」『心理臨床学研究』第一五巻第二号、一九九七年、二一一―二一五頁。
・鑪幹八郎「スーパービジョンの役割と諸問題」『精神分析研究』第四四巻第三号、二〇〇〇年、二五八―二六五頁。
・鑪幹八郎「スーパーバイザーの養成とトレーニング」『現代のエスプリ 三九五 スーパービジョン・コンサルテーション実践のすすめ』至文堂、二〇〇〇年、三三―四五頁。
・鑪幹八郎「外国での訓練経験と日本の臨床経験から」『精神分析研究』第五八巻第二号、二〇一四年、一六六―一六九頁。
・田畑治「スーパーヴィジョンを研究する」藤原勝紀（編）『現代のエスプリ別冊 臨床心理スーパーヴィジョン』至文堂、二〇〇五年、二九五―三〇二頁。

・田畑治・近藤千加子・佐部利真吾・高木希代美・辻貴文・池田豊應・江口昇勇・生越達美・酒井亮爾・杉下守男・鈴村金彌「修士終了直後、ならびに臨床心理士資格取得後の研修、スーパービジョン等についての追跡的研究」愛知学院大学心身科学部紀要、第一号、二〇〇五年、五九-六七頁。
・丹野ひろみ・小山真弓「逐語分析にもとづく、初学者に対するスーパービジョンの実証的検討」桜美林大学大学院心理学研究科健康心理学専攻・臨床心理学専攻紀要『心理学研究』第四号、二〇一四年、一五-二九頁。
・丹野ひろみ「臨床心理実習の内部実習における大学院生に対するスーパービジョンプロセス」『心理臨床学研究』第三四巻第六号、二〇一七年、六四八-六五八頁。
・丹野義彦・伊藤絵美「認知行動療法のスーパーヴィジョン」藤原勝紀（編）『現代のエスプリ別冊　臨床心理スーパーヴィジョン』至文堂、二〇〇五年、八八-九五頁。
・塚崎直樹「公開事例検討会について」『精神療法』第二九巻第一号、二〇〇三年、七一-七七頁。
・津川律子「臨床心理実習2　現場研修」下山晴彦（編）『臨床心理実習論』誠信書房、二〇〇三年。
・都留春夫「精神療法の教育と訓練」『精神分析研究』第一一巻、一九六五年、一九-二二頁。
・津島豊美「パラレルプロセスの気づきと理解は治療者にどう影響するか――スーパーヴィジョン体験から学んだこと」『精神分析研究』第四九巻第二号、二〇〇五年、二八-三六頁。
・東畑開人「"Super-vision"を病むこと」『心理臨床学研究』第二九巻第一号、二〇一一年、四-一五頁。
・冨山學人「強迫神経症の精神療法過程――スーパーヴィジョン過程と逆転移をめぐる問題」『精神分析研究』第二〇巻第四号、一九七六年、一二二-一三九頁。
・上田勝久「治療構造としてのスーパーヴィジョン――精神分析的な視点から」『心理臨床スーパーヴィジョン学』第二号、京都大学大学院教育学研究科臨床実践指導学講座、二〇一六年、六七-八一頁。
・上田勝久「夢見る場としてのスーパーヴィジョン」『心理臨床スーパーヴィジョン学』第四号、京都大学大学院教育学研究科臨床実践指導学講座、二〇一八年、五六-七〇頁。
・牛島定信「精神療法の教育研修に関する発言」『精神分析研究』第二三巻、一九七九年、一五七-一六二頁。
・浦野エイミ「私が実践するスーパーヴィジョン」『心理臨床スーパーヴィジョン学』第四号、京都大学大学院教育学研究科臨床実

践指導学講座、二〇一八年、二七-二九頁。
・若佐美奈子「スーパーヴィジョンにおける育ちと学び――精神分析及び発達行動学の概念を援用して」『心理臨床スーパーヴィジョン学』創刊号、京都大学大学院教育学研究科臨床実践指導学講座、二〇一五年、二〇-三三頁。
・若佐美奈子「初心者スーパーヴァイジーが自立する時――弁証法的教育と教訓的教育」『心理臨床スーパーヴィジョン学』第二号、京都大学大学院教育学研究科臨床実践指導学講座、二〇一六年、一三-二七頁。
・若本純子・福永真里奈「児童養護施設心理職の育成をめぐる課題――スーパービジョンプロセスの質的検討による考察」佐賀大学文化教育学部研究論文集、第二〇巻第二号、二〇一六年、一-一三頁。
・渡辺久子「スーパービジョンのジレンマ」『精神療法』第二〇巻第一号、一九九四年、二七-三一頁。
・山川裕樹「事例研究の意義について」藤原勝紀（編）『FJK　創造の臨床事例研究』第三号、二〇〇七年、一二五-一三二頁。
・山崎玲奈「「大学院」体験を振り返って」藤原勝紀（編）『現代のエスプリ別冊　臨床心理スーパーヴィジョン』至文堂、二〇〇五年、二〇二-二〇五頁。
・山中康裕「精神療法家・心理療法家の養成と訓練」『精神療法』第三六巻第三号、二〇一〇年、二九五-二九九頁。
・山本健治「学校心理臨床における危機介入と緊急支援」『教育学論究』第六巻、二〇一四年、一八五-一九一頁。
・横山博「精神科医からみたスーパーヴィジョン」藤原勝紀（編）『現代のエスプリ別冊　臨床心理スーパーヴィジョン』至文堂、二〇〇五年、六七-七七頁。
・良原誠崇・落合美貴子・金坂弥起・松木繁・山中寛「臨床心理実習の実態と実習効果の促進に関する一考察――大学院と臨床心理士のアンケート調査から」『心理臨床学研究』第二八巻第五号、二〇一〇年、五九五-六〇六頁。

訳者を代表して

本書の訳出作業も終わり近くに差し掛かった頃、監訳者である皆藤章先生から、「訳者を代表してあとがきを書きませんか」というご提案をいただきました。本書において初めて翻訳に取り組んだ筆者には、そのような役目はとても荷が重く感じられ、いったんはお断りしたのですが、本書がどのようにしてできあがったのか、その経過と本書への筆者の想いを伝えてくださいとの再度のご依頼を受け、僭越ながら思い切って書かせていただくことに致しました。

本書の訳者である四名は、翻訳を開始した当初、全員が京都大学の大学院臨床実践指導学講座で学ぶ社会人大学院生でした。皆藤先生のあとがきにもありますように、この講座は、さまざまな領域で臨床の実践を行ってきた臨床心理士が集い、スーパーヴィジョンを中核に臨床指導についての学びを深めることを目的としています。当時、毎週の講座の授業で交わされるディスカッションは、その多くが自我心理学や対象関係論といった精神分析学の理論を中心としたものでした。臨床実践において、ユングの分析心理学の考え方を参考にすることの多い筆者は、少々肩身の狭い思いをしながら、何かスーパーヴィジョンに関して自分の臨床経験を学術的に裏づける文献がないものかと、関連の書籍を探すことが習慣になっていました。本書巻末に、本講座のOGでもある日下紀子先生が、スーパーヴィジョンに関する貴重な文献一覧を寄稿してくださっていますが、国内外問わず、スーパーヴィジョンについてまとめられた書籍は存外に少なく、その状況は現在もさほど変わっていないように思われます。ある夜も、半期に一度の発表を前に、何か参考になる書物はないかとインターネット書店で関連書籍を何気なく検索していたところ、ふと錬金術師の絵が描かれた一書の表紙が筆者の目に留まりました。はやる気持ちを抑えその画像を拡大してみますと、その表紙には原書タイトルの*Jungian Perspectives on Clinical Supervision*とともに、著名なユング派分析家の名前がずらりと並び、そのなかに心密かに私淑している分析家の名を認めた筆者は、迷うことなく購入ボタンをクリックしていました。それが原書との最初の出会いです。原書を読む習慣には乏しい筆者でしたが、この書を見つけたこのときは、百万の味方を得た思いで「この本を最後まで読み通そう」と心に強く思ったことを記憶しています。

ある日の講座での昼休み、何かの流れで筆者がこの原書を少しずつ読み進めていると知った、訳者のひとりである先輩の高澤知子さんが、「せっかくユング派の本を読んでいくのなら、いちど皆藤先生に翻訳の監修をご相談してみたら」と声をかけてくださいました。内心、急にそのようなことをお願いしてよいものだろうかと戸惑いながらも、数日後、高澤さんや同じく訳者である同期生の桑本佳代子さんらが見守るなか、おそるおそる先生にこの原書をお見せしたところ、先生は本を手に取り「監修者はポール・クーグラーですね。あとで見開きをコピーして持って来てください」と言われました。当時の筆者は、そのとき先生が言われたことばの意味をよく理解できていませんでしたが、今振り返ると、この後から先生は本書の邦訳出版に向けて、色々とご尽力くださっていたのだと思います。ほどなくして、先生から、版権が取れ、福村出版から正式に書籍として出版していただけるという一報がもたらされました。にわかには信じがたく、夢でも見ているかのような驚きと嬉しさでいっぱいでしたが、その喜びが「翻訳などという大それた作業が本当にできるのだろうか」という不安に変わるのにそう時間はかかりませんでした。筆者はすぐに、この展開に向けて背中を押してくださった高澤さん、ユングの他の書籍をともに輪読していた桑本さん、さらにユング心理学に造詣の深い先輩の仲倉高広さんに声をかけ、一緒に翻訳をしていただけないかと打診を試みました。ひとりではあまりに心細い下訳作業も、当時の講座では数少ない、ユング心理学を分かち合うことのできる学友と一緒であれば、何とか取り組んでいけるような気がしたからです。幸い、皆さんには、すぐに快いお返事をいただき、総勢四名の翻訳チームができあがりました。訳出の分担は、まず筆者から好きな章を選ばせてもらい（役得でした）、タイトルや著者についての他の三人それぞれの関心に沿って分担が決定されていきました。こうして始まった下訳作業は、この後、約一年近くに亘り続いていくわけですが、この間にひとつの大きなできごとがありました。それは監訳者である皆藤先生が二〇一八年三月に京都大学を早期退職されたということです。ご退職を機に先生はハーバード大学に客員教授として赴任されることになっていました。身近な場所でご指導いただく機会を失うという事態に、早くも危機を迎えたわれわれ翻訳チームでしたが、桑本さんの助力によって、インターネットを通して全員が訳稿を共有しながら先生にご教示いただける環境を設えることもでき、無事、本書の訳出作業がスタートしました。

振り返りますと、日々の勤務と学業の合間を縫って、ひとつひとつ見知らぬ単語を辞書で引き、文法を確かめながら和訳を進めていく下訳作業は、翻訳という作業に不慣れなわれわれにとって、多くの時間とエネルギー、なによりも根気を要するプロセスでした。著者の実践経験が具体的に記された、比較的理解しやすい論考がある一方で、積年に亘る著者の実践の粋を集めた、ときに抽象的で難解な論考を前に、語学力のみならず知識、経験の乏しさから思うように訳出できず、心が折れそうになることのなかった訳者は誰ひとりいないように思われます。しかし同時にどの論考に対しても、一行一行、著者の意図するところに想いを巡らせながら、自分なりに繰り返し意味を咀嚼し日本語に落とし込んでいくという作業は、既訳の書物を読むときとはまた異なった、著者と一言一言対話を重ねていくような密度の濃い時間の体験であり、またとりわけ筆者にとっては、遥か遠くから憧れていたユング派分析家の諸先生から個人講義を受けているような、とても豊かで贅沢な学びの体験であったように思います。ユング派の教育システムや資格取得前後の流れ、そこに生ずるさまざまな問題などを知ることができたことも、とても興味深い経験でした。このようにして各訳者の手元で仕上げられた下訳原稿は、順次ネット空間を通してボストンの先生のもとに届けられ、先生の手によってみるみるうちに、とても読みやすく、端正な文章に整えられていきました。つい自分の作業を忘れ、一読者として手直しされた原稿を読み耽ってしまったことも一度や二度ではありません。多忙ななか先生が各訳者にこまめにメールをくださり、細やかに修正のポイントやユングに関するトピックスなどの情報をご教示くださいましたこと、また先生から出された宿題を解くために、訳者みんなで集まってあれこれ悪戦苦闘したことも、忘れられない良い思い出になりました。

このようにして、約一年をかけて本書はできあがりました。ここでは本編には触れませんが、本書は、ユング派というオリエンテーションを超え、スーパーヴィジョンとは何かという問題を通して、援助職に携わるすべての方々に読んでいただける、心理臨床についての普遍的な内容になっていると思います。ひとりでも多くの方に手に取っていただければ、訳者のひとりとしてこんなに嬉しいことはありません。本書を出版するにあたり多大な労をお取りくださいました、福村出版の皆様、また日頃大変お世話になっております臨床実践指導学講座の髙橋靖恵先生に、訳者を代表して厚く御礼申し上げます。そして最後に皆藤章先生、拙く未熟な私たちを、終始温かく見守り、励まし、ここまで導いて下さいまして、本当にありがとうございました。大きくゆったりとした先生という船に乗って、気がつくと無事、目的地にたどり着いていたように感じています。改めまして四人を代表して心より感謝申し上げます。ありがとうございました。

平成三十年十二月

岡村裕美子

監訳者あとがき

本書は、Kugler, P. Ed. *Jungian Perspectives on Clinical Supervision.* Daimon, 1995. の全訳である。二〇一二年に再刷されているが、出版社に問い合わせたところ加筆修正はないという回答だったので、初版本を訳出に使用した。

二二名のユング派分析家ないしはユング心理学を専門とする心理臨床家の手に成る原書は、心理臨床スーパーヴィジョンに関する論文集である。スーパーヴィジョンという幹にそれぞれの書き手が枝を伸ばして葉を付け繁茂した樹木と言えよう。このような、複数の書き手による書物は、書き手がひとり孤独に自己と対話しながら書き抜いたものに比べると、それぞれの書き手の思想が顔を出すために、しばしばまとまりに欠けたものとなる。美しい樹形とはならない。また、見逃しやすいところだが、書き手の責任も甘くなる。しかし、クーグラー博士が編んだこの書物は、いくつかの点でそうした懸念を払拭している。

まず、それぞれの書き手は自身の臨床観をスーパーヴィジョンというテーマに真摯に向き合わせている。けっして過度に自己主張していない。この抑制感には、おそらくスーパーヴィジョンという営みの性質が関わっている。言うまでもなくスーパーヴィジョンは、たんなるスキルの伝授に終始するものではない。このことをいまだに理解しない日本の心理臨床家が多いことには、辟易の想いすら抱かされる。

ひとは人生のなかでさまざまな体験をする。それは、否応なくやって来る。性愛的あるいは権威的欲求、自己喪失感、羞恥や羨望……。そうした人間模様に、ひとはときにこころ震わせ、こころ悩ませ、挫かれ、またときにこころ満たされ、喜び、充足し、齢を重ねていく。心理臨床家はそのように生きるひとの語りを聴くことを専らとする。そしてスーパーヴィジョンは、そうした心理臨床家の臨床を巡るさまざまな体験の語りを聴く、まさに、生老病死に関わる営みである。しかも、スーパーヴァイザーは、スーパーヴァイジーの語りを聴き、その場に存在はしないけれども、両者のイメージの異同はあるにせよ、スーパーヴィジョンの場にありありと「実在（リアライズ）する」患者を想い、患者の治療者であるスーパーヴァイジーの専門家としての成長に与っていく。治療的・教育的要素がそこに複雑に含み込まれていく。原書は、スーパーヴィジョンという営みにもっとも必要な人間的要素が誠実さ・真摯さにあることを教えている。書き手の臨床観はそれぞれの心理臨床のたましいと言える。まさに、「心理臨床」の身を以て、心理臨床家が育つというのはどういうことなのかを教えようとしている。

また、臨床観に不可避に付随する専門知識は、スキルと同様に、スーパーヴィジョンにおいて、ときにいたずらにこころを弄ぶ都合の良いツールになってしまう。たとえばユング派であれば、その専門知識によってこころを理解しようとする姿勢である。しかし、書き手たちはかならずしもこのような地平からスーパーヴィジョンを語っていない。ユング心理学の専門概念が散見されるのは当然のことである。しかし、書き手たちの姿勢はそれを駆使しようとはしていないのである。もちろん書き手のいわゆる癖が出ているのは否めない。しかし、スーパーヴィジョンは、たんに一学派の概念でもって論じられるようなものではない。クーグラー博士はじめ、書き手たちはそのことを身に染みて感じているように思われる。監訳に当たっては、これらのことをたいせつにしたつもりである。

本書は、ユング心理学に関心などなくても、心理臨床さらには教育という営みに関心のある読者であれば、相手に真摯に誠実に向き合おうとするならば、誰であってもその意図を相当程度感じることができるものである。教師であれば生徒の教育実践を想起しながら読み進めることもできる。医療者であれば患者の診療を想起しながら読み進めることができる。すなわち、本書はきわめて人間教育的な要素を含みもっている。表現を換えれば、ひとがひととして育つことに関わる実践的な仕事の際に必要な在りようとは何なのか、そこに関わる責任とは何なのかというテーマを心理臨床の観点から語った書物と言える。この意味で、心理臨床に携わるひとはもちろんのこと、よりいっそう幅広い層に繙いていただきたいと、監訳者として、切に願っている。まさに本書は、ひとがひとと関わることに伴うさまざまな要素を養分として吸い上げ見渡せるひとつの地平を示したものである。

訳者は皆、当時わたしが勤務していた京都大学の大学院臨床実践指導学講座の現役生と修了生である。この講座は、心理臨床家としての経験をある程度積んだ専門家がその領域での指導者になるために学ぶところで、大学院生は心理臨床の仕事をもつ社会人がほとんどである。社会人であり大学院生であるという多忙な日常の合間を縫うように訳出作業が進められた。その経験があれば、翻訳ほど根気と労力の要る作業は他にはないとの実感があるだろう。訳者の労を多としたい。また、昨今、翻訳書は売れないとの時勢のなか、翻訳出版が決まり、わたしが監訳者の役割となった。

翻訳作業の当時、ハーバード大学客員教授としてボストンに滞在していたわたしと訳者との間で、ネット空間を通して訳稿が往復した。訳出分担は次の通りである。岡村裕美子「第1章、第2章、第3章、第6章、第10章、第12章、第13章E・F、第14章、第19章」、高澤知子「第4章、第7章、第15章、第16章」、桑本佳代子「第8章、第11章、第13章A・B・C・G・H、第18章」、仲倉高広「第5章、第9章、第13章C・D、第19章」（その他の部分は岡村裕美子とわたしに依る）。なお訳出に関わる責任はすべて監訳者にある。

また、日本におけるスーパーヴィジョン研究の文献一覧を個人研究として作成していた、当時講座に所属しており、現在はノートルダム清心女子大学の日下紀子准教授の協力を得て、本書末に、最新版の「スーパーヴィジョン関連文献」を掲載することができた。日下准教授が文献検索をして一覧を制作し、それを本書趣旨に沿って監訳者が監修したものである。本書に収めることができたのはきわめて意義深いことと考えている。これによって、本書はスーパーヴィジョン学に関わるテキストブックとしても十分に価値あるものとなった。日下紀子准教授には、こころより御礼と感謝を申し上げる。

さて、本書のタイトルであるが、『スーパーヴィジョンの実際問題』は、一九七〇年に誠信書房より刊行された河合隼雄京都大学名誉教授の名著『カウンセリングの実際問題』に着想を得た。その当時からスーパーヴィジョンの実際的課題を京都大学で学んだひとたちと切磋琢磨し合っておられた河合隼雄先生の名著の横に、京都大学での学びに心理臨床のたましいを体験させていただいた拙訳による本書が挿架されれば、これ以上の喜びはない。

最後になったが、監訳者としてわたしを指名してくださり、編集の労をとってくださった松山由理子さんに厚く御礼申し上げる。松山さんは、拙著のすべてに関わって下さっているとともに、誠信書房から福村出版に仕事の場を移されてからもさまざまな刺激をわたしに与えてくださっている。ほんとうにありがたいことである。また、厳しい出版事情のなか、本書出版を決断して下さった福村出版の宮下基幸社長にこころから御礼申し上げたい。宮下社長の英断がなければ本書は世に出ることはなかった。また、日本の心理臨床学におけるスーパーヴィジョン領域の発展も見込めなかった。まことに本書は、多くのひとたちの尽力を得て、世に出た。

平成三十年　初冬

マサチューセッツ州ボストンにて

皆藤　章

ヤ行

ラ行

ワ行

マ行

タ行

ナ行

ハ行

サ行

索 引

監訳者紹介

皆藤　章（かいとう　あきら）

1957年　福井県生まれ
1977年　京都大学工学部入学
1979年　京都大学教育学部転学部
1986年　京都大学大学院教育学研究科博士課程研究指導認定
1988年　大阪市立大学助手、講師（1990年）、助教授（1993年）
1995年　甲南大学助教授
1999年　京都大学大学院教育学研究科助教授
2008年　京都大学大学院教育学研究科教授
2018年　ハーバード大学医学部客員教授
現　在　奈良県立医科大学特任教授、京都大学名誉教授
　　　　文学博士　臨床心理士

著訳書　『心理臨床家のあなたへ――ケアをするということ』（編著・訳）福村出版 2018、『ケアをすることの意味――病む人とともに在ることの心理学と医療人類学』（編・監訳）誠信書房 2015、『心理臨床実践におけるスーパーヴィジョン――スーパーヴィジョン学の構築』（編）日本評論社 2014、クラインマン『八つの人生の物語――不確かで危険に満ちた時代を道徳的に生きるということ』（監訳）誠信書房 2011、『体験の語りを巡って』誠信書房 2010、『箱庭療法の事例と展開』（共編）創元社 2007、『よくわかる心理臨床』（編）ミネルヴァ書房 2007、『セラピストは夢をどうとらえるか――五人の夢分析家による同一事例の解釈』（共著）2007、『風景構成法のときと語り』（編著）2004、『風景構成法の事例と展開――心理臨床の体験知』（共編）2002、『臨床心理査定技法2』（編）2004、『生きる心理療法と教育――臨床教育学の視座から』1998、『風景構成法――その基礎と実践』1994、以上誠信書房。

訳者紹介

岡村裕美子（おかむら　ゆみこ）

2019年　京都大学大学院教育学研究科博士後期課程研究指導認定
現　在　医療法人栄仁会　栄仁会カウンセリングセンター／御影カウンセリングオフィス　臨床心理士

高澤知子（たかざわ　ともこ）

2018年　京都大学大学院教育学研究科博士後期課程研究指導認定
現　在　渡辺メンタルクリニック／ひかわカウンセリングセンター、さちはなカウンセリング
　　　　臨床心理士

桑本佳代子（くわもと　かよこ）

2019年　京都大学大学院教育学研究科博士後期課程研究指導認定
現　在　山梨英和大学人間文化学部人間文化学科専任講師　臨床心理士

仲倉高広（なかくら　たかひろ）

2018年　京都大学大学院教育学研究科博士後期課程研究指導認定
現　在　京都橘大学助教　臨床心理士

スーパーヴィジョンの実際問題《じっさいもんだい》――心理《しんり》臨床《りんしょう》とその教育《きょういく》を考《かんが》える

2019 年 9 月 10 日　初版第 1 刷発行

編著者　ポール・クーグラー
監訳者　皆藤　章
発行者　宮下基幸
発行所　福村出版株式会社
〒 113-0034　東京都文京区湯島 2-14-11
電話　03-5812-9702　FAX　03-5812-9705
https://www.fukumura.co.jp
印　刷　株式会社文化カラー印刷
製　本　本間製本株式会社

 ISBN978-4-571-24077-5　C3011　Printed in Japan
落丁・乱丁本はお取替えいたします。　定価はカバーに表示してあります。